"双高"建设学术文库

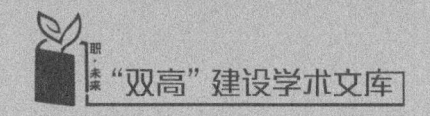

- 本书为2022年度全国教育科学规划课题"高等职业教育'双高'建设监测与绩效评估研究"（课题编号：DJA220473）研究成果

"双高"建设背景下高职教育发展评价与优化设计

苏兆斌　吴　迪·主编

西南大学出版社
国家一级出版社　全国百佳图书出版单位

图书在版编目(CIP)数据

"双高"建设背景下高职教育发展评价与优化设计 / 苏兆斌, 吴迪主编. -- 重庆 : 西南大学出版社, 2024. 8. -- ISBN 978-7-5697-2544-5

Ⅰ. G718.5

中国国家版本馆CIP数据核字第2024KH3421号

"双高"建设背景下高职教育发展评价与优化设计
SHUANGGAO JIANSHE BEIJING XIA GAOZHI JIAOYU FAZHAN PINGJIA YU YOUHUA SHEJI

苏兆斌　　吴迪·主编

责任编辑｜钟宇欣
责任校对｜路兰香
装帧设计｜闻江文化
排　　版｜吕书田
出版发行｜西南大学出版社(原西南师范大学出版社)
　　　地　　址｜重庆市北碚区天生路2号
　　　邮　　编｜400715
　　　电　　话｜023-68868624
印　　刷｜重庆市圣立印刷有限公司
成品尺寸｜170 mm×240 mm
印　　张｜18.25
字　　数｜300千字
版　　次｜2024年8月 第1版
印　　次｜2024年8月 第1次印刷
书　　号｜ISBN 978-7-5697-2544-5
定　　价｜68.00元

前言

高职教育是我国教育体系中的重要组成部分,其发展与高等教育的发展密不可分。在当前经济社会发展的背景下,高职教育的"双高"建设成为教育改革的重要方向。新世纪以来,高职院校建设受到了国家和地方的高度重视,特别是2005年国务院发布了《国务院关于大力发展职业教育的决定》后,高职院校经历了全面提升高职教育质量、国家示范性高职院校建设、高职院校人才培养工作评估、国家骨干校建设、国家优质高职院校建设、高水平高职院校建设等阶段。

本书首先分析了"双高"建设的内涵和特点,指出了其在培养高素质人才、服务地方经济社会发展、促进教育公平等方面的重要意义。在理解"双高"建设评估与监测内涵的基础上,提出了"双高"建设评价与监测的研究框架,包括评价指标体系的构建、评价方法的选择、监测方法的应用等方面。通过分析"双高"建设评价与监测的现实要义,把握其指标体系设计的关键要素。在此基础上进行量表设计和预测,针对预测存在的问题,完善调查量表。其次,通过判断抽样,有针对性地开展网络调查,并对调研数据进行信效度检验和因子分析。通过AMOS构建初始模型,对初始模型进行反复修正后,形成最终结构模型。根据其路径系数计算各项指标权重,形成"双高"建设评价监测指标体系,并对指标体系进行解释、分析,提出改进方向,为相关院校建设及研究提供可借鉴方案。通过德尔菲法咨询专家,利用层次分析法构建包含尽可能全面的"双高"建设评估与监测的初始指标体系。再次,通过三轮德尔菲法测评,结合相关公式和判断矩阵,遴选出最终评价指标。在此基础上利用层次分析法和相关软件对德尔菲法获取的数据进行赋权,确定各级指标的权重,形成相对完善的"双高"建设评估与监测指标体系。最后,通过实证测评"双高"建设效果,提供可借鉴的研制程序与实证方案,用层次分析法与因子分析法分别求出各项指标权重,再用综合求值公式算出权重的综合系数,使计算结果更具代表性。同时,选取典型院校展开实证测度再进行进一步分析,最终提出"双高"建设评价与监测的优化路径。

通过对各个环节的理论分析和实践研究,本书构建了一套科学有效的评价与监测指标体系,为"双高"建设评价与监测提供了有力的支撑。同时,通过对国内外相关研究成果的综述和比较,结合实地调研和案例分析,深入探讨了"双高"建设评价与监测的现状和存在的问题。在此基础上,提出了具体的"双高"建设背景下高职院校评价体系优化设计改进建议。这些改进建议旨在提高"双高"建设评价与监测的科学性和实效性,推动高职教育的持续发展。本书为高职教育的高质量发展提供了有益的借鉴和启示,对于推动高职教育质量提升、促进高等教育改革具有重要的参考意义。希望本书能够为"双高"建设的深入推进提供有力的支持。

本书由南宁师范大学(广西教育现代化与质量监测研究中心)苏兆斌和三明学院教育与音乐学院吴迪合作完成。本书获得广西高校人文社科重点研究基地——广西教育现代化与质量监测研究中心科研基金项目(编号:JC2023001)和南宁师范大学"广西一流学科建设项目——教育学"经费资助。首先,感谢学校给予的大力支持,为我们潜心研究和创作,顺利完成本著作提供了重要保障。其次,要感谢本著作参考文献的各位作者,因为有了各位作者提供的丰富素材和理念,才极大地拓宽了本人的视野,丰富了本人的思想,也不断地完善了本人的知识结构,在此对各参考文献的作者致以最崇高的敬意。最后要感谢西南大学出版社以及为本书出版付出努力的各位老师,正因为有你们的辛勤工作,才能保证本书的顺利出版,在此向你们致以最诚挚的谢意。

高职教育高质量发展作为教育领域的热点问题，逐步受到越来越多的学者和政府部门以及各利益相关方的关注，本书正是在借鉴前人研究成果的基础上，通过调研与创新完成的进一步深入研究，由于个人水平以及时间所限，书中错误在所难免，恳请各位读者批评指正。

苏兆斌
2024年春于南宁

目录

绪论

第一节　研究背景与研究意义 /003
第二节　理论依据 /005
第三节　国内外研究现状与述评 /009
第四节　研究思路与研究方法 /015
第五节　研究内容及相关概念解析 /017
第六节　职业教育评价溯源及主要评价模式分析 /039

第一章　"双高"建设的理论机制

第一节　职业教育评价的理论根源 /061
第二节　"双高"建设协同机理分析 /081
第三节　"双高"建设评价的要义与机理分析 /093

第二章　"双高"建设协同问题与评价要点分析

第一节　"双高"建设协同问题剖析 /099
第二节　"双高"建设评价要点分析 /108

第三章　"双高"建设中存在的问题分析

第一节　"双高"建设标准体系与评价问题分析 /113
第二节　制约"双高"建设发展的关键问题分析 /118

第四章

"双高"建设评价方法与实施导向

第一节 "双高"建设评价方法解析 /139

第二节 "双高"建设监管主体分析 /141

第三节 "双高"建设实施导向 /144

第五章

基于实证的"双高"建设评价维度与指标分析

第一节 "双高"建设评价与监测依据与要点 /149

第二节 基于层次分析法的"双高"建设评价指标设计 /152

第三节 基于因子分析法的"双高"建设评价指标设计 /164

第四节 基于层次分析法的"双高"建设专业评估与监测体系指标设计 /179

第六章

"双高"建设背景下高职院校评价体系优化设计

第一节 "双高"建设评价体系优化设计指导原则 /193

第二节 "双高"建设评价体系实证监测分析 /196

第三节 "双高"建设评价体系优化路径 /204

第四节 "双高"建设与监测优化策略 /216

结语 /277

主要参考文献 /279

绪论

第一节
研究背景与研究意义

一、研究背景

近年来，国家出台《教育部财政部关于实施中国特色高水平高职学校和专业建设计划的意见》("双高计划")、《国家职业教育改革实施方案》、《职业教育提质培优行动计划（2020—2023年）》、《深化新时代教育评价改革总体方案》和《国务院办公厅关于深化产教融合的若干意见》等，提出以立德树人、育训结合、德技双修的工匠精神推动教育与产业发展的有机衔接、深度融合、协同发展，健全高职院校协同育人评价体系。高职院校作为应用技能型人才培养的重要载体，其高质量发展水平决定了应用技能型人才的培养质量，对其协同发展机理及评价体系优化进行研究具有重大现实意义。

新世纪以来，高职院校建设受到了国家和地方的高度重视，特别是在2005年提出《国务院关于大力发展职业教育的决定》后经历了全面提升高职教育教学质量、国家示范性高职院校建设、高职院校人才培养工作评估、国家骨干校建设、国家优质高职院校建设、高水平高职院校建设等。尤其是以"双高"建设为代表的一系列政策，将高职院校建设推向了新的高度。2020年12月教育部、财政部发布《中国特色高水平高职学校和专业建设计划绩效管理暂行办法》（后简称《绩效管理办法》），将数据采集表作为评价和监控的重要依据。2022年对相关院校开展的中期检查在各院校自评的基础上，以省级主管部门评价为重点，依据《绩效管理办法》的相关数据采集表展开测评。

　　协同建设机理下高职院校高质量发展所涉及的政策法规、政企校三方因素、课程与产业衔接、产教协同发展、信息发布与沟通、监督保障、合作深度等多个维度与指标均未形成体系。深度探究"双高"建设背景下各影响因子间的关系，涉及校企、政校、家校、不同学校间等评价体系多维度因子分解与实证考量分析。通过因子分析破解协同发展系统中的制约因素，结合不同利益主体的现实特点，理顺多元主体关系，实现多方深度融合，保证育人系统稳态运作、相互依存、监督与制衡，由此形成一体化的良好育人生态系统，保障高职院校高质量发展评价体系科学有效。尤其是要提升产业行业在协同发展评价体系中的地位，促进产教学做用多维合一，搭建实践育人新模式，创建协同育人新生态。在新时代教育评价改革背景下，要以工匠精神为引领，构建以专业技术能力为核心的多方协同联合培养体系和评价标准，优化高职院校评价体系。

二、研究意义

　　纵观以往研究，基于协同机理进行高职院校评价的研究较为罕见。本书将以新时代教育评价改革及"双高"建设协同发展为基点，针对高职院校高质量发展评价体系，以立德树人、德技双修、工匠精神为引领，基于协同机理，从生态学视角综合运用实证数理分析法深度探究高职院校发展评价各影响因子间的关系及机理，涉及校企、政校、校间、地校、家校、不同学校间等生态评价体系多维度的因子分解与实证考量分析。尤其是从实证获取一手资料，通过严密的统计学分析探寻各项因子的联系及相关程度，为建立科学的评价体系提供严谨的理论依据，从而进一步深化对高职院校监管评价体系及完善路径的认识，为高等教育评价理论与实践提供有益补充。此外，高职院校监管评价典型案例与实践可为相关的课程教学提供理论依据和素材，或为指导实践指明方向，提高现实应用效果。同时，还可提供相关评价指标体系及方法，为相关校企监管评价及法规和政策完善提供参考。

第二节
理论依据

本书采用生态学和系统理论的观点和方法，综合运用教育学、社会学、历史学、统计学等相关理论，运用数理分析方法，结合层次分析法和德尔菲法，深挖问题根源，力图为高职院校协同创新高质量发展提供可行性方案设计。首先，在"双高"建设背景下对高职院校协同发展与评价的相关文献进行综合分析，在此基础上对相关概念进行辨析，并依据理论与实践基础，对高职院校高质量发展与评价进行系统分析，构建实证分析框架验证相关影响因子之间的关系。其次，根据以往研究、结合现实需要，参考专家的意见设计完善问卷及量表、访谈提纲，并据此展开正式调研。最后，通过比较研究，结合调研分析结果，提出高职院校协同保障及高质量发展改革策略。

本书研究以"双高"建设和新时代教育评价改革为背景，通过生态理论分析研究对象，涉及"双高"建设各相关利益方，主要包括行业、企业、高职院校、政府部门等，以及与此密切相关的人员（师生、企业人员、政府工作人员等）。

协同论由德国理论物理学家哈肯提出，协同论强调系统的自组织、子系统、序参量等从无序到有序的状态。这种说法为物质自组织运动的原理，提供了新的论证。本书将相关论点进行有效的转换结合，应用到高职院校高质量发展评价体系，实现多维全覆盖，在此基础上甄选核心要素，在关键性指标上进行评价的重点考量,用较少的人力物力资源完成高职院校发展绩效评价。综合考量多元主体,保证了育人系统稳态运作,相互依存、监督与制衡,由此形成一体化的良好育人生态系统。同时,提升产业行业在产教融合生态体系中的地位,促进教学做合一,搭建实践育人新模式,创建协同育人新生态,优化育人评价生态体系。促进"双高"建设供需生态平衡,从理顺生态位、强化生态链、培养生态圈的不同角度出发,结合各地区高职院校等不同主体的现实特点,实现"双高"建设的优良运转。通过构建高职院校协同发展良好生态,着力打造适应地方产业结构升级与发展相匹配的学科专业结构,构建以专业技术能力为核心的产教联合培养体系和执行标准,并不断完善相关监督体系及监督机制,力求破解高职院校高质量发展的瓶颈,最终形成政产学研用良性互动的格局,从而促进高职院校供需的生态平衡,推动高职院校转型升级、创新发展。

一、资源依赖理论

美国菲佛和萨兰基克是资源依赖理论的集大成者,他们在其著作《组织的外部控制——对组织资源依赖的分析》中阐述了资源依赖理论的基本前提假设,认为组织不能靠自身生产所需要的资源,组织为了生存发展,必须与外部环境进行交换,从而对其他组织产生了资源依赖,对资源决定权控制的集中和资源对组织的重要性共同决定了组织对任何特定的其他组织的依赖程度。菲佛和萨兰基克区分了组织间竞争性依赖和共生性依赖两种不同的资源依赖特点,认为组织可以采取策略对外部环境进行控制、处理,包括合并、多样化、联盟、协商、合法化等。一方面,针对校企合作中呈现出"高校一头热,校企消极应对"两种态度的问题,高校应持续提升自身技术研发和服务企业、产业的能力,从而让企业对其产生依赖;另一方面,双方在长期合作共生过程中,应不断优势互补,逐步形成彼此依赖的关系。

二、三螺旋理论

美国亨利·埃茨科威兹(Henry Etzkowit)和荷兰罗伊特·雷德斯多夫(Loet Leydesdorff)1996年提出了三螺旋理论(Triple Helix Model),从组织层面探索政府—产业—高校在国家创新体系和经济发展中的关系,是研究政府、产业和高校间创新融合、协同共进的新范式。作为解释不同组织的动态制度安排和政策模型的分析模型,三螺旋理论强调组织融合的动态性。同时,三螺旋结构不是固定不变的系统,而是一个动态化的发展过程,这一动态过程由市场力量、政策权力、制度控制、社会运作、技术轨道等因素共同决定。它不只注重高校、产业和政府之间的关系,还强调三个领域之间的内部转型,三者在融合互动的同时又保持各自的功能张力,每一个领域都表现出另外两个领域的一些能力[1]。产教融合需要政府、产业、高校三方螺旋形成合力,螺旋上升,共同发展、协同融合,创造最大化的价值。

三、建构主义理论

建构主义理论不是一个学术派别,而是对建构主义多种不同观点的统称。基于本体论层面分析,建构主义主要有三个方面的建构内容:一是我们对世界的个体知识;二是存在于已确立的学科中共享的科学知识;三是世界本身。三者独立存在,对这三方面的独立把握和清晰区别是将建构主义理念转化为行动路径的重要前提[2]。

建构主义理论认为,知识的获取过程不应只是单纯由教师直接传授给学生,而是学生在一定的情境中,通过教师的帮助,并借助外界工具,主动进行意义建构。"情境""会话""协作""意义建构"是建构主义的四大要素[3]。在建构主义情境设计中,美国密苏里大学教授、教育技术学领域的开拓者戴维·H.乔纳森认为,建构主义学习环境设计模型包括问题、信息资源、会话与协作工具、认

---

[1] 黄斌.三螺旋理论下创新创业教育研究[J].中国高校科技,2019(11):69.
[2] 徐洁.对建构主义的重新审视[J].高教探索,2018(5):40.
[3] 何克抗.建构主义——革新传统教学的理论基础(一)[J].学科教育,1998(3):30.

知工具、相关案例和社会支持[①]。还有学者认为,建构主义和实用主义教育是产教融合的理论基础。产教融合的人才培养模式,应注重构建真实产业情境,通过做中学、学中做的交互模式,亲身体验企业生产的真实过程,工学结合,真实建构实践技能。

四、教育生态理论

20世纪70年代,教育生态学逐渐成为一门新兴交叉学科,且越来越受到教育学领域的关注。教育生态学将教育与其生态环境相互融合的规律和机理作为一个重要的研究范畴,旨在探讨最优的教育生态环境、结构、功能及其实现条件、最优配置。教育生态理论将教育与其相互作用的环境作为一个有机整体,在这个生态系统中,教育系统与经济社会之间基于供需合力和内生发展动力进行物质、能量和信息交换,从而促进教育生态平衡。产教融合是有效整合高职教育的专业链、人才链、创新链与企业的产业链、供应链等各生态链的重要途径。政府、高校、企业、行业等利益相关组织在高等职业教育生态系统占据各自的重要生态位,它们之间以及各组织内外部环境之间通过有机耦合,形成协同共进的统一整体,其具有博弈中求同、遵循一定规律、彼此调整制约协同发展的组织特征。组织的运行强调系统内各要素构成的主要生态影响因子的有效渗透,故应深入探索各主要生态影响因子的关键要素,促进彼此形成更加紧密的生态协作关系。

---

① D. H. Jonassen, Susan M. Land. Theoretical foundations of learning environments [M]. Lawrence Erlbaum Associates, 2000.

第三节
国内外研究现状与述评

一、国外研究现状综述

国外相关研究相对早一些,从20世纪80年代开始就有所涉猎,但是针对高职院校协同高质量发展评价的研究稀缺。国外相关研究成果主要涉及职业院校发展的内涵特征、合作机制、合作模式、保障机制等方面。

(一)职业教育评价研究

国外职业教育评价大多采用实证模型验证,且多以某一视角或某一因素为关注点。英国学者Muthu De Silva(2021)研究了情感因素对职教的影响;保加利亚学者Daniela(2018)则以毕业生就业能力来评价职教的成效;学者Hero L-M(2021)对个人创新能力与产教融合的关系进行了研究;英国学者罗西(Federica Rossi,2010)通过实证研究发现知识迁移应用是职业教育和产教融合的关键,通过高校知识迁移应用方能实现高校和企业二者利益最大化,并促进校企共同发展。

(二)职业教育发展研究

从20世纪90年代开始,"从学校到工作"日益成为欧美各国职业教育研究的重点,受到了各利益相关方的重视。之后拓展为"从学校到生涯"教育,并顺畅过渡,建立符合职业需求的职业教育和培训体系。有学者认为,美国职业教育的发展得益于科学理念支撑,通过完善法律和强化各级政府投入、鼓励民众广泛参与加速其发展;通过多元办学发展兼职师资队伍,满足不同课程需求,促进人才培养模式的多元化。

(三)产教融合发展研究

德国学者格罗尔曼和劳耐尔(Grollman& Rauner,2007)通过24个案例研究发现:通过高校培训,企业可大量节约培训成本,双方真正实现互利共赢;英国学者艾斯特和巴特尔(D'Este& Patel,2007)概括了产教合作5种典型模式;美国学者怀特(Wright,2008)通过案例分析了产教融合的阶段性发展模式;法国学者莱恩(Kari Laine,2015)则认为高校应利用自身技术研发优势创办校内企业,方便学生实习实训;英国爱尔兰大学学者戴克兰·多伊尔(Declan Doyle,2017)则将产教融合概括为三种模式:研究合作模式、教学合作模式、深度融合模式。

二、国内研究现状综述

近年来,伴随国家教育评价改革方案的出台,关于高职院校人才培养质量评价的研究也呈现日益增多的趋势。通过知网高级检索,在期刊来源类别项勾选了"核心期刊"及"CSSCI",进行关键词组合检索,得到的相关文献极其有限,且这些文献主要集中在2018—2021年期间,证明此领域研究学术史并不久远。而且相关的研究尚不成体系,尤其是有关"双高"建设背景下高职院校评价的专项研究相对稀缺,因此只能对相关文献综述。

(一)高职教育质量评价体系研究

有学者认为,采用以人为本的理念构建高等职业教育人才培养质量评价体系,以职业为中心、以学生为中心,这是高等职业教育人才培养与评价的基本要求和基本原则。高职院校教育质量评价体系,包括多个评价主体的选择、评价内容和指标以及评价方法、标准等。高职人才培养体系评价指标应该包含学生培养质量、学生培养综合监督、教学效果管理监督、支持管理系统平台等模块。在制订评价方案时,校企双方应共同确定评价指标、比重、计量数据和具体的算法。评价标准作为人才培养质量评价的依据,应该合理有效,能够加强顶层设计,强化党建引领,丰富培养模式,深化引才育才,提升服务地方发展的能力水平,推进国际合作,完善评价机制,促进学生综合素养的培育,实现高职院校高质量发展。(赖永辉等,2022)

(二)高职教育评价指标研究

从保障条件、组织实施、合作成效3个维度构建评价指标体系,引入改进的G_1-法进行权重的确定,运用基于中心点可能度函数的灰色聚类评估对产教融合进行评价(周春光等,2021);从应用型人才培育能力、科研综合竞争力和满足市场需求水平3个维度设计12项指标,选取718个样本调研,分析后指出高职院校建设需要政策引导、运行优化以及市场驱动等多重合力作用予以保障(陈新民等,2021);基于德尔菲法、层次分析法对产教融合目标达成度进行评价,构建出一级指标6个二级指标8个和三级指标27个的评价指标体系(沈绮云等,2021)。

(三)"双高计划"相关研究

主要从专业群、课程、师资、教学等视角探索高职教育高质量发展。寻求专业群建设与治理体系改革的深度耦合,探索高职院校有效治理路径。以知识开发为核心,探讨课程开发与学科建设的有效策略。认为实行教师分类管理是提升师资水平的有效突破口,分类遴选、培育、考核与发展,打造高水平教师团队。深度探讨课堂教学改革,从多维度转变入手,寻求系统性教学策略。(林克松等,2020;徐国庆,2020;郭天平等,2019;邢秀凤,2020)

(四)第三方评价研究

从校企合作深度、广度、密度、力度和效度5个维度来设置第三方评价指标。确立职业教育第三方评价法律地位的基础上,探索第三方评价的主体及运行模式,拓展第三方评价的评价内容并强化评价结果的应用等,以推动产教

融合的可持续发展。(向罗生,2021;孙蕾等,2020)

(五)监管保障机制研究

明确高职监测主客体及内涵和维度,确定科学的监测指标体系,从第三方监督视角出发,构建政策执行成效监测体系(罗汝珍,2020、2021);保障有效人才培养、强化认知、构建贯通式人才培养体系、创新产教融合路径、提升工匠地位,以确保人才培养适应社会的发展要求(周晶,2019)。

(六)协同创新发展研究

国内学者对高职院校协同创新发展进行了研究范式、研究热点、存在问题及改进等方面的研究。基于政策协同理论,制定量化标准,构建政策协同分析框架,对政策协同性进行量化评价研究(王坤等,2020)。但对于高职"双高"建设评价研究相对有限,主要包括以下内容:高职院校产教融合创新发展的现实困境和内在意义研究;从多层次、多范式及多主体方面进行协同创新发展实现路径研究;通过国内外比较创新发展研究;高职院校创新发展的保障机制、评级体制和标准及持续发展研究;等等。(郝天聪,2018;刘晓,2019;张庆民等,2021)

(七)优化及改进策略研究

国内诸多学者对高职院校评价改进与优化策略进行了研究。主要涉及建构和完善高职院校实践教学质量管理的合作博弈机制和质量管理的制度(王国光等,2023);教学质量监控体系生态主体的内稳态修复路径、生态主体的环境要素提升路径、生态主体的限制因子协调路径(李国良等,2023);革新评价理念导向,突破评价难点,重置评价重点,并通过确立评价育人新理念、健全内外评价联动新机制等来优化高职教育质量评价路径(王丽霞等,2023);通过评价内容、机制、手段的创新与改进,构建富有时代特征和中国特色的全方位评价体系和标准,为高等职业教育评价改革提供有益经验(夏涛等,2023);新时代深化职业教育评价应从办学体制、招生就业机制、人才培养质量、职业培训成效4个维度推进,促进高职院校评价机制的深刻变革,助推高职教育高质量可持续发展(陈联记等,2022)。

三、研究现状述评

纵观国内外的研究成果,国外主要从高职发展、影响因素、高职教育评价、产教融合等方面进行研究。高职教育评价关注人才培养、校本建设、社会服务、国际合作、效益效能等领域,学术研究更多关注职业教育的社会服务、国际合作、科技成果转化等职能;分析高校、企业、政府等相关主体在产教融合、校企合作中不同职能和作用,路径研究更多关注各利益相关方的互动路径和知识转移路径机制。国内研究集中在高职教育的政策、人才培养模式、课程建设、教师发展和队伍建设、运行机制等领域,并提供了一定的借鉴意义。虽然国内外关于高职教育评价相关研究取得了一定的成果,尤其发达国家相关研究起步较早,此领域的研究学者和研究机构较多,经过长时间的学术积累,形成了一定的理论成果,但针对"双高"建设的研究尚显不足,且依然存在较为明显的缺陷及不足。

(一)零散研究多,整合研究少

缺乏对基于"双高"建设评价的专项深入研究。研究成果往往不注重对国家宏观大背景的分析,造成部分举措脱离现实,无法取得预期成效。

(二)研究视角不全面

当前关于高职教育评价的研究大多数从组织学和管理学的角度进行,而很少关注到其他角度,如跨学科、技术转移等视角。高职教育是一个涉及多因素共同作用的过程,不能单靠组织和管理方面的建设,应从多角度入手,注重技术水平、学科能力建设等其他方面的投入。

(三)缺乏相关实证研究

定性研究较多,定量研究较少,部分研究结论缺乏可靠数据支撑,说服力不足。国内关于高职教育评价的研究主观色彩较强,缺少深刻数理剖析的实证研究,研究缺乏针对性和说服力。同时国内关于高职教育评价的全国相关数据严重不足,也导致相关实证研究难以有效进行。

四、本书独特价值

本书将以新时代教育评价改革及职业教育改革为基点,针对"双高"建设指标体系,以立德树人、德技双修、工匠精神为引领,从生态学视角综合运用实证数理分析,深度探究高职教育评价发展、优化各影响因子间的关系及机理。尤其是从实证获取一手资料,通过严密的统计学分析探寻各项因子的联系及相关程度,为建立科学评价体系提供严谨的理论依据。从而进一步深化对高职教育评价体系优化及完善路径的认识,为高职教育评价相关理论与实践提供有益补充。此外,高职教育评价与监测的典型案例与实践可为相关的课程教学和实践应用提供理论依据和素材,或为指导实践指明方向,提高现实应用效果。尤其是提供的相关评价指标体系及方法,能够为相关校企评价及法律和政策完善提供参考。

五、创新点

立意新:契合国家新出台的《深化新时代教育评价改革总体方案》《教育部 财政部关于实施中国特色高水平高职学校和专业建设计划的意见》《国家职业教育改革实施方案》,以及教育部《2002年职业教育与成人教育工作要点》的政策背景,具有时代感,同时以高职院校高质量发展协同机理为突破口进行创新研究。通过分析近5年相关课题和研究论文,发现针对高职院校协同机理及高质量发展评价体系的专项研究稀缺,本书正欲弥补相关的不足。

系统性:对相关"双高"建设评价展开实证研究,综合运用结构方程、方差分析、回归分析等统计学方法,对研究假设进行推导和验证,设计系统性和科学性的评价指标体系。

实证性:设计相关量表,并对测量项目、研究假设和模型加以校验和修正,并辅以佐证案例进行深度剖析,据此发现高职院校高质量发展评价中各因素的关联性及对相关评价的影响。

第四节
研究思路与研究方法

一、研究思路

本书拟采用生态学和系统理论的观点和方法,运用德尔菲法、层次分析法等,对"双高"建设视域下基于高职院校协同发展机理的高质量发展评价内涵和要点进行辨析。根据以往研究结合新时代教育评价改革要求,参考专家的意见设计和完善问卷、量表及访谈提纲,并据此展开正式调研。依据理论与实证数据,对高职院校协同发展主体与实践进行系统分析,构建实证分析框架验证相关影响因子之间的关系。在此基础上,重点对高职院校高质量发展评价方法与实施、评价指标体系构建以及评价体系的优化进行研究。

本书具有显著的专业性与实践性交叉特征,是通过不同学科和部门的成员互补联动,综合推进研究进程完成的。综合推进通过五个专题研究小组联动同步进行,并按照各自的研究路线和逻辑顺序展开,各小组间加强交流与合作,随时分享研究成果。由于本课题围绕教育评价改革背景下高职院校建设评价核心展开,因此各专题紧紧围绕主题,在分组推进的过程中,将研究成果关联整合,保障各部分之间的逻辑关系。

二、研究方法

（一）数理分析法

本书针对"双高"建设相关利益方，采用调查研究法、数据分析等方式，设计利克特5级量表，分析检验探索性因子，对研究假设和模型加以校验和修正，并辅以佐证案例深度剖析，据此探究"双高"建设评价各因子的关联性及对相关评价体系的影响，构建指标体系和优化方案。

（二）田野及问卷调查法

调查主要采用走访、田野调查和问卷。问卷包括被调查者的基本信息及调查主体相关的调研问题，以"双高"建设评价现状、运行机制、制约因素、监管体系、优化发展5个层面作为该问卷的5个维度。通过对利益相关方各类人员的调查来获取翔实的调研数据。

（三）案例验证分析法

选择典型相关案例进行实证测度分析，对理论命题进行验证。系统地收集数据和资料，对研究主题加以佐证。通过实地调研观察，获取案例研究的一手资料，发现典型、有意义的特征。通过对相关"双高"建设院校个案进行实证监测，发现其存在的问题及改进的方向。同时，通过深入分析案例，把握案例所处情境及动态作用过程，获取全面整体的观点，充分论证研究问题。

第五节 研究内容及相关概念解析

一、研究内容

本书以新时代教育评价及"双高"建设为背景,对"双高"建设主体与实践监管评价体系进行调研,设计和优化高职院校高质量发展评价体系。尤其是针对《深化新时代教育评价改革总体方案》及"双高"建设相关政策文件,以立德树人的新时代工匠精神作为人才培养考量的核心与引领,强化产教融合、德技并修,设计新时代高职院校高质量发展评价体系。

研究主要框架:

专题一:"双高"建设的理论机制

(一)职业教育评价的理论根源

(二)"双高"建设协同机理分析

(三)"双高"建设评价的要义与机理分析

专题二:"双高"建设协同问题与评价要点分析

(一)"双高"建设协同问题剖析

(二)"双高"建设评价要点分析

专题三:"双高"建设中存在的问题分析

(一)"双高"建设标准体系与评价问题分析

(二)制约"双高"建设发展的关键问题分析

专题四:"双高"建设评价方法与实施导向

(一)"双高"建设评价方法解析

(二)"双高"建设监管主体分析

(三)"双高"建设实施导向

专题五:基于实证的"双高"建设评价维度与指标分析

(一)"双高"建设评价与监测依据与要点

(二)基于层次分析法的"双高"建设评价指标设计

(三)基于因子分析法的"双高"建设评价指标设计

(四)基于层次分析法的"双高"建设专业评估与监测体系指标设计

专题六:"双高"建设背景下高职院校评价体系优化设计

(一)"双高"建设评价体系优化设计指导原则

(二)"双高"建设评价体系实证监测分析

(三)"双高"建设评价体系优化路径

(四)"双高"建设与监测优化策略

二、相关概念解析

(一)高等职业教育

《大辞海》中对"职业教育"进行了分类,主要涵盖了就业前和就业后两种类型,其核心内涵在于为受教育者提供从事特定工作、职业或生产过程所需的技术技能、知识原理及相应态度。从历史的角度来看,我国的职业教育源于20世纪初的"实业教育",而全球范围内,职业教育则起源于18世纪末的欧洲。清末的实业教育后来演化为"职业教育"。自1949年新中国成立后,我国的职业教育得到了较快发展,主要由技工学校、职业中学、农业中学、中等师范学校等机构承担。随着我国首部职业教育法的实施,有关职业教育的不同称谓逐渐统一为"职业教育"。在相关讨论中,与职业教育紧密相连的概念主要有"职业教育"和"技术教育"等。

《大辞海》中对"技术教育"的阐释包含了两方面的意义。其一,它指的是在普通教育的基础上,针对不同内容、层次和形式进行的专业性教育,其目的在于使受教育者掌握从事实际劳动生产所需的基本知识和能够在实际生产中运用这些知识的技术技能。其二,技术教育也涵盖了对已经接受过各类教育的人员进行的职业准备教育,这类教育在纵向体系上涵盖了专科、本科和研究生等不同层次的教育。[1]

《辞海》将"职业教育"界定为"给予学生或在职人员从事某种生产、工作所需的职业知识、技能和道德的教育"。[2]这一称谓涵盖了高等专科阶段和高级中学阶段等普通教育中的职业教育阶段,以及各类职前和职后所实施的教育,从而形成了一个统一的概念,用于描述在不同教育阶段和场合下,针对职业和技术能力进行培养的教育活动。

职业教育作为中国教育体系中的重要一环[3],其内涵丰富多样。在广义上,职业教育不仅涵盖了诸如中等职业教育和高等职业教育这样的学校职业教育形式,还扩展到了职业启蒙和职业培训等领域,形成了一种更为广泛的职业教育观念[4]。而在狭义上,职业教育则主要指的是学校职业教育这种形式[5]。关于职业教育的称呼,各国和各组织乃至同一国家在不同的发展阶段,都存在着不同的称谓。以美国为例,其职业教育往往带有生涯教育的色彩,且各州对职业教育的命名也存在差异,但总体上更倾向于使用"技术与生涯"教育这一称谓。[6]

关于职业教育的概念,部分国际组织展现出了更广泛的包容性,他们并列使用职业教育、技术教育、培训等术语,形成了特有的职业教育称谓系统。在我国,"职业教育"的称呼也曾经历过一番讨论,有的学者倾向于使用"职业技术教育",而有的则主张"职业和技术教育"。[7]相较于普通教育,职业技术教育

---

[1] 大辞海编辑委员会.大辞海 教育卷[M].上海:上海辞书出版社,2014:250.
[2] 辞海编辑委员会.辞海[M].上海:上海辞书出版社,2020:5664.
[3] 曾天山.健全普职教育融合体系对教育强国建设意义重大[J].中国教育学刊,2020(7):5.
[4] 俞启定,和震.职业教育本质论[J].中国职业技术教育,2009(27):5-10.
[5] 和震.论现代职业教育的内涵与特征[J].中国高教研究,2008(10):65-67.
[6] 徐国庆.职业教育原理[M].上海:上海教育出版社,2007:24.
[7] 徐国庆.职业教育原理[M].上海:上海教育出版社,2007:26.

更侧重于理论知识的实际应用和技能技术的掌握,它致力于培养受教育者的实践能力和实际工作技能,是一种与生产实践一线紧密相连的教育形式。

中国"高等职业教育"的概念是在改革开放的浪潮中逐渐孕育和形成的。20世纪80年代,随着国民经济的稳步回升与发展,各地区面临着地方建设人才匮乏的困境。在这一背景下,一些具有条件的中心城市利用其资源优势,兴办了一批专科层次的高等院校。这些院校多数属于市属院校,其核心使命是培养地区发展所急需的各类技术技能型人才。这类新型的院校开创性地取消了包分配政策,学生以走读形式为主,无需寄宿,并需支付相关学费。这类在20世纪80年代崭露头角的短期职业大学,率先提出了高等职业教育的概念。众多研究者亦将1980年在南京诞生的金陵职业大学视作中国高等职业教育的起点。[①]

从我国发展历程的视角来看,真正意义上的高等职业教育主要崛起于20世纪80年代之后。高等职业教育兴起,得益于"三改一补"政策、《中华人民共和国职业教育法》及《中华人民共和国高等教育法》等一系列国家政策法规的扶持,其在21世纪初实现了跨越式的发展,取得了显著成就。当前,高等职业教育正逐步从单纯追求规模扩张向内涵质量提升转变,中国特色的高等职业教育体系正在不断得到完善与发展。本书所针对的高等职业教育,特指狭义上中学教育后的学校高等职业教育,其核心任务是培养具备高素质的技术技能型人才。鉴于本科层次的职业教育尚处于试验探索阶段,本书将焦点放在专科层次的高等职业教育上。

(二)高等职业学校

2022年,经过修订的《中华人民共和国职业教育法》明确指出,专科、本科及以上教育层次的高等职业学校和普通高等学校负责实施高等职业学校教育。同时,按照高等职业学校设置制度的相关要求,那些符合特定标准的技师学院也将被纳入高等职业学校序列中。在这一框架内,高等职业学校无疑是高等职业学校教育的重要主体之一。

高等职业学校教育与普通教育在教育形式上各具特色。在人才培养方

[①] 郭扬.中国高等职业教育史纲[M].北京:科学普及出版社,2010:49.

面,高等职业学校特别注重校企间的多元合作,致力于培养具备技术技能的人才。在专业设置上,高等职业学校更倾向于职业导向,课程内容则以应用为核心,教学中强调实践环节,师资队伍方面则侧重于双师型教师的培养。因此,高等职业学校应当构建与本科教育学科建设有所区别的专业群,以凸显其职业教育的独特类型特征。

高等职业学校在教育的层次架构中占据着高等教育的关键地位,它应当充分展现其处于高层次的教育功能,致力于培养高质量的技术技能人才。对于满足一定条件的高等职业学校,它们可以开展本科层次的职业教育。本书所探讨的"高职"特指专科教育层次的高等职业学校,尤其是那些被选入国家"双高计划"的高水平专业群高职院校,它们是本书研究的主要对象。

(三)"双高计划"

"双高计划",即中国特色高水平高职学校和专业建设计划,其启动之年为2019年。该计划最初在2019年1月颁布的《国家职业教育改革实施方案》中被提出,旨在完善国家职业教育制度体系,推进高等职业教育的高质量发展。方案中明确指出,将启动实施这一特色计划,以建设一批在改革中具有引领作用、支撑国家发展、展现中国特色、达到世界水平的高等职业学校和骨干专业(群)。同年3月发布的《教育部财政部关于实施中国特色高水平高职学校和专业建设计划的意见》正式标志着"双高计划"的启动。这一计划的实施对高职院校的高质量发展具有重要意义,它不仅是引领高职教育走向内涵发展的关键一步,更象征着我国高职教育进入了提质升级的新阶段,预示着我国高职教育将进入一个全新的发展时期。

为积极响应现代化经济体系的建设需求以及推动实现更高质量和更充分的就业,国家决定集中资源,精心打造一批在改革中具有引领作用、能够支撑国家发展、展现中国特色且具备世界顶尖水平的高职学校与高水平专业群。"双高计划"启动后,经过严格筛选,最终确定了一批优秀的院校,共同肩负起这一重大使命。

(四)专业

在《辞海》的阐释中,专业被界定为根据社会分工的具体要求而细致划分的学业类别,其主要由进行高等教育或中等专业教育的学校负责划分。而在《现代汉语词典》中,专业被理解为在高校系部或中专学校内,依据科学和教育原则精心划分的学业门类。虽然不同词典对专业的定义有不同的侧重,但都强调了其与社会分工、教育层次及学科发展的紧密联系。

以上是关于专业定义的多种提法,基于论文要求,结合各类观点,本文将专业界定为:在高等职业教育机构里,依据职业、学科等元素划分的学业门类。

从词源学的视角出发,可以对"专业"的内涵进行更为深入的剖析。《辞海》对"专"的阐释为"对某种学术、技能有特长",而"专业"则被界定为"在教育上,指高等学校或中等专业学校根据社会专业分工的需要设立的学业类别。各专业的教学计划,体现专业的培养目标和要求"。[1]在《现代汉语词典》中,"专"被解释为"在学术或技能方面有某种特长",[2]而"专业"作为名词时,它指代"高等学校的一个系里或中等专业学校里,根据科学分工或生产部门的分工把学业分成的门类";作为形容词时,它则强调"具有专业水平和知识"。通过这些解释,可以更清晰地理解"专业"一词在不同语境中的含义。[3]

在现有的主流研究中,专业被视作是一种组织形式的体现,其核心在于相应的课程体系。从外文的视角来解读,"专业"所对应的英文词语是"major",其核心概念为主修。这可以理解为根据特定的培养目标所构建的一个课程体系或培训计划。在教学实践活动中,这一体系主要由一系列的"课程组织(program)"依据特定的逻辑关系编排而成,以达成教育目标。[4]

除了词源学对"专业"的界定外,国内外也开展了多样化的专业分类研究。各国教育主管部门和相关机构都出台了各自的专业分类目录。以美国为例,在专业目录的设置上,它主要基于职业、应用和基础3个维度进行专业划分。而在我国,高等职业教育的专业分类目录在经过2004年版的制定和2015年版

---

[1] 辞海编辑委员会.辞海[M].上海:上海辞书出版社,2020:5848.
[2] 中国社会科学研究院语言所词典编辑室.现代汉语词典[M].7版.北京:商务印书馆,2017:1718.
[3] 中国社会科学研究院语言所词典编辑室.现代汉语词典[M].7版.北京:商务印书馆,2017:1719.
[4] 卢晓东,陈孝戴.高等学校"专业"内涵研究[J].教育研究,2002(7):47-52.

的修订后，于2021年3月由教育部发布了新的《职业教育专业目录(2021年)》。这一新版目录在深入分析产业链、岗位群和职业带的基础上，实现了中职、高职和职业本科目录的一体化设计。目录结构包括专业、专业类和专业大类3个层级，目录中具体列出了744个高等职业教育专科专业，成为指导我国高等职业院校教育教学活动的基础性文件。

(五)专业群

从词源学的视角来看，"群"在《辞海》中有多重含义。首先，它表示"合群"的概念，即人们能够相互协调、和睦相处的状态。其次，"群"也用来描述动物聚集在一起的景象，如"兽三为群"，意味着三只动物聚集在一起就形成了一个群体。此外，"群"还指代"集体和朋辈"，强调人们因共同目标或兴趣而集结成的团体。最后，"群"还指"成群的同类事物"，如"物以群分"，意味着相同或相似的事物会自然聚集在一起。[①]而在《现代汉语词典》中，"群"作为名词时，主要表示"聚集在一起的人或物"；作为形容词时，则强调"成群的"这一概念；而作为量词时，"群"则用来描述成群的东西或人。[②]

"群"在外文中通常对应"cluster"和"group"两个词。在《朗文当代英语词典》中，"cluster"主要被解释为一起出现的许多相似事物的集合，比如当谈到一组紧密相连的建筑物时，就可以称之为一个"cluster"。同时，"cluster"也用来描述在天空中靠近在一起，并因引力而相互关联的恒星或星系的聚集体。这些定义都体现了"cluster"作为一组相似或相关事物的集合体的概念。

在《大英百科全书》中，"group"一词具有多重定义。在化学领域，当元素周期表中的一组化学元素排列在同一纵行时，这些元素便被归类为同一"群"。而在数学领域，"group"指的是一种特殊的集合，该集合内的元素满足结合性乘法、拥有单位元素，并且每个元素都存在其对应的逆元素。此外，处于同一group的元素通常展现出某些相似的物理和化学性质，这也是group划分的一个重要依据。

群论(Group Theory)，这一在数理逻辑领域享有盛名的理论，起源于19世

[①] 辞海编辑委员会.辞海[M].上海:上海辞书出版社,2020:3592.
[②] 中国社会科学研究院语言所词典编辑室.现代汉语词典[M].7版.北京:商务印书馆,2017:1088.

纪初,它虽然主要用于深入探索数理领域的复杂难题,但对于分析构成元素与整体之间关系的逻辑,为界定高职专业群的内涵提供了至关重要的启示。依据群论的核心观点,一个群的关键特性在于它由具备某一共同特性的群成员构成,这与高职专业群由各个高职专业组成的情况颇为相似。群论并非着重于强调每个群成员的本质特性,而是更加注重群成员所共有的属性。

除了上述领域,群理论的思想也在经济学领域得以体现。产业经济学家主要运用群论的思想来分析产业系统中的集聚现象,进而构建出产业集群的相关内涵和理论体系。集群的核心在于群内各个要素的整合,其主要目标是通过将零散的部分整合成整体,实现同类事物的集中化,并尽可能地减少各类损耗和干扰,以达成系统目标的最大化。对于高等职业院校而言,专业群是专业口径拓展和专业结构优化的关键路径。从实际操作层面来看,可以将专业群定义为高职院校内现有专业的一种组织形式,它主要基于以下几个逻辑进行构建：一是能否围绕特定的岗位群和产业链来组建专业群,确保群内的各个专业能够共同服务于特定的产业和岗位群；二是能否以某个核心专业为基础来构建专业群,这种组建方式主要为了发挥核心专业的引领和带动作用,即通过核心专业对其他相关专业的辐射影响,实现整体效能的提升；三是能否以资源共建共享为主要逻辑来组建专业群,即将师资队伍、基础课程、实训设备等可以共享的资源进行优化整合,将技术领域相关、专业基础相近的专业组建成专业群,从而实现群内资源的优化配置和高效利用。

综上所述,关于相关概念,可以从词源学角度出发,结合"专业"与"群"的各自定义进行推导。具体而言,高职专业群是指那些具备某些共同特性的专业,按照特定的组群逻辑所形成的专业集合。这一概念的提出,是高等职业学校在经历多个阶段的实践探索后,为优化其专业结构所进行的重要尝试。相较之下,高职院校的专业目录则是依据产业链、岗位群和职业带的划分,通过不同课程的组合构建而成的专门化领域,并在此基础上开展相应的教育教学活动。

专业目录的发布通常是由教育主管部门负责,并且会按照一定的周期进行修订和升级,以确保其时效性和准确性。而专业群作为高等职业院校在优化专业结构方面的重要制度设计,能够充分发挥院校自身的主动性和创造性,推动教育教学质量的提升。

随着互联网技术日新月异的发展,不确定性已成为外部环境不容忽视的显著特征。在这样的背景下,高职院校正逐步融入一个更加开放、互动、紧密相连的生态系统中。正如古语所云,"能群者存,不群者灭;善群者存,不善群者灭",[①]在充满变数的数字化时代,高职院校致力于专业群的建设,通过构建灵活的网络体系,不仅拓宽了专业的开放视野,还突破了资源的局限,使得各专业从无序走向有序,实现了协同共进的效果。此外,采用组群的方式也有助于减少专业对外部环境的依赖,提高其对不确定性的适应能力,从而确保高职院校的长远发展。总言之,"专业群"指的是由若干具有内在联系的专业共同组成的集群,其主要目的在于优化高职院校人才培养过程中的资源配置,完善专业结构,促进学生的全面发展,进而提升高职院校人才培养的整体质量。

高职教育与普通高等教育在类型上的差异导致了它们在专业设置上的不同,其中最为显著的区别在于高职教育是基于职业分工来设置专业的。目前,官方政策文件中尚未对"专业群"这一概念进行明确的界定。关于专业群概念的界定,目前主要有两种观点:一种观点是核心专业支撑论,认为专业群本质上是由核心专业及其他相关专业所组成的集合体;[②]另一种观点是相关专业组合论,它主张专业群是由具有相近元素的各个专业所组成的组合。[③]

依据本书的具体需求,同时综合考量了多种观点,本书将专业群定义为一个以产业链为导向,由一个或多个具备优势的核心专业以及其他与之相近的专业共同构成的专业集合体。

从词源学的角度出发,"群"通常被理解为同类事物的聚集。而专业群,便是多个具有相似性的专业所组成的集合体。关于专业群的概念,学术界普遍认同其与产业集群类似,产业集群是一个空间、功能和要素相互交织、相互作用的聚集体,通过整合各产业的优质资源来提升整体效率。然而,对于专业群

[①] 托马斯·赫胥黎.天演论——及其母本《进化论与伦理学》全译[M].严复等,译.2版.重庆:重庆出版社,2018:74.
[②] 孙毅颖.高职专业群建设的基本问题解析[J].中国大学教学,2011(1):36-38.
[③] 郭福春,徐伶俐.高职院校专业群视域下的专业建设理论与实践[J].现代教育管理,2015(9):111-114.

的具体定义,学术界目前尚未形成统一的认识。从实际操作的角度来看,专业群通常是由两个或两个以上在资源、技术和社会联系上具有共同基础、相近性质的专业所组成的,这种组织模式既具有稳定性,又具有一定的灵活性。而从概念的层面来看,专业群更强调它是一个由多个专业组成的、优势互补、资源共享、结构有序的集合体。

"双高计划"明确指出,应聚焦于区域的关键产业,充分利用特色专业的优势,构建与产业对接、动态调整、自我优化的专业群发展机制,促进专业资源的整合与结构的升级,从而充分发挥专业群的集聚效应和服务功能。这深刻揭示了专业群的建设并非仅仅是几个专业的简单分类与组合,而是一种更为广泛和深入的融合过程。首先,这种融合体现在专业群与产业集群的紧密结合上。每个专业群内的专业都需精准对接产业集群中的核心产业,形成专业群与产业集群相互对应、专业与产业深度交融的发展格局。其次,这种融合也体现在各专业之间的深度融合上。需要以群思维为指导,构建统一的专业群标准,打破各专业之间"各自为战"的孤立状态,实现各专业之间的协同与互补。通过这样的融合,专业群能够更好地适应区域经济的发展需求,提升人才培养的质量和效率,为社会的可持续发展做出更大的贡献。[1]

不同学者基于不同的专业群组群逻辑给出了不同的专业群定义。基于资源整合组群逻辑的定义认为,专业群是一组结构有序、优势互补、资源共享的专业或专业方向的集合。而基于专业群课程整合的专业群内组群逻辑的定义则指出,专业群是以一个或多个办学实力强的重点特色专业为核心,由若干个工程对象相同,技术领域或学科基础相近的相关专业组成的一个集合。[2]

专业群建设的核心并非仅仅在于其组建,而在于如何有效发挥"群效应"。为此,专业群的群效应划分为两个层面:对内群效应和对外群效应。具体而言,对内群效应主要涉及专业群内部资源的整合与优化利用;而对外群效应则强调专业群与外部产业链及岗位链的深度融合与对接。如果仅仅停留在简单的重组层面,那么"群效应"将无法得到充分发挥。

---

[1] 姚磊,郭哲,胡德鑫.高职院校高水平专业群的形成机理、组群逻辑与建构路径研究[J].成人教育,2022,42(3):74-78.
[2] 康安琪.广西高职专业群建设评价体系构建研究[D].南宁:南宁师范大学,2023.

(六)专业群生态系统

专业群生态系统的概念,其根源在于对自然生态系统的类比。通过借鉴和隐喻的分析手法,运用生态学的相关理论和技巧,深入探讨专业群系统的协同进化机制及其管理逻辑。为了更精准地把握专业群生态系统的本质,首先需要明确自然生态系统的基本定义和特性。根据生态学的基本原理,"生态系统(ecosystem)"是一个融合了多个要素的复杂集合。在这个集合中,多样的生物群落与其外围环境系统交织成一个独特的结构,这个结构在时空的不同维度中,通过成员间的物质循环和能量传递,形成具备自我调节能力的复合体,进而构成一个完整的生态系统。

从系统论的角度出发,一个特定的系统往往具备整体性:第一,这样的系统通常包含多个相互间存在作用、影响及依赖关系的组成部分;第二,系统内的各个分散部分,能够依据特定的运作机制协同工作,从而实现比单一部分单独作用时更为卓越的整体效果,进而达到系统整体功能的最优化。

尽管"天人合一"等哲学思想早已将自然环境与生物界视作一个浑然天成的整体,但"生态系统"这一术语的正式提出,实际上主要集中在20世纪的前半段。这一术语由英国生态学家A.G.坦斯利在1935年率先提出,而与之理念相近的概念还包括苏联学者V.N.苏卡乔夫在1940年提出的"生物地理系统群落"等。尽管"生态系统"概念一经提出便在社会各界特别是生态学界引起了积极反响,但由于生态系统研究对试验技术条件要求极高,在这些概念初现时,受限于当时的经济社会发展水平,相关研究难以深入开展,因此在20世纪初的几十年间,其研究范围相对狭窄,影响力也较为有限。然而,随着经济社会不断进步,全球人口膨胀、环境污染和资源枯竭等问题日益凸显,有关生态系统的研究逐渐受到社会各界的广泛关注,其影响也逐渐渗透到社会的各个领域。

根据生态系统的相关理论,一个特定的生态系统展现出以下基本特性:首先,在内部构成上,生态系统是一个复杂且自组织的系统,它包含众多要素,并以非线性方式运行。这个复杂系统的功能多样,形态多变,表现出高度的灵活性和适应性。其次,不同的生态系统在时空维度下具有各自独特的空间结构,并随时间发展变化,其主要功能是围绕生物要素来发挥生态作用。

再次，由于生态系统要素的多样性和复杂性，可利用的系统资源和外部环境资源有限，因此系统内各要素之间会存在竞争关系，这种竞争关系确保了资源的合理分配和系统的动态平衡。从次，从运转角度看，生态系统具有强大的自组织属性，能够自我调节、自我恢复和自我维持，从而保持系统的稳定和健康。最后，从发展角度看，生态系统是一个远离平衡态的开放系统，具有多元的生态功能。随着时间的推移，它将逐渐形成一个动态开放的系统，实现可持续发展的目标。[①]

在单个高职院校中，多种多样的高职专业群个体汇聚成一个独特而独立的专业群生态系统。作为职业教育大系统的一个分支，专业群生态系统既具备教育系统的共性特征，又展现出其独特的个性。与其他社会系统的结构相似，高职专业群生态系统同样是一个复杂的网络，由多个因素、多个部门、多个层次以特定的方式相互连接而成。在这个有机的网络中，每个要素都扮演着特定的角色，发挥着特定的功能。一旦某个环节发生变化，就会引发一系列连锁反应，整个系统都会受到影响，如出现"一子落而满盘活"的效果。专业群生态系统是在特定的时空背景下，由相互关联、相互作用的专业群及其周边环境系统按照特定规律组成的有机整体。

在专业群生态系统的运行过程中，需要对多个层面进行深度优化与整合。在微观层面，核心要素如人才培养模式论证、专业设置规划、课程与教学体系建设、师资队伍建设、实训基地建设以及教学资源库建设等都需得到精细的优化与重组。而在中观层面，则需要关注专业群之间关系的协调与布局优化问题，确保各专业群能够形成合力发展的局面，发挥最大的效能。同时，在宏观层面，还需探讨高等职业院校与政府、行业、企业、不同层级的本科院校及中等职业学校等多元主体间的相互影响与互动机制。考虑到高职专业群生态系统的科学治理对于培养高质量的复合型技术技能型人才及推动高职教育内涵式发展具有重要意义，本书将在深入分析系统结构与要素的基础上，重点探讨系统不同层面的协同进化规律，并致力于探寻高职专业群生态系统的优化路径。

---

① 牛翠娟,娄安如,孙儒泳,等.基础生态学[M].3版.北京:高等教育出版社,2015:170,222.

(七)协同进化

从词源学视角出发,可以发现《辞海》对于"协"的诠释颇为丰富。首先,"协"作为动词使用时,其含义倾向于"帮助",比如协力、协助等词语所体现的内涵。其次,"协"还常用来描述一种状态,即"协调、和谐"的状态。再次,"协"还有"和或者合"的意思,比如协力同心等词语,强调的是团结一致、共同努力的精神。[①]当达到协同状态时,意味着它们能够实现高质量的匹配与协作。在社会领域,常常用"协力同心"等表述来体现这种协同精神,强调各方之间的紧密合作与共同努力。综上所述,无论是"协"还是"协同",《辞海》对它们的解释都强调了合作、协调与和谐的重要性,这对于理解并应用这些概念于实际生活中具有重要意义。[②]

在《现代汉语词典》中,对"协"的解释呈现出多元化的内涵。当将其视作副词时,它传达的是一种"调和与和谐"的发展状态,强调事物之间的融洽与平衡。而将其视为动词时,它则主要表示"协助和协办"等含义,强调在行动中的相互支持与协作。进一步单独探究"协同"的含义,发现其主要具有动词的意蕴,特指"各方互相配合或甲方协助乙方做某件事",这体现了在合作中各方相互协调、共同推进的积极状态。[③]

"协同作用"这一概念,其核心意义在于描述两种或多种药物在联合使用时所产生的效应。当这些药物共同作用于某一生命体时,往往能够展现出单一药物所难以达成的效果,这种效果便是它们协同作用的结果。[④]而在生态学领域,"协调进化"又被称为"水平进化"或"同时进化",它是关于生物基因具体进化的一种学说。这一概念主要描述了在多基因族中,尽管其内部成员的碱基分布顺序可能存在种间差异,但在同一多基因族内部,碱基基因的顺序却是完全一致的。当这种现象发生时,生物学上便称之为协调进化。[⑤]

为深入探索协同现象,系统科学领域内衍生出了专门探讨此类议题的协

---

① 辞海编辑委员会.辞海[M].上海:上海辞书出版社,2020:4863.
② 辞海编辑委员会.辞海[M].上海:上海辞书出版社,2020:4864.
③ 中国社会科学研究院语言所词典编辑室.现代汉语词典[M].7版.北京:商务印书馆,2017:1449.
④ 辞海编辑委员会.辞海[M].上海:上海辞书出版社,2020:4864.
⑤ 辞海编辑委员会.辞海[M].上海:上海辞书出版社,2020:4864.

同学。其核心理论聚焦于非平衡系统如何实现自组织的过程。这一理论由哈肯（Haken）在20世纪70年代提出，为我们理解非平衡状态下的系统自组织机制提供了重要的理论框架。[①]

协同学的核心关注点在于在开放的系统中，各个子系统或要素如何借助复杂非线性联系的多维度互动，共同构建出系统整体的协同效应。而协同学的理论研究，则主要聚焦于揭示复杂系统从简单到复杂、从低级到高级、从混沌无序到高级有序，甚至在从有序走向混沌等多元且复杂的演变过程中，所遵循的基本机理和主要规律。

协同学融合了复杂适应系统理论的成熟原理，借助统计学和系统动力学的分析手段，结合仿真模拟等方法，成功构建了一套从无序到有序的系统演化分析数学模型与方法。同时，协同学的相关理论与方法也得以拓展至其他多个学科领域，为跨学科研究提供了新的视角和工具。

在《辞海》中，"进化"一词具有双重含义。首层含义，它描绘了"生物逐渐演奏，由低级到高级、由简单到复杂、种类由少到多的发展过程"。这一词语有时也被称作"演化"，旧称"天演"，例如"天演论"等。通过自然界的这一进化过程，原本无生命力的物体在特定的自然条件下，会逐步演变成生态系统的原始生命形态。经过自然选择以及物种的遗传与变异，最终会形成丰富多样的自然生态系统。而"进化"的第二层含义，则是指在社会领域中发展变化的"量变"阶段。相较于"革命"等剧烈而显著的质变过程，进化过程显得更为温和与渐进，其变化并不显著。因此，它主要被用作与"发展"概念相接近的术语来使用。[②]

在生态学理论与协同进化的深入研究中，"协同进化"这一概念被明确界定为：一个物种的特性进化与另一物种的特性存在着紧密的相互影响关系，两者在进化的过程中彼此交织、相互促进，共同实现协同进化。协同进化的研究过程中，还衍生出了协调特化、协调适应等概念，这些概念主要用于描绘两个物种如何通过相互作用，实现共同进化的现象。协同进化论不仅强调了生态系统中多元物种间的协同效应，更指出这些物种在协同进化的过程中，通过彼此的影响和相互作用，能够达成"多赢"的局面。相较于普通进化论，协同进化

---

① Haken H.Synergetics of brain function. International Journal of Psychophysiology,2006,60(2):110-124.
② 辞海编辑委员会.辞海[M].上海：上海辞书出版社，2020：2185.

论更加注重进化的动态性与物种间的相互作用。当自然生态系统中的某一生物个体的特征进化源于另一生命体的特征时,这两个物种都将实现一定程度的改进,进而实现协同进化。

高职专业群生态系统的协同进化过程涉及多个层面和维度的相互作用。具体而言,在高职专业群生态系统内部,各要素在竞争、互补、协同等关系的规约下,共同推动系统从简单逐步演进到复杂耦合,从低级有序状态向高级有序状态过渡,以及从单一类型向多元共生模式转变。此外,除了专业群生态系统内部的协同作用,专业群系统与外部环境系统之间的各个主体也基于系统绩效目标展开协同演进。在这个过程中,不同维度的因素相互协调,共同促进专业群生态系统自身的有序进化,并维持专业群系统与外部各子系统之间的动态平衡。从具体的层面来看,协同进化涵盖了多个层面:在微观层面,关注专业群个体的生成与协同进化;在中观层面,研究专业群之间的协同进化;在宏观层面,探讨专业群系统与外部环境系统各主体之间的协同进化。最终,还是要着眼于高职专业群生态系统的整体协同进化。

(八)发展及高质量发展

"发展"这一词语的基本内涵,是指一个朝向预设目标或状态的运动转变过程,其核心在于实现特定的目标或达到既定的状态。而"既定目标"常常被视为组织总体任务完成情况的衡量标准,因此,发展与质量的定义之间存在着紧密的关联,它们共同聚焦于特定目标的达成程度。然而,与"质量"这一复杂的概念相比,"发展"的内涵更为单一,也更容易为人们所理解和把握。在深入探讨"发展"这一概念之前,需要先明确"发展"与"变化"之间的区别。虽然发展是一种变化,但并非所有的变化都能被称为发展。发展应当是符合事物客观发展规律的、呈现出前进或上升态势的变化,这种变化往往是螺旋式上升的。在辩证法的视角下,发展被视为一个从量变到质变的过程,即从最初不易察觉、潜在的量的变化,逐渐发展为显著、根本的质的变化。因此,可以说发展的最本质特征在于质变,发展的标志也主要体现在质变上。

基于上述分析,发展乃是一种运动变化的形式,其显著标志在于质变,同时兼具方向性、倾向性和规律性。值得注意的是,发展与质量的定义紧密相连,二者均着重强调特定目标的达成程度,都体现了对目标实现程度的深刻关注。

高质量发展,是指能够充分满足人民群众日益增长的美好生活需求的发展模式,它深刻体现了新时代的发展理念。在这种发展中,创新被置于首要动力位置,协调成为其内在特征,绿色发展成为普遍追求,开放是其必由之路,而共享则成为其最终的目标和根本宗旨。

(九)高职教育高质量发展

经济的高质量发展,无疑对包括高职教育在内的所有行业都提出了实现高质量发展的要求。对于"高职高质量发展"这一概念,可以理解为它是一个不断螺旋上升的动态演变过程。在高职教育的每个前期发展阶段中,所取得的每一项进步,都为后续的高质量发展提供了不可或缺的初始条件与发展基础。从"高质量"+"发展"的组合来看,第一,需要认识到"高质量"的"高"是相对于某一标准而言的,它并非对规模化增长阶段的否定,而是对发展质量的更高追求。第二,"发展"的方式在这里被明确限定为"高质量发展",这意味着发展是为了更好地实现既定的目标,是一种持续性的进步。在这一过程中,"高质量"作为质量发展的标准,在特定的时期内会发生变化,从而引发发展范式的转变。因此,可以得出,质量标准是随着经济和产业的进步而不断调整的。对于高职教育来说,每一个发展阶段都是相对于前一个阶段的高质量发展,这是一个不断推进的变化过程。

"高职教育高质量发展"可界定为:相较于高职教育前期发展阶段(从示范校到骨干校再到优质校)的展现,创新是高职高质量发展的本质属性,在其中占据核心地位。发展的精髓在于质变,质变在高职高质量发展中尤为重要,它源于内因和外因的共同作用,其中内因发挥着决定性作用,而外因则通过内因产生效应。创新意味着破旧立新,其内生性特质决定了创新是高职高质量发展的根本所在,高职高质量发展的诸多表现都与创新息息相关。因此,将高职高质量发展视为单纯服务经济高质量发展的时代政策的解读并不全面,更应将其视为高职教育的新发展理念与范式,它持续引领着高职教育的前进方向。

(十)评价

评价活动实质上是对事物进行价值判断的过程。评价这一词语,其根源可追溯至拉丁文中的"valor"(即价值)以及前缀"e"(意味着向外,……出来),共同构成了一个概念,即从特定事物中提炼出其内在价值[1]。因此,评价与价值联系紧密而不可分割。评价不仅是形成知识经验的重要工具,同时在进行信息收集与研判的过程中,评价也为推动做出更加明智的决策发挥作用。

有些学者在管理学和社会学的框架下对评价进行了界定,并特别指出了评价过程中的几个核心要素:评价的对象、评价的目的以及评价的方法。罗西(Rossi)、弗里曼(Freeman)和李普西(Lipsey)在他们的观点中明确表述,项目评价其实是一个利用社会学研究程序,系统性地探究社会干预项目效益的过程。具体来讲,评价研究者(即评价者)会运用社会学的研究方法来全方位地研究、鉴定社会项目的各个方面,并致力于项目的改进。这涵盖了项目所针对的社会问题的诊断、项目的概念构思与设计、项目的执行与管理,以及项目取得的成果和效率评估。

通过林肯和古贝的第四代评价理论视角,评价被视为一个不断演变和适应的动态流程。在这个过程中,评价者不仅赋予事物特定的价值,而且这些赋予的价值也会引导事物朝着评价所指向的方向不断进步。通过构建高职专业群建设评价体系,可以充分发挥评价在推动教学和改革方面的积极作用,实现以评价促进教育进步、以评价推动改革深化的目标。[2]

(十一)教育评价

美国学者格朗兰德(Gronlund,N.E.)对评价评价给予了经典的论述:评价等于测量(即对数量的记录)或非测量(即对质量的描述),再加上价值判断。[3]然而,"评价"在20世纪30年代才进入教育领域。[4]诸多学者对于教育评价的概念给予了不同的界定。主流的观点主要有:(1)以目标达成为重点进行评价。

---

[1] 汤生玲.职业教育质量评价中的民主、和谐与群策群力——《职业院校质量诊断:授权评价理论与实践》评介[J].职业技术教育,2019,40(36):58-61.
[2] 康安琪.广西高职专业群建设评价体系构建研究[D].南宁:南宁师范大学,2023.
[3] 陈玉琨.教育评价学[M].北京:人民教育出版社,1999:7-8.
[4] 瞿葆奎.教育学文集 教育评价[M].北京:人民教育出版社,1989:495.

例如,泰勒(Tyler,R.W.)认为,评价是判断课程和教学大纲实现教育目标程度的过程。此处教育目标是指期望在学生行为模式中引发的某种变化。因此,评价也可用来判断学生行为实际变化程度的过程。[①]帕隆伯(Palombar,C.A.)和班塔(Banta,T.W.)认为,评价旨在提高学生的学习成效,促进其全面发展,是一个系统性地搜集、反思并应用相关教育信息的过程。[②](2)在评价过程方面,得雷斯主张评价是通过特定目的确定某种活动、目的及其程序价值的过程,在此过程中包括搜集情报以及做出决策等多个阶段。

在前人对教育评价基本概念做出界定的基础上,一些学者不断丰富教育评价的内涵,进行更加合理全面的概念界定。例如,学者毕比(Beeby)认为评价是一个系统性搜集和解释证据的过程,并以此为基础进行价值取向的判断。[③]我国学者陈玉琨则提出,教育评价是对教育活动满足社会与个体需求程度的价值判断,它是对教育活动已经实现或潜在价值进行评判,以推动教育价值增值的过程。[④]这些定义,尤其是学者陈玉琨关于教育评价的定义更加适合我们的国情,具有一定代表性。

希尔斯(Hills,P.J.)所著的《教育词典》中对"Assessment"的定义主要关注点在于评价学生及其学习的进展。所有的教育决策依据评价所获信息而制定,评价既是教师了解学生学习掌握情况的重要手段,亦是教师评价自己的教学方法实现教育目标程度的判断依据。[⑤]

对于教育评价与教育评估的辨析,我国学术界同样进行了深入探讨,呈现百家争鸣态势。例如,学者陈玉琨指出,"教育评估"一词更适用于对教育机构和教育方案等进行的评价,而"评价"则是一个更为广泛且综合的概念,涵盖了评估、评定以及考评等多个方面。[⑥]学者荀振芳认为,评估具有估价的意蕴,通常是估量性价值判断,相对而言较为笼统。而评价则是一种更为精确的价值

[①] 泰勒.怎样评价学习经验的效用[M]//瞿葆奎.教育学文集 教育评价.北京:人民教育出版社,1989:263.
[②] BANTA TW, PALOMBA CA. Assessment Essentials: Planning, Implementrg, and Improving Assessment in Higher Edncatim [M].San Francisco:Josseg-Bass,2015:1-2.
[③] 胡森.教育大百科全书 教育评价[M].重庆:西南师范大学出版社,2011:69.
[④] 陈玉琨.教育评价学[M].北京:人民教育出版社,1999:7.
[⑤] 陈玉琨.教育评价术语选[M]//瞿葆奎.教育学文集 教育评价.北京:人民教育出版社,1989:750.
[⑥] 陈玉琨.教育评价学[M].北京:人民教育出版社,1999:25-26.

判断。[1]学者张继平的观点是,评估是按照既定的标准进行的评价,在阶段性评估中标准具有一定统领性和稳定性,而评价则不应拘泥于既定的评估标准,因时因地制宜,及时调整,以适应新出现的情况。[2]游铭钧等人指出,在我国教育理论界,"评价"这一概念往往被广泛使用。例如,20世纪80年代出版的专著和译著中,大多使用"教育评价"一词。而在国家教委发布的一些法规文件和具体的实践中,更多地使用了"评估"一词。[3]

实际上,在高等教育的术语使用和实践工作中,评估与评价的概念经常相互交织,两个词甚至被交替使用。以"Evaluate"这一动词为例,我国学者在翻译时,也对"评价"与"评估"不做细致的区分,甚至出现混用。[4]同样,以"Assessment"这一名词为例,学者们也将其翻译为"评定"、"评估"或"评价",而不作具体的区分。在我国有些学者甚至认为评估和评价并没有明确的界限,可以混用。确实,由于评价涉及的方面广泛且复杂,在概念的使用上难免会出现多种不同的表达。之所以选择使用"评价"一词,是因为基于我国的语言习惯,评价通常被视为一个更为广泛的概念,但在词义上,并没有对"评价"和"评估"进行严格区分。同时,在具体应用于学术用语时,要遵循我国高等教育研究和实践中通用惯例,这样的表述方式旨在确保概念的准确性和一致性。

(十二)高等教育评价与高校教学评价

在我国高等教育领域,"评价"一词之所以在20世纪80年代成为热门词,主要归因于当时我国高等教育质量保障制度与体系的建立。高等教育评价的概念界定相对复杂一些。在国内,对于高等教育评价的理解,通常涵盖了以下几个维度:它是对教育成果进行"价值判断"的一个过程;它旨在为教育决策和优化提供"重要依据";它致力于推动受教育者的全面成长;它依据教育目标或

---

[1] 荀振芳.大学教学评价的价值反思[D].武汉:华中科技大学,2005:7.
[2] 张继平.从冲突走向和谐——高等教育评估价值取向的社会学分析[D].武汉:华中师范大学,2011:35.
[3] 游铭钧,白景龙.学校工作评估实务全书[M].北京:中国人事出版社,1996:12.
[4] 例如,《教育大百科全书》中将古贝和林肯提出的"Fourth generation evalution"译成"第四代评价",而秦霖等将其巧译为"第四代评估"。

既定标准来展开评价;它也是深入了解评价对象,进而获取有关信息的过程。而高等教育评价之所以在20世纪80年代成为我国教育领域的高频词,离不开当时高等教育质量保障制度和体系的逐步建立。1985年,《中共中央关于教育体制改革的决定》首次明确提出要对"高等学校的办学水平进行评估"。随后,在1990年,我国颁布了《普通高等学校教育评估暂行规定》,详细规定了教育评估的主要目的、基本任务、基本形式、评估机构及其程序等关键内容。随着评价活动的深入开展,政府、高校以及中介机构对高等教育评价的关注度不断上升,其内涵在高等教育领域中也日益丰富和复杂。此外,高等教育评价还是一个借助定性或定量方法,运用先进技术和手段来收集数据和信息的过程,以求在此基础上对高等教育办学成效做出科学的评价。

一般而言,高等教育评价涵盖了广义与狭义两种范畴。在广义的层面,高等教育评价是根据设定的教育目标和评价标准,通过系统地搜集评价信息,运用科学的评价手段和方法对高等教育中的人、财、物以及教育活动、机构或管理状态及其效果进行价值判断的过程。从这个视角来看,高等教育评价涵盖了所有与高等教育相关的测量与评估活动。为了清晰呈现我国当前的高等教育评价体系,高教评价涉及实施者和评价对象这两个层面。在评价实施者方面,既有高校自身开展的评价,也有教育行政部门组织相关利益方开展的专业评价。从评价对象来看,高等教育评价可以聚焦于机构或项目层面,如对高校或院系整体办学效益的评价,或对教学、科研、社会服务某一方面的评价,甚至是对某一具体项目的单项评价,如人才培养方案评审、学生实习工作评价等。同时,高等教育评价也可以深入到具体人员层面,涵盖学生学习评价、教师教学或科研考评、管理人员工作绩效评估等多个方面。[1]

狭义的高等教育评价特指教学评价。有时,人们会直接将高校的教学评价视为高等教育评价。这种术语使用的差异反映了高等教育评价领域的多样性和复杂性。这种现象的产生,背后主要隐藏着三个层面的原因:首先,回溯教育评价的发展历程,可以发现早期的教育评价本质上聚焦于教学。与当下内容丰富、体系庞大的评价相比,早期的教育评价更为专一,主要围绕教学展

---

[1] 俞佳君.以学习为中心的大学教学评价研究[M].武汉:华中师范大学出版社,2019.

开。其次,从教育教学理论的角度出发,教学无疑是教育的核心组成部分,也是实施教育的主要手段。因此,教学评价在很多时候被直接等同于教育评价。最后,从一些对教育评价概念的界定来看,教学评价与教育评价往往可以互换使用,导致高等教育评价与教学评价在实际应用中时常混淆。

高校,作为高等学校的简称,其职责在于专门实施高等教育。而依据《中华人民共和国高等教育法》的第六十八条明文规定:"本法所称高等学校是指大学、独立设置的学院和高等专科学校,其中包括高等职业学校和成人高等学校。"

高校教学评价是一个综合过程,它依据明确的教学目标与价值标准,借助科学的评价方法和先进的技术手段,对高校的教学活动及其所取得的成效进行科学的价值判断。这一过程旨在提升教学与学习的质量,同时推动教师和学生的持续发展。该定义蕴含三个核心观点:首先,高校教学评价的核心任务在于进行价值判断,主要致力于提升高校教学的质量,进而促进教师和学生的持续进步。其次,教学评价的对象聚焦于高校的教学活动及其产生的结果,特别是学生个体的成长与发展变化,因为学生的培养质量是评估学校教学质量的根本指标。最后,在进行教学评价的价值判断时,必须严格遵循教学目标和教育价值判断标准,依据科学的评价手段做出具有一定效度和信度的评价。

(十三)高职院校"双高"建设评价

绩效评价作为教育评价的重要引领,同时也在中国特色高水平高职学校和专业建设中扮演着至关重要的角色。首先,预算绩效管理和绩效评价不仅是国家治理体系和能力建设的核心组成部分,更是资金效益强调的部分和责任的体现。特别是"双高计划"资金,作为常规资金之外的专项支持,其绩效要求更为突出,必须确保资金使用的精准性和成效性。其次,绩效建设和评价的目标应当聚焦于"双高计划"在实施期间所能达成的具体产出和效果。《绩效管理办法》第三条明确指出,绩效目标应与国家战略紧密相连,积极响应改革任务部署,强调"引领""支撑"作用,突出"高""强"特点,并体现"特",展现出对职业教育高质量发展的政策、制度、标准制定等方面的贡献。这实质上意味着要按计划要求逐项落实任务,并在改革创新中表现卓越。再次,绩效建设的成果要求实现数量与质量的和谐统一。在数量方面,应确保资金与任务的匹配,实现资金的有效利用和任务的圆满完成;在质量方面,则应对标先进,不断改革创新,取得具有标志性的引领成果。最后,为了充分证明"双高计划"资金使用的成效,应广泛采用案例佐证和数据支持的方式,让事实和数据说话,讲述中国高职改革创新的故事,展示"双高计划"的卓越成效。

简而言之,评价并非终极目标,而是一种手段,其目的在于通过科学、合理、正确且有序的评价方式,确保项目建设的初衷得以实现。通过这种方式,引导各所学校积极努力,为党和人民提供放心、满意的高质量、高水平教育,这正是"双高"绩效评价的核心目的所在。

(十四)高职专业群建设评价

"高职院校"明确了评价的主体范畴,而"专业群建设"则具体界定了评价的核心内容。专业群建设评价,实际上是对专业群建设实践活动的主观理解与价值预期的一种体现,是对专业群建设理念的具体化展现。这种评价具有多重特性,既体现了绝对性与相对性的统一,又展现了理想性与实践性的融合;同时,它兼具主体性与客观性、功能性与经济性、多样性与统一性的特质,还体现了发展性与稳定性的平衡。因此,在进行专业群评价时,必须深入理解和把握专业群建设的核心理念与规律,确保能够从科学性、可行性、有效性及针对性方面助力评价专业群建设实践。

鉴于上述理解,可以对高职院校专业群建设评价做出如下阐释:该评价旨在根据高等职业教育的本质与目标,以及专业群建设的逻辑框架,运用科学的评价手段,由政府或第三方组织进行针对高职院校专业群建设的系统性、科学性价值评估。通过这一评价过程,提出具有针对性的改进方案,从而推动高职院校专业群建设的持续优化与不断提升。

第六节
职业教育评价溯源及主要评价模式分析

职业教育评价溯源需从真实性评价的发展脉络进行追踪。教育真实性评价是一种教育评估方法,强调在真实或模拟真实的情境中运用科学的评价方法,评估教育和教学的发展水平。真实性评价的起源较为悠久,欧洲和中国古代的学徒制中就涵盖了教育真实性评价的要素。伴随正规职业教育的兴起和传统学徒制的衰落,真实性评价的情境逐渐削弱,并被纸质的书面化考试所取代。而后伴随书面考试的不断改良进步,社会效率主义时代产生的能力本位评价逐渐萌生新的教育评价样态,这也是现代真实性评价起源的关键节点。为了更好地把握与职业教育密切相关的真实性评价的时代特征,就必须对其进行追根溯源,掌握其发展的内在规律,以便更好地为当代职业教育发展评价服务,从而使真实性评价焕发出时代意义,并为当前"双高"建设评价提供更好的借鉴和帮助。

一、职业教育评价的缘起

职业教育真实性评价的历史渊源相对久远,从古代的学徒制中即可窥探其萌芽状态。探究其起源对于当代职业教育高质量发展评价具有一定的借鉴意义。古代学徒制中古朴的真实情境评定方法是古代社会广泛采用的一种职业教育评价形式。古代学徒制中虽然没有当代的学业评价的概念,但其在教育和评判的过程中蕴含了完整的评价内容和方法。这种古代的职业教育评判方法,具有现代职业教育真实性评价的基本内涵,属于古朴的真实情境下的评价。学徒制在全球具有悠久的历史,最初起源于家庭技艺的传承,尤其是体现在父子间的技艺传授。伴随古时手工业生产规模的逐步扩大,产品需求日益增加,相应的技能需求也跟随增加,具有特定技艺的工匠开始向家族以外的成员传授自己的技艺,以获取一定的回报。同时随着行业协会的出现,开始有组织有目的地进行规模化和规范式的职业培训,逐步产生了职业教育的雏形。据《周礼·考工记》记载:"知者创物,巧者述之、守之,世谓之工。""工"的概念开始兴起,是各种工艺拥有者、工匠的统称,这些工艺的传承当初主要通过学徒制进行。关于欧洲学徒制的内容可在《英国大百科全书》中查询到:学徒制起源于中世纪,它是手工业行会组织的一个重要组成部分。古时的学徒培养往往缺乏系统的讲解,学徒大多从低端产品制作开始,逐步提升到相对高端的产品制作,在此过程中,其技艺得到逐步磨炼和提升。学徒通过几年的实践磨炼,技艺逐渐成熟,通过考核可获得师傅身份,进行单独生产和技艺传承。学徒制是古代职业教育的一种特殊形式,延续至今,至今依然是职业教育的重要形式。它在全球普遍存在,并经过不断发展,发展成多种形式,如闻名于世的德国双元制职业教育。由此可见,学徒制是职业教育的重要起源,有其独特的评价特色。

(一)考查方式

古代学徒制以真实工作情境下学徒的实际操作能力考核为主。在利益驱动下,古代学徒制把技艺传承作为其主要目的,而掌握手工技艺主要以实际工作的操作技能培养为主。在学徒掌握基本的计算和记录技能的前提下,师傅更加侧重工艺技术的传承,主要通过在实践中师傅指导和学徒自己摸索不断提升学徒的技能水平。在师徒的日常学习和工作中,师傅会要求学徒在特定的时间内制成达到一定工艺水准的产品,通过实践操作过程和产品的质量来判断学徒对技艺掌握的熟练程度。因此,古代学徒制的考查方式主要是在真实的生产情境中,通过观察、测评、跟踪等方式,来考查学徒实践技能的掌握水平。

(二)考查标准

古代职业教育的考查标准是以市场的认可和对产品质量的评价为主。因为当时主要是以手工生产为主,所以产品的质量就决定了产品的销售渠道,销售的数量以及消费者的认可度、口碑,等等。例如,我国《礼记·月令》中记载,工匠要"物勒工名,以考其诚。功有不当,必行其罪,以穷其情",这就要求工匠将自己的名字刻在产品之上,以保障产品的质量,使工匠的声誉与产品的质量息息相关。严格的规定和做法保障了产品质量,也就保障了学徒制教育的质量。如此让学徒从最初学习和入职开始就能够树立强烈的产品质量意识和认真的学习态度,具备良好的职业道德和工匠精神,并世代传承下去。

(三)考查内容

古代职业教育考查内容以对生产工序进行考查为主,由于生产力水平落后,所以当时的生产以手工业为主,并未形成大规模生产模式。对工艺水平要求相对较高的行业,往往依靠学徒制进行传承,有些产品生产需要复杂的工艺程序,因此师傅对学徒的考查往往体现在工艺工序方面,即要求学徒能够掌握每一道工序的工作要求,精雕细琢,方能生产出合格的工艺产品。例如,在我国古代,器具加工往往要经历复杂的加工工艺,学徒往往要经过几年的磨炼,逐个对工艺进行精细打磨,日积月累,方能掌握生产要领,独立生产出让消费者满意的产品。同时,在一件产品的生产过程中,学徒还要结合消费者的需求,改良产品工艺,并充分考虑生产成本和工艺复杂程度,进行产品的更新换代和再设计,最终将合格的产品送达消费者。在此过程中,工艺工序等生产内容起到了关键性的作用,也是师傅考查学生技术的重点所在。师傅要对学徒的每一个工艺环节进行细致入微的考量,发现问题及时纠偏,以免学徒生产出不合格产品,进而保障产品工艺的持续改进。

(四)古时职业教育评价的特点

1.在真实的工作情境下进行评价

古代学徒制对学徒学业的评价主要在真实的生产情境下进行,这种真实的生产情境往往体现在手工作坊的加工现场,这里不但是学徒学艺的地方,也是师徒共同生产经营的场所。对学徒进行评价就是在日常的生产工艺过程中及时进行评价反馈,以督促学徒持续改进技术工艺,促使他们从初学者逐步成长为技艺大师。通过在真实的生产情境中熟练运用各种工具,学徒的生产技艺水平也在自己的不断摸索和师傅的评价反馈中日益提升,这将产生正向激励作用,对学徒的成长发挥至关重要的作用。因此,在真实工作场景下进行评价,也是现代职业教育应该积极践行的,评价不应该只停留在教学完成后。

2.招徒数量严格限制,以确保学徒自身的质量

为确保工艺的有效传承,保证产品质量,同时也为了避免过度竞争和产能过剩,行业协会对师傅招收徒弟的数量进行了严格规制,例如早在17世纪英国诺福克的纺织协会规定一名织匠同一时期学徒数量不能超过两人,违者处以相应的罚款措施。我国明朝长沙的装裱行业亦规定,各铺户新带徒弟,只准一出一人,不得重带多名。[①]严格的学徒人数限制保障了学徒的培养质量,师傅有更多精力对学徒进行指导和评价。因此,师傅对徒弟的评价会更加细致入微,同时也保障了产品工艺质量和民间技艺的有效传承。

3.行业协会发挥重要的评价职能

伴随行业协会的出现,学徒制评价由师傅评价学徒转向由行业协会评价考查。行业协会负责特定行业的生产经营和技术监管,由相关行业组织招募行业内的专家对学徒的生产技艺水平对学徒进行评价。据古埃及时期的学徒合同记载,学习吹笛者在学徒期结束时由三名专家进行学业评价考核鉴定[②]。行业内的专家对学徒提交的具有代表性的产品或作品,或者对学徒的现场考核进行评价,有时甚至会结合过程性评价,给出综合评定结果,评定学徒是否可以独立经营。这样的评价做法,一改过去只有师傅一人评价,主观性较强的弊端,充分融合不同专家意见,使评定结果更加真实有效。

4.评教的同步融合性

学徒在学习期间,往往要全身心投入学习和工作之中,很少回家,要刻苦

---

① 彭泽益.中国工商行会史料集:上册[M].北京:中华书局,1995:337.
② 贺国庆.外国职业教育通史:上册[M].北京:人民教育出版社,2014:10.

钻研,进行持续深入的修炼,遇到疑问及时向师傅请教。师徒在生产的过程中,共同处理每一个生产环节的问题,学徒在做中学,师傅及时纠偏,避免不合格产品的出现。师傅在传授技艺的同时,要及时进行评价反馈,发现徒弟生产过程和生产工艺存在的不足,督促其持续改进。除了对生产工艺进行评价,师傅往往也要将精益求精、刻苦耐劳的高尚品德传承下去,以形成世代相传的工匠精神。这种工匠精神也在边生产边教学、产教融合的氛围中逐步形成,得到日益强化,并为世人所称颂和传承。

二、真实情境性评价的式微

最初以传统手工业和学徒制为依托而进行的传统职业教育,是建立在简单手工业基础之上的教育模式,虽然具有一定的可借鉴之处,但是伴随生产规模的扩大,这种一对一的教学模式已经不能适应社会发展对大批量职业技术人才的需求,因此新兴的学校教育模式逐步兴起,职业教育因此开启了新的发展征程。14—16世纪的欧洲文艺复兴革命,带来了艺术和科学的更迭,自然科学得到了前所未有的发展,第一次工业革命就此诞生,自然科学与生产实践的结合进一步推动了职业教育的发展。传统的学徒制已经不能适应现实发展需求,通过学校进行职业教育的新型教育模式应运而生,成为传授生产技能的重要途径。1794年,巴黎建立了多科技术学校,这标志着自然科学知识开始与生产技术结合并通过专门的学校进行传授。[1]对职业教育而言,也标志着新型职业教育模式开始启航。然而,职业学校在办学之初,因为没有现成的经验可借鉴,所以只能借鉴传统的文法学校经验,课程设置偏重理解记忆型。例如,英国1823年建立的伦敦职工讲习所开设如下课程:自然和实验哲学、天文学、化学、文化和应用机械、工艺学等[2]。从上述课程设置可见,这一时期职业教育培养的人才以科技人才为主,并不是传统的手工业者及生产车间的工人,职业教育成为少数中产者继续教育的重要途径,并非广大平民百姓所能享有的教育形式,因此,在这一时期,职业教育还带有强烈的精英主义的色彩。最初的职

---

[1] 徐国庆.实践导向职业教育课程研究:技术学范式[M].上海:上海教育出版社,2005:98.
[2] 日本世界教育史研究会.六国技术教育史[M].李永连,等译.北京:教育科学出版社,1984:97.

业学校主要以传授理论性的科学知识为主,包含少量的生产技能型知识,因此,在对学生学业进行评价时,往往通过口试来考查学生掌握记忆性自然科学知识的程度,并不注重学生实际应用能力的提升。例如,美国的职业学校在19世纪后半期就采用此种评价方法,通过师生问答来判断学生对书本知识的掌握程度。经过一定时期的运行发展,口试测评逐渐不能适应对大批量学生的考查,因为口试耗时耗力,同时因为口试的问题具有多样性,学生的回答也难以用统一评判标准去衡量,这样的评价方法已经不适应当时的现实需求,于是催生了书面考试。在美国,波士顿学校委员会第一次使用试卷批量测验学生的学业成绩,为职业院校大规模采用书面形式测试学生对知识的掌握程度奠定了基础。但这一时期的笔试主要是以学生写论文或者主观测试为主,相较于口试虽然有所改进,但是由于测试形式和内容的主观性因素较强,学生的作答亦呈现多样性,评价结果的主观性依然较为浓重。因此,如何避免主观性因素影响,真正提升书面考试的客观性成为这一时期迫切需要解决的问题。1897年,美国学者莱斯的教育测验引起了广泛关注,教育测验由此进入系统化、科学化的研究阶段,莱斯也成了教育测验的鼻祖。1904年,美国心理学家桑代克在其《心理及社会测量学导论》一书中提出了"凡是存在的东西都有数量","凡是有数量的东西都可以测量"的著名论断,这也标志着教育测验理论与实践开始快速发展。[1] 1926年,美国开始采用学术性向测验,由于这种测验是基于心理测量学而发展起来的,因此当时受到了广泛推崇,很快得到了普遍应用,并扩展到职业学校,成为学生学业评价的主要形式。这一时期,职业教育评价以测量的形式考核学生掌握知识的情况,数量化、客观化是其主要指标。测量方法与以往存在极大不同:将学生所学的知识内容进行编码,并转换成书面形式的试题,学生通过试题的作答,反映其记忆知识的能力,教师通过对比学生的作答与标准答案来评价学生掌握知识的数量和质量,这样的职业教育评价形式具有定量化、客观化和标准化的特点。因此,真实情境下的职业教育教学被忽视,学生的实践技能提升极其有限,造成了理论与实践的脱节。然而,当时学业测验已经是与知

---

[1] 郑日昌,蔡永红,周益群.心理测量学[M].北京:人民教育出版社,1998:5.

识本位教育最为匹配的学业评价手段。同时,这一时期,受到工商业界流行的"科学管理"思潮的影响,职业人才被职业学校批量"加工",学生被视为"原料和产品",教师则成为"加工制造师",系统化、高效率成为职业教育培养人才追求的目标。因此,职业教育课堂教学和书面测验成为主流。这一时期,职业人才通过学校的批量"加工生产",掌握了普通平民不能掌握的科学知识,为日后步入职场奠定了一定基础,依然是社会上的精英阶层,受到了当时职场的欢迎。即使职业学校毕业生的实践技能欠缺,许多用人单位依然希望招聘到这样的人才,让他们在生产实践中不断磨炼,促进其理论知识与生产实践的融合。

三、能力本位评价模式的发展

20世纪中后期世界经济危机爆发,世界各国失业率大增,就业市场受到严重冲击,教育供给呈现过剩局面。雇主受经济理性主义的支配,希望得到能够直接进入职场并产生经济效益的毕业生,要求学生通过职业院校的学习与培训,拥有从事职场工作的实践技能,能够迅速上岗参加工作。[1]在此背景下,能力本位教育评价模式逐渐兴起。这一时期,产业界主流的生产模式以泰勒的科学管理主义思想为引领:对机械化、批量化的生产活动进行详细分工,对工作进行分解和计量,以了解具体的工作内容和劳动效率,将其化解为可控制、可操作的生产单元,严格的工作动作规范和定额时间,要求工人按照标准化的方式进行工作,借此对生产过程进行高效控制和管理,从而达到提升生产效率、降低劳动成本、实现管理目标的目的。同时,这一时期盛行的行为主义心理学主张对能力目标进行量化和分解,职业教育要求学生能够用行为化的目标来陈述所学操作技能,不仅仅要掌握书本上的知识,更要掌握岗位操作技能,职业教育走向新的前进方向。在行为主义心理学指引下,职业教育开始注重操作技能和行为化目标的教学与评价,并产生了能力本位的职业教育评价导向,与之相适应的职业教育评价模式被称为能力本位评价模式。能力本位教育(competency based education,CBE)是指围绕职业工作岗位所要求的知识、

---

[1] 石伟平.比较职业技术教育[M].上海:华东师范大学出版社,2001:295.

技能和素养开展教育活动,其宗旨是把培养学生的职业能力作为职业教育的根本教育思想。这种教育模式通常采用特定的课程,制定明确、具体的行为化教学目标,作为实施教学的依据和评价学生的标准。其体系中的个性化教学体现了因材施教的理念,能依据不同学生的特点开展卓有成效的教育活动,最终使学生都能达到预定的职业能力水平。能力本位评价模式是一种实践导向的教育评价模式,在此导向指引下,职业教育开始注重生产操作技能的培养,对于提升学生入职能力具有关键的实践意义。这种模式是在美国芝加哥大学的著名教育心理学家布卢姆提出的掌握性学习模式和反馈教学原则的基础上,开发出的一种新型突出能力培养的教育评价模式。其核心是从职业岗位的需要出发,确定能力目标。学校通过聘请行业中一批具有代表性的专家组成专业委员会,按照岗位群的需要,层层分解,确定从事不同行业所应具备的能力,明确培养目标。然后,再由学校组织相关教学人员,以这些能力为目标,设置课程、组织教学活动,最后考核学生是否达到这些能力要求。能力本位评价模式具有鲜明的自身特征,与传统的教学评价模式相比,能力本位评价模式具有四方面的优势:能力本位职业教育的教学目标明确,且针对性和可操作性强;课程内容以职业分析为基础,把理论知识与实践技能训练结合起来,打破了僵化的学科课程体系;重视学习者个别化学习,以学习者的学习活动为中心,注重"学"而非注重"教";反馈及时,评价客观,参照标准评价。不过能力本位职业教育的优势特色中也存在着自身的局限性:在教育目的上存在重视行为、忽视品德的倾向;在教育方法上强调针对具体工作进行培训,使日后的职业迁移性和继续学业受到影响。能力本位思想孕育着一种崭新的教育评价尺度和配置人力资源的重要原则,它不同于传统的知识本位、学科本位的职教价值观,它为职业教育体系改革提供了新的思想动力。在能力本位思潮影响下采用的一些方法,如进行职业分析、按应备能力设计教学内容、发展产学合作的教育形式等也有效地缩小了职业教育与经济发展的距离。尽管能力本位职教思潮日益为素质本位、人格本位职教思潮所取代,但它的基本思想以及其对能力的强调至今仍发挥着重要作用。

四、真实情境性评价的兴起

真实情境性评价经历了发轫、发展、式微等一系列过程,虽然其起源于职业教育领域的学徒制,却在20世纪末基础教育领域备受推崇,相关研究和概念解读集中在了此时的基础教育领域。基础教育领域的学者们对这种评价模式如此热衷,离不开其发生发展的时代根基。20世纪末期,全球兴起了教育评价改革浪潮,世界各国开始批判应试教育的弊端,认为书面应试过于数量化、理性化、系统化,脱离了真实的生活和教育情境,对学生综合素质的发展产生了不良的影响。因此,研究者们开始聚焦各类评价方法,发现真实情境性评价对改变应试教育评价模式,提升学生综合素质具有一定的积极促进作用。于是,真实情境性评价开始走入众多教育研究者的视野。因此,真实情境性评价虽起源于职业教育,却在基础教育领域得到了进一步推广和发展,也同时为更多人所熟知。伴随真实情境性评价的兴起,相关研究对其进行了进一步引申和拓展,呈现出百花齐放的局面,但是其实质却未发生根本转变。美国教育评价专家威金斯(Grant Wiggins)首次提出了真实性评价的概念,将真实性评价界定为学生运用自己所学的知识和在实践中掌握的技能来解决相似情境的真实性任务,以便通过自己的创造性活动,在真实情境中运用知识、技能解决实际问题。学者斯廷金斯(Stiggins)则将表现性评价的定义进行扩展,强调凡是以观察和专业判断来评价学生学业的评价方法均属于表现性评价。现认同"真实性评价"可以看作一种"表现性评价"。因此书面报告、实验、演说、操作、数据收集、作品展示等均被列入表现性评价。威金斯的定义注重真实性任务的设计,要求通过真实情境中的任务来评价学生综合能力,而斯廷金斯的定义则强调评价方法手段的多样化。之所以出现不同的声音,是因为真实性评价尚属发展起步阶段,相关研究尚未形成体系,呈现百家争鸣的状态。另外,研究者的出发点和立场不同,亦产生不同的理解和界定。在此背景下,基础教育领域对于真实情境性评价也达成了一些共识,即真实情境性评价的根本目的是促进学生综合素质的发展;真实情境性评价更加注重学生解决实际问题的能力;真实情境性评价是一种个体化的评价;真实情境性评价注重真实情境的应用。基础教育领域的真实情境性评价的兴起,为职业教育评价带来一定的启发,职业教育虽然具有真实情境下实践的先天优势,但还需要不断拓宽和丰富其评价的范围和方式方法。要彻底扭转职业教育评价应试教育倾向,就必须持续深入推进校企合作,深化产教融合。在真实情境中开展工作,结合学生具体实践技能的发展,及时做出科学准确的评价。但反观现实,真实情境性评价在职业教育领域并没有得到很好的推广和应用。理论来源于实践,但同时经过概括化的理论也可以指导职业教育评价的实践。而真实情境性评价作为全球备受关注的评价理念和操作模式,对我们国家职业教育领域的评价发展具有很好的借鉴意义,另外,相关研究和实践虽然在逐步深入,但是成果的应用依然有所欠缺。我国职业教育定位经历了:知识本位—能力本位—综合职业能力本位等一系列发展过程。最初的职业教育过分强调学科知识体系的完整性,重视理论教学,注重学生理论知识掌握数量和质量的评价,书面试卷测试占据上风。伴随教育评价改革的持续深入和职业教育的迅猛发展,传统的课程教学模式和评价方法日益显露出弊端,此时,国外兴起的真实情境性评价、能力本位课程模式和评价方法受到了国内相关学者和管理人员的重视,职业教育的评价逐步过渡到学生能力本位和职业技能的测试,为促进学生综合职业能力提升迈出了关键的一步。

五、真实情境性评价与能力本位评价的对比分析

真实情境性评价是对传统能力本位评价模式的继承与改造,因此二者存在一定的关联:必然存在一定的相同之处,亦存在一定的差别。

(一)能力本位评价与真实情境性评价的发展延伸

1.评价注重实际能力培养

能力本位的评价模式的出现,克服了以往应试教育评价的弊端,引导人们转变了固守理论知识的思想,进而使他们转向注重职业能力的发展和解决实际问题能力的培养。能力本位评价不但对基础教育应试教育改革具有重要的实践指导意义,而且对职业教育变革具有更加深远的应用价值。能力本位评价模式及其理念传入我国之后,职业教育领域开始更加关注学生应用技

能的培养,职业院校实习实践得到了普遍重视,相应的活动得以有效开展,学生不但可以在校内完成实训,还可以利用校企合作、产教融合实地实训。真实情境性评价继承了能力本位评价的基本导向,认为评价学生实际工作能力和解决问题能力要比评价学生理论知识点的掌握情况更为重要。真实情境性评价关注学生实践操作水平等职业能力,把学生实践技能发展放在了职业教育的主体地位上,通过在真实场景中对工作能力进行考查,促进学生实践技能的持续提升和改进,对职业教育改革的成功起到了关键性作用。

2. 教评与实践有机融合

职业教育评价虽以实践能力测评为主,但依然建立在课堂教学基础之上,课堂教学是学生进行实践技能操作的有效基础和指导,也是使学生更好地理解实践的关键所在。课堂到实践是考查学生学习迁移能力的重要环节,学生将课堂所学知识有效迁移到职场真实情境,更加有利于学生职业能力的综合发展。因此评价应更加注重教学与评价和实践的有机结合,以判断学生是否拥有教学计划所要求的职业能力。能力本位评价在评价任务设计上与能力本位教学有机融合,教学所设定的任务就是评价应达到的目标,评价的内容成为教学的重要指引,并为教学而服务。评价并非在阶段性教学结束后进行,而是融入教学体系,一体化运行。真实情境性评价同样属于教学与评价的有机融合,注重二者一体化,设定统一的目标和标准,进行有效设计和规制,为达成职业教育的最终目标而服务。

3. 评价注重连续性

能力本位评价十分注重过程性评价,评价具有典型的连续性特征,强调要在一定的期限内连续性地展开评价。评价既可以是实际能力测试,也可以通过收集学生提供的各类证明材料判断学生职业能力成长状况。这样做能克服终结性评价存在的弊端,避免一些偶然因素影响学生的评价结果,使评价更具真实性,能够真实反映学生的现实水平。只有经过连续性的考查和评价,才能发现学生在发展过程中所取得的进步,并进行综合性的考量,得出真实有效的结论,并为因材施教提供有效的依据。真实情境性评价也十分注重评价的连续性,是在真实的工作情境下开展连续性的测评,并收集学生相关的证明材料,材料应尽可能翔实具体,能够反映学生在特定时期的真实水平。同时,真实情境性评价并非仅仅关注学生完成的终端产品的质量,还更加关注学生实践技能的持续发展过程,及时纠偏,促进学生实践技能的完善和提升。

4.评价注重循序渐进

能力本位评价注重循序渐进,即对学生原有的学习能力经过考核后进行评定认可,并在此基础上进行发展评价。这种循序渐进的评价可以是反复进行的能力测试,也可以是学生提供的相关证明材料。能力本位这一思想的核心是要查明学生的原有基础,并在此基础上进行评价,评价必须参照学生的原有基础,注重发展性评价。这样的评价理念同样被引入真实情境性评价中,认为学生的职业能力成长是一个循序渐进的过程,学生职业能力的成长进步要经历不同的阶段,评价应以学生现有的职业能力为基础,进行发展性评价。要精心设计评价体系,应使评价具有层次性和阶段性的特征,任何时期的评价都要充分考虑学生现有的水平,不能跨越等级进行评价,跨等级评价会让学生逐渐失去信心,放弃前进的动力,最终事与愿违。

5.评价标准精细化

能力本位的评价往往依据职业能力标准开发精细化评价标准,虽然它以能力评价为核心,但是其基本的评价思想应用于职业教育时是以生产实践的评价标准为依托,进行评价标准细化,从而对学生职业技能做出精准判断。这一思想同样适用于真实情境性评价。真实情境性评价强调学生职场实践能力的评价,其在评价标准上依然以生产实践的职业能力标准为参照,并在此基础上进行改良。真实情境性评价并不是对职业能力标准的详细划分,它是在以职业能力标准为准绳的基础上,更加注重评价的整体性和精准化,既设置了分项的评价标准,也设置了整体的评价标准,将精细评价与整体评价相结合,开展卓有成效的评定。

(二)真实情境性评价的独到之处

真实情境性评价继承了能力本位评价的优点,并在新的发展环境中不断革新,因此具有一定的时代特征,具体表现在以下几个方面。

1. 注重实践性

基础教育领域的真实情境性评价重视任务的设置,其任务所指的范围比较宽泛,口头表达、实验、动手能力考查等都可称之为任务,即重视学生在这些实际任务中的表现。然而,在职业教育领域,任务是一个具有特定意义的学术概念,不单纯指具体的任务,而是经过抽象和概括后的形式化过程。能力本位评价虽然也强调任务设置的重要性,但其设置的任务往往是概括化的,难以具体化。因此,在评价职业教育学生职业能力的过程中,由于存在一些抽象的操作技能,学生难以对生产实际的真实性工作情境有全面的掌控。真实情境性评价在能力本位评价的基础上对实践任务的内涵和外延均进行了扩展和延拓,强调以实践项目为核心进行职业能力的综合评价。实践项目具有较强的结构性和聚合性,一个实践项目可以包含多个任务,它是一个客观存在的实践活动模块。学生通过实践项目在一定的时间完成一系列程序性操作,并为最终的产品服务。实践项目是具体的产品、服务或决策,是个体运用操作技能在一定时间按照操作程序所获得的"业绩"。脱离具体实践项目的工作任务往往是抽象的,对职业教育学生职业能力的培养具有一定的阻碍。能够评价的往往是概括化的知识和技能,这些知识和技能往往体现在书面考核方面,距离学生的具体实践能力尚存一定差距。以实践项目为导向,以任务为核心不仅可以将程序性知识和陈述性知识进行有机整合,最终实现产品生产或服务目标的达成,以此考量学生实践水平达到的程度,也可以进行发展性评价,实现发展性评价与结果评价的有机整合,从而更加有利于促进学生实践技能的有效提升。

2. 注重评价的全面性

真实情境性评价从促进职业教育学生职业能力的全面发展出发,在能力观上注重综合职业能力本位。综合职业能力本位是个体在真实情境的工作中所表现出来的知识、技能与职业素养的整合。知识、技能与职业素养的完美整合对于培养综合能力强的应用技能型人才来说至关重要,这也是当今大国工匠所应具有的综合素质。同时,这种整合要求充分结合不同的工作情境和工作角色。综合职业能力本位的能力观强调在真实情境下职业综合能力显性因素与隐性因素的整合评价,例如学生的职业道德、奉献精神、自我反思、合作精神等职业能力中的隐性因素的评价,是真实情境性评价日益关注的重点。隐性因素的评价方法伴随真实情境性评价的发展也日益丰富,例如问卷调查、访谈、心理测量等。尤其是在心理测量领域,可通过测量量表,诸如利克特量表、语义差异量表、哥特曼量表等对一些隐性因素进行测量。职业教育真实情境性评价在这些测量工具的助力下,可以更加全面地考量学生完成结构化任务过程中的综合职业能力表现,并基于学生综合职业能力表现进行全面评价。

3. 注重完整过程的评价

过程性完整评价对职业教育学生职业能力的培养起关键性作用,因此职业教育真实情境性评价重视拥有完整工作过程的实践项目。伴随产业持续升级,生产工序完整性评价对于产业可持续发展具有重要的促进作用。真实情境性评价不仅强调学生在完成过程性任务每一个环节的评价,还十分关注学生对整体任务的操控,即学生要经历目标确定、任务计划制定、决策做出、计划实施、过程操作、程序设计与实施、结果评估与反馈等几个阶段,这些不同的阶段任务构成了完整的操控环节。这种完整性评价不是对任务进行简单的机械分解,也不是简单地进行任务分配,按照一定的标准执行任务,而是更加注重自我设计、自我反思和反馈,注重实践能力的过程性培养。真实情境性评价强调过程的完整性,评价者可以在不同的阶段采取不同的考查方法来考核学生,例如,在确定目标阶段,可以让学生陈述对目标、问题的认识,从而发现学生对整体任务把控存在的不足;在制定任务计划阶段,可以让学生提供几种可行方案,然后通过比较分析,确定最优方案;在实施计划阶段,主要考查学生技能的熟练性和操作的规范性;在评估与反馈阶段,让学生对任务过程和结果分阶段做出评估反思,在此基础上进一步评价学生对整体任务的把控和完成情况,以及使学生在不断实践中学会反思自己存在的不足,以便及时改正。

4. 注重发展性评价

真实情境性评价是为了顺应职业教育人才培养模式变革而发展出的评价模式。在现代化人工智能背景下的智能化生产中,劳动者单纯依靠书本知识的学习已不能适应现代化智能时代的需求,劳动者只有将所学知识与生产实际充分融合才能获得实践技能的真正提升,满足时代需求。职业教育为满足社会生产实际需求,需按照企业的标准来培养人才,培养的人才进入职场可以直接上岗,实现学校与职场的无缝对接。因此,在此背景下,学生的发展性评价日益得到关注,目的是在学生实践技能培养的过程中抓住其发展的各个环节,为其走入社会成为合格且符合企业需求的人才而服务。当前我国职业教育发展的经济人文环境已经发生了翻天覆地的变化,信息化生产进程日益加速,科技在工业生产中所占比重日益增加,并且产业的更新换代也在加速,这些都要求职业教育重视学生的发展性评价。因此,在真实的生产情境中,加强学生生产技能与科技知识融合的发展性评价被越来越多地应用于实践,为更好地培养综合职业能力素养突出的人才奠定了基础。真实情境性评价正是为培养这样的综合职业能力素养人才服务的,它强调要关注职业教育学生的终身职业发展,不仅仅关注学生的就业技能,更关注其未来的职业发展能力。

5.应用真实情境性评价

真实情境性评价强调评价要为学生提供真实的情境,例如评价用的设施要与生产实际所采用的设施一致,评价也争取在真实的生产环境中进行。这与能力本位评价为保证评价的客观性而设计的评价环境相比具有更加贴近实际的功效,能够更加有效地促进学生职业能力的提升。真实评价环境有利于收集更为有效的证据资料,评价的效度大为提升。因此,真实情境性评价与传统学徒制的评价一样,也强调在真实的生产情境下进行评价,评价的项目或任务可以是人为设置的,也可以是学生实际参与的实习实训项目,同时根据任务的难易程度可以设置为让学生独立完成或合作完成。再通过完成任务过程性评价,对学生操作环节和过程性资料进行综合评价,注重过程性综合评价,不是简单地对完成结果进行评价。真实情境性评价因为处于真实生产情境中,对学生职业能力的评定更为真实有效,对于促进学生发展和为企业输送适配人才均具有重要的现实意义。

六、真实情境性评价的发展走向

真实情境性评价起源于古代学徒制,在发展过程中经历了兴起、式微、再崛起等一系列过程,并受到了国际上的普遍关注和认可。真实情境性评价在当今职业教育领域也呈现出新的发展动向,具体体现在以下几个方面。

(一)走向情境关联的评价

知识本位评价模式与能力本位评价模式认为学生掌握了一个行业内的基本知识和基本技能,就可以在这个行业内部持续进行工作,而对其后续发展考虑较少。因此,如果对学生知识和技能的评价没有充分考虑环境因素和多方制约因素,对真实工作情境考查有限,不能充分结合当前和未来发展的真实情境做出有效判定,培养的人才会具有一定的滞后性。而且,这样往往会忽视不同类型的知识在学生综合职业能力培养中的作用,其结果就是显性化的理论知识和操作技能得到重点关注,而那些隐性的情境化、行动化的程序性知识和心智技能培养的评价尚显不足。所以,传统的评价方式不能有效考量学生在真实工作情境下的真实工作水平,评价结果不具有现实意义。而真实情境性评价更加关注与现实工作情境的关联,重视学生实践能力的培养和评定。职业教育的场域是综合了各种因素,形成的交织互联的整体性情境,当学生被置于这样的整体情境中,能够有效激发他们的潜能。教育就是要通过情境关联考查学生的潜能,并充分发挥学生的潜能,在真实的情境中让学生实现最大程度的成长和进步。真实情境性评价正是遵循这样的理念,强调在真实的职业情境中让学生的潜能得到最大限度的发挥,在学生持续发展过程中予以帮扶和激励,提升学生解决真实工作情境问题的能力,并使他们能够学会迁移,将其掌握的技能拓展延伸至其他工作情境,成为能够适应多种工作情境的复合型职业人才。

(二)走向以人为本的评价

在传统的职业教育评价模式中,知识本位和能力本位的评价者和被评价者之间是一种评价与被评价、监管与被监管的关系,评价者按照一定程序和标准对被评价者进行评价和考量,执行一定的机械化操作。在这样机械化的评价中,评价成为监管和控制的工具,被评价者处于被动地位,往往消极应对。被评价者往往按照评价的要求和标准,去迎合评价,被动地汲取知识,被动地完成特定的实践任务,同时为了取得更好的评价成绩,去研究评价标准,并按照固定套路进行实践操作。

新时代的教育评价基于评价本身更丰富的内涵,注重评价者的感受,将以人为本,以立德树人为根本目的。评价的过程注重评价者与被评价者双向共同的意义建构,建立在双方协商沟通机制之上,重视被评价者的主体性作用的发挥,在平等互信的基础上进行深度合作,互相沟通反馈,彼此完善,相互促进。评价双方可以针对评价的标准设置、评价的时间与地点、评价的改进等环节进行有效的交流和协商。真实情境性评价的核心理念就是在真实的情境中对学生进行卓有成效的评价,尊重学生的多样化发展,为不同专业的学生群体选择与设计恰当的评价方案,使其在自己的特长领域发挥能量。尊重学生的自主选择,并为其发展提供必要的帮助,鼓励创新,对具有创新性的观点和做法给予更高的评价,对具有一定推广价值的想法,要进行广泛的推广和应用。真实情境性评价在互利互信的基础上,实现了评价者与被评价者密切合作的关系,评价结果也具有正向激励作用,尤其是增值性评价,能让学生随时看到自己的进步,产生不断向上的动力。

(三)走向质性与量化相结合的评价

传统的评价模式注重定量方法的运用,把任务作为评价对象加以量化分解,对被评价者进行机械化的评判,这样的评价模式忽视了人的主观能动性,结果往往存在偏颇。学生的成绩往往被量化打分,同时根据分数区间确定相应的等级。这样的评价方式必然有其存在的科学性,但其中存在的缺陷也不容忽视。量化打分,往往可能因为一分之差埋没了具有一定潜能的人才,甚至会对一个人的一生产生重要影响。学生生动活泼的个性被抽象成一组组僵硬的数字,教育的复杂性和学生状况的丰富性则泯灭于其中。[①]新时代教育评价理念认为,教育的目标是多样性的,涵盖知识、技能、价值观等在内的多重内容。评价应该从单一的量化评价解脱出来,关注学生的主体地位,开展卓有成效的、深度的质性评价。真实情境性评价遵循这一理念,不再单纯地进行量化考核,而是将量化与质性评价有机融合,对学生的职业能力进行

[①] 约翰逊.学生表现评定手册:场地设计和前景指南[M].李雁冰,译.上海:华东师范大学出版社,2001:前言.

综合评价。真实情境性评价注重学生职业能力来源的多样性与全面性,通过测量、观察、访谈、自我反思、专家反馈、同行评价、第三方证明等多种手段来收集关于学生表现性评价的证据,从而对学生做出整体性和全面性的客观评价。

(四)走向支持合作的评价

传统的应试教育评价以书面考试成绩评定学生掌握知识的水平,学生完成阶段性学习后,通过严密的监考程序来考查学生的学业水平。学生往往须独立完成答卷,不允许与周边同伴进行交流互动。这样的评价强调对学生个体学习成果的考量,忽视了学生之间的团队协作。这样的评价模式具有一定的心理测量学基础,因此在世界范围得到了广泛推广。心理测量学的诸多假定都来源于对测验的目标假定,目的在于选拔与区分不同层次的个体或群体,而且这种区分的依据是个体身上那些稳定的常规的特性,而对外部影响考虑甚少,关注的重点是这些稳定的常规的特征是否具有一定的持续性,而较少关注这些稳定的常规的特征所衍生出的特别潜能。[①]然而,在柏拉克(Berlak,H.)看来,心理测量学的范式并不能够完全适用于教育评价领域,在情境性教育评价持续发展和新时代教育评价改革环境下,这种范式彰显出其与时代发展背离的特性,新时代强调评价需要将学生置于群体之中,关注学生在群体中的表现,鼓励合作,鼓励协同发展,关注学生群体合作的水平。社会合作理论也认为,群体成员之间的相互依赖是个体生存发展的必然选择。个体在与群体合作与竞争的过程中,可以更好地激发自己的潜能。真实情境性评价追求评价载体和环境的真实性,学生群体要面对真实情境的工作任务,需要合作完成具有一定挑战性的任务,因此需要对学生的合作水平进行客观评价并给予相应的支持。真实情境性评价重视学生的群体合作,鼓励学生在真实的工作情境中相互协作,以创造出更大的产能,同时发挥群体效应,激励每一个成员持续进步。

---

① 崔允漷.促进学习:学业评价的新范式[J].教育科学研究,2010(3):11-15.

(五)走向高端不确定性的评价

当代教育评价理论认为,评价必然与价值判断密切相关,因此会存在一定的主观色彩。评价者的价值取向会直接影响评价的效度,评价者往往综合各类相关信息做出综合判断。真实情境性评价将学生的职业素养作为考量学生职业能力的重要指标,而职业素养的评定通常具有一定的价值倾向,职业素养除了考查学生掌握专业知识、技能的程度,也考查学生在工作中遇到挑战时分析和解决问题的能力以及职业态度与价值观,包括职业道德、职业操守和遵守职业伦理规范等。同时,更加注重学生自我管理和职业发展能力的考量。此外,真实情境性评价在评价目标中也包含了高级的程序性知识,这些知识无特定的标准可供评判,往往只有通过学生过程性评价中展现出来的非凡能力来判断,因此增加了评价的不确定性。

职业教育真实情境性评价起源相对久远,从传统学徒制开始就奠定了其存在的基础,但其在日后学校形式的职业教育中逐渐被标准化的书面考试所取代。直到20世纪80年代,能力本位评价模式出现,标志着现代真实情境性评价的萌芽。近年来,伴随新时代教育评价改革的推进,校企合作、产教融合下的真实情境性评价模式开始受到广泛关注和推广实施,真实情境性评价受到越来越多人的重视。研究认为,真实情境性评价是对能力本位教育评价模式的继承与发展,继承性表现在:两者都注重实际能力培养,注重循序渐进,注重连续性,评价标准精细化,教评与实践有机融合;发展性表现在:真实情境性评价注重发展性评价,注重评价的全面性,注重实践性,注重完整过程的评价。真实情境性评价代表了现代职业教育不断发展进步的理念,其走向呈现如下特征:走向以人为本的评价,走向高端不确定性的评价,走向质性与量化相结合的评价,走向情境关联的评价,走向支持合作的评价。上述一些先进的理念和特征,对于我们更好地进行职业教育评价具有一定的借鉴和启示价值。[①]

---

① 刘虎.由遮蔽走向真实:职业教育学生学业评价的反思与超越[D].上海:华东师范大学,2014.

第一章 "双高"建设的理论机制

"双高"建设理论机制涉及协同机理、动力机制、信息传导机制、协调机制、保障机制，以及"双高"建设评价与监测内涵解析、现实基础分析，高职院校高水平建设评价与监测设计机理等。

第一节
职业教育评价的理论根源

职业教育评价的关键是将其放入真实的教育情境进行科学有效的评价。职业教育真实情境性评价是一种教育评估方法，强调在真实或模拟真实的情境中运用科学的评价方法，评估职业教育和教学的发展水平。职业教育评价历史相对悠久，因此有着广泛的理论基础，现代哲学、教育学、管理学、心理学等理论方法都为职业教育评价提供了理论基础。

一、职业教育评价产生的基础

职业教育评价与其他教育评价一样，都有着深厚的哲学基础。哲学问题与我们的生活、教学、工作等多个领域密切相关，因此职业教育评价改革必须遵循哲学规律，按规律行事。规律涉及自然规律、社会规律、教育规律等方面，职业教育评价的规律证明其评价必须密切联系实际，在真实情境中进行。就职业教育评价而言，其评价回归真实的职业情境不仅是遵循教育规律的需要，同时这也是职业教育培养应用技术型人才的内在要求。"职业教育要回归真实的职业世界"这一理念得到世界各国的广泛认可和践行，尤其是以德国"双元制"为代表的职业教育模式，受到了世界各国的广泛推崇。然而，职业教育高质量发展不仅涉及学校的高质量发展，也涉及专业群的高质量发展，涉及的关系错综复杂，必须进行深入的理论基础研究方可破解现实问题。

(一)职业教育新思潮的产生

远古时代,家庭教育是通过手传口授的形式在家庭中将劳动技能和生活技能一代一代地传递下去,尤其是为了生存,在具体的生产劳动中传授生存技能。而发展到奴隶社会和封建社会,学徒制成为职场传递生产技能的主要形式。学徒除了在生产场所学习技能,也会直接参加生产劳动,并真正将学习技能与行业产业密切结合,参加行业内部组织的各种活动,遵守行规,学习相关的制度规范,并融入职业生涯之中。无论是远古时代的家庭式技能教育还是学徒制职业教育形式,均有着共同的特征,即劳动者直接参与劳动现场活动,进行情境式体验,在工学结合的场景下逐步提升劳动技能。学习者在劳作过程中通过直接参与,获得真实的劳动体验,这种体验对于学习者来说影响深刻,甚至是受用终身。同时,这种体验也符合学习者的进步成长规律,学习的内容直接贴近生产生活实际,具有重大现实意义,也是学习者获得赖以生存的技能的过程。掌握一门技术不但可以生产出满足自身生产和生活所需的产品,还可以将剩余产品通过等价交换的方式互通有无,让更多民众从中受益。因此,学习者不但可以获得一定的成就感,也可以获得技能的持续提升,为日后获得更好的生活条件奠定基础,这样的正向反馈也不断激发学习者持续学习的热情。然而,伴随人类社会的发展和知识的日益更迭和扩充,生产技术也变得越来越复杂,通过小规模的一对一或一对多的学习形式培养的学徒已经难以满足生产实践的需求。生产实践需求的增大要求培养更多的具有一定技能技术和文化知识的劳动者,而传统的学徒制教育方式由于效率低、培养规模有限,无法满足批量培养人才的需求,难以满足新的生产实践需要,因此,需要通过学校大规模的培养来满足日益增长的人才需求。于是,从事相应技能技艺的专家便将生产实践相关的知识和技术以书面的形式记载下来,并且建立起专门的职业学校来进行大规模的教学活动,具有职业教育特征的学校雏形便诞生了。然而,由于职业学校的教育内容是将生产实践的内容加工转换而成的文字符号,学习者直接参与生产来掌握相关技术和技艺的机会变少,教育的形式也从直接参与劳动生产实践的产教融合变为间接隔离式的课堂教学,这使正规的学校职业教育开始远离其培养应用技能型人才的初衷。正如著名教育家杜威所指出的,在文化和技术发达的社会里,很多必须学习的东西都存储在符号里。这就产生了一种危险,通过正规的学习活动所学习的仅仅是与实际相脱节的知识,这些知识被去除了社会和生活背景,它们仅仅是一些抽象化的符号,学生难以理解这些符号的意义。[1]在职业学校中,教师成为传授知识的权威,学生变成了被动接受知识的对象,职业学校的教学内容变得越来越宽泛,好多内容是脱离实际的理论知识,学生在学习这些知识后,并不能直接适应生产实践的需要,进入职场后往往需要很长时间的适应过程,因此,社会和企业对职业学校培养的人才诟病较多,一度对职业学校人才培养产生较多质疑,尤其是在学术性人才与职业性人才分类培养的时期,职业学校在人才培养的定位与实践方面存在着诸多问题。

职业教育所面临的危机本质上属于"科学主义"的危机。近代人类社会受科学理念影响,主张对自然和社会现象的研究应采取实证化研究范式,追求一切现象都可以还原成单纯的事实性科学。由此,科学被引入了一个极端,科学与人类生活的联系被单纯地量化,人类的各种活动均打上了事实性科学的烙印,缺少了人本主义和人文主义色彩。数学、物理、化学等事实性科学具有一定实证化的因素,因此采用这些科学研究范式可以最大限度地去除人的主观因素的影响。然而,这种科学主义思想在教育及心理学领域也被广泛采纳,倡导教育研究也要尽量去除与人性以及人文相关的非理性因素,也要追求理性的实证分析和量化证明。德国哲学家胡塞尔对人文科学过分追求科学主义的倾向进行了批判和反思,他认为人文类学科并不能单纯只关注事实和实证,对这些学科的相关研究必须充分考虑人的因素,要深入探究人的精神与意念的影响,要注重对现实生活世界的关注。按照胡塞尔的观点,现代自然科学也源自生活世界,因为它们源自科学家对生活中自然现象规律的探索,通过探索这些生活中的自然现象背后的规律,日积月累,形成了自然科学的知识体系。而欧洲近代科学出现危机就是因为忽视了人类生活的本源世界,忽视了人的因素,忽视了人文精神。

现代学校职业教育同样也受到了科学主义的严重影响,职业教育沿袭近

---

[1] 约翰·杜威.民主主义与教育[M].王承绪,译.北京:人民教育出版社,2001:13.

代科学的客观主义和实证主义传统,过分强调学生对理论知识的掌握,使职业学校的育人过度强调知识的传授,违背了职业人才的成长规律,导致教学活动中理性与非理性的割裂,缺少人文关怀,忽视了学生完整性人格的养成。因此,这导致职业教育培养的人才不能很好地适应生产生活的需要,并且不能感知现实生产生活中蕴含的美好元素,学生求知的积极主动性受到了严重抑制,在客观主义和实证主义的知识体系中,学生成了填鸭式教学模式下被动接收者。面对职业教育的现实问题,教育家们开始倡导让学生回归真实的生活,回归真正的职业世界的职业教育。尤其是著名教育家杜威先生所提出的"教育即生活"与"学校即社会"理念,是对教育现实危机的积极回应,倡导教育要与生活密切结合,与社会密切结合,迁移到职业教育领域,就是要与生产实践密切结合。

(二)职业教育的本源探究

职业教育回归生产实践,面临适应现实复杂情况和未来职业世界的双层需求,涉及对其本源的探究以及许多复杂的层面。

1. 现实情况

现实的职业世界涉及职场的诸多方面,涉及不同的职业和行业,包括具体的职业类别、职业规则、岗位设置以及各种职业关系等。职业教育若要回归生产实践,就意味着校企合作、产教融合的持续深化。现实的职业世界可为职业教育学生提供实习实训的真实情境、相应的技术支持和企业导师,使学生真正融入现实的职业世界。学生通过直接参与现实的职业世界活动,能够对其未来职业领域产生更加深刻的理解,能明确前进的方向,抓住继续突破的重点和难点,进而更好地体验职场带来的成就感,获得更多人生体验和成功的乐趣。但是现实的职业世界也存在一定的制约因素,真实情况是一个行业中就会存在不同类型的企业,企业的生产规模和组织形式迥异,发展水平也不尽相同。面对这样真实的职业世界,单纯靠学生去选择并不现实,因此校企合作的选择成了一个关键问题。现实职业世界是以职场生产实践的形式展现出来,企业的生产实践以追求利润为目标,而学生的介入对于其生产利润的提升存在诸多不确定性,所以学校想让学生通过真实的企业生产实践提升自身生产技能的想法存在诸多制约因素。同时,企业的生产活动也并非完全具有实践教育的职能,很多生产活动都是常规式的简单重复,不但不能起到提升学生技能的作用,相反会让学生产生厌倦情绪,不利于后续的职业发展。另外,学生在企业里实习需要一定的物质资源和人力资源,并要承担一定的安全风险和成本。然而,现实职业世界的教育与正规职业学校教育也并非完全对立,而是需要找到彼此的平衡点,正如世间万物都遵循着辩证唯物主义原理,在利与弊之间持续转换,方能找到彼此的平衡点。杜威提出,要在职业学校内部创造一个教育性的职业世界,这正如当前所倡导的厂中校、校中厂等实践,这些实践模式有望满足学生步入现实职业世界的需求。他认为,现实的职业世界是人类经验的源泉,是人类智慧体现在终端产品和终端服务的结晶,是职业教育发展的必然结果,学生只有更好地融入职业世界,才能促进其综合职业素养的全面发展。同时,杜威对于学生步入现实的职业世界也提出了重要警示:"现实的职业世界是如此繁杂,以致学生同它接触时不可能不陷入迷乱。"[1]因此,杜威认为现实职业世界中的工作与生活虽然对于学生的成长具有正向作用,但是并非所有的现实职业世界的体验和经历都具有积极影响,只有那些经过精心选择的环境、经得起推敲的经验和具有一定难度的技能方可构成职业教育的资源。职业学校与真实的职业世界存在一定的差距,这种差距并非不可调和,只要精心谋划并大胆实践必然会产生意想不到的效果。职业学校可以对职业世界的教育资源进行精心选择和简化。现实职业世界中可以利用的资源众多,且存在一定的交叉,即使具有一定天资和能够便捷获取相关资源的学生也不可能全盘接纳和吸收。职业学校要对这些教育资源进行有效提炼和简化,选取对学生发展能够起到关键性作用的内容,然后进行层层分解,按照由易到难的顺序进行教学,遵循职业教育规律,让学生获取更大的进步。

职业学校要尽力克服现实职业世界中不利因素的影响,让学生对未来职业充满向往。职业学校可以人为地创设现实职业世界的环境,让学生能够有

---

[1] 约翰·杜威.民主主义与教育[M].王承绪,译.北京:人民教育出版社,2001:220.

更好的学习体验,学生在学习过程中感受到的环境应与真实职业世界的环境具有高度相似性,学生所使用的工具和设备也应尽可能地接近现实职业世界中的工具和设备。同时,应为学生提供最新的现代技术,让其结合所学的理论知识获取更加深刻的体验。学生可以直接参与或独立制作市场需要的产品,在制作的过程中了解生产过程,注意并领悟生产技术要领,获得技能的真正提升。这种真实的体验应该在一种愉悦轻松的氛围中进行,并适当融入娱乐或游戏环节,真正做到寓教于乐,让学生获得更好的学习体验。

2. 未来展望

面对日新月异的现实世界,尤其是科技发展的持续加速,学生仅仅掌握适应当前现实职业世界的知识和技能,将难以应对瞬息万变的未来职业世界。若要解决职业教育面临的各项危机,不仅要从当前入手,更要着眼于未来。职业世界是动态变化的,特别是在当今人工智能、大数据快速发展的信息时代,职业世界的变化进一步加速。职业人才的培养既要服务于现实的职业世界,同时也要未雨绸缪,培养学生能够适应未来可预见职业发展变化的进阶技能,或者培养学生知识和技能迁移能力,使其能够自主适应微观职业世界的发展变化,并通过持续终身学习,自主发展能够顺应职场千变万化的职业能力。为了更好地应对现实和未来挑战,不同的专业和专业群应该把控好本专业未来发展方向,提前规划和布局,深入探索能够提供给学生的未来适用的知识和技能,从而使学生能够储备适应未来职场需要的知识和技能,尤其是要统筹专业群发展,汇集多方力量,共同服务于专业群的发展建设。此外,要培养学生综合的职业素养,尤其是能够跨越时空限制的内涵式发展的职业素养,使之既可以服务于现实社会,也可以顺应未来职业世界变化的需求。通过以上方法手段的综合利用,能够有效助力学生未来职业发展。尤其要注意的是,学生的学制时长有限,可利用的空间和资源也相对有限,因此必须努力破解现实制约条件,更好地服务于学生的未来发展需求。真实情境下实践导向的职业教育要持续更新教学的方式方法,要注重设计结构化的实践课程体系,注意理论与实践的有机结合。职业教育的实践课程不但要有时间和数量上的保障,而且要精选实践课程内容,让学生能够在有限的时间内获取更大的学习效益。将职业教育实践课程内容以项目化、活动化的系统单元化模式进行教与学,让其能够在有效的单元模式内将相关的理论系统地串联起来,更好地实现理论与实践的有机融合,持续提升学生适应未来职业世界需要的综合职业能力。

(三)发展转向

职业教育评价在新的时代呈现了一些新的特征,它受到职业教育发展、经济社会等诸多因素的影响。"职业教育回归真实职业世界"这一理念对职业教育评价导向也产生了重大影响,而职业教育真实情境性评价也正体现了这样的发展理念。

1.职业教育评价应转向实践取向

传统的职业教育评价关注的重点曾一度是理论教学的成绩,职业教育评价主要是为理论的传授服务,这样的价值取向导致职业教育评价过分重视学生对理论知识的学习,忽视了学生生产技能的提升。而真实情境性评价则要求职业教育评价要将关注的重点从学科理论知识转向实践技能培养的程序性知识;要从精确化、定量化的考评方式转换为质性评价与定量评价相结合模式;要关注学生的现实和未来成长需求,注重学生实践技能的培养,加强校企合作,促进产教融合。职业教育评价不应该成为促进学生强化理论知识的工具,而应该成为学生综合职业素养形成的促进剂,让学生能够更好地满足未来职业生涯需要。

2.职业教育评价应转向真实情境

传统的职业教育倡导评价环境的简化与客观化,尽量排除外部因素的干扰。这种做法忽略了职业教育外部环境的复杂性和情境关联性。真实情境性评价认为,要将职业教育放在真实发展情境下,并充分考虑外部影响因素,它应该是一个以现实职业世界为基础并融合各个利益相关方在内的复杂的综合体,职业教育评价不应该脱离这个综合体。职业教育评价应充分考量职业教育在这样复杂的真实情境中的效能,并充分调动各方积极性,实现共同发展、融合发展,促进职业教育效能的全面提升。同时,努力实现各方利益共赢,共同建构新的职业教育发展愿景。

3.职业教育评价应转向职业能力培养

传统的职业教育评价在学科教学引导下,关注的是学生对条块化、抽象化知识和技能的掌握,然而这些知识和技能与职业生产实践存在一定的鸿沟,这就导致了学生的生产实践技能被弱化,学生不但不能满足现实职业生产实践的需求,更是难以应对未来的职业世界挑战。真实情境性评价则要求改革以往的评价手段,要注重真实情境和任务的创设,不但要重视学生掌握知识和技能的组织化、程序化水平,更要关注学生职业素养及潜能的开发,以促进学生知识和技能迁移能力的发展,从而更好地顺应未来职业发展需求。

二、职业教育评价的心理学基础

职业教育回归真实的职业世界不仅涉及哲学问题,也涉及心理学方面的问题,尤其是20世纪初期行为主义心理学对职业教育发展与评价产生了深远的影响。

(一)行为主义心理学简介

20世纪初期,行为主义心理学开始在美国兴起。行为主义心理学(behavioristic psychology)是美国现代心理学的主要流派之一,也是对西方心理学影响最大的流派之一,其创始人是美国的心理学家华生。行为主义心理学主张以客观的方法研究人类的行为,从而预测和控制有机体的行为。它可分为古典行为主义学派和新行为主义学派。古典行为主义的代表人物以华生为首,其次则有霍尔特、亨特、拉什利和魏斯。新行为主义的主要代表则为托尔曼、赫尔、斯金纳、班杜拉等。[①]

行为主义心理学之所以能够产生于美国,主要与当时美国的社会生活、生产实践和社会改良的需要有关。第一,行为主义的产生是对当时美国社会生活和生产实践需要的反映。美国于19世纪后半期完成了工业革命,开始了城市化进程,大量农村人口进入城市,国家政府需要对他们进行培训。这一需求促使心理学家从对意识的研究转向对适应性行为的研究。同时,为了提高工

---

① 车文博.西方心理学史[M].杭州:浙江教育出版社,1998:359-410.

业生产的效率,还需要对工人的活动效果进行研究。第二,行为主义是美国政治生活中进步主义运动的产物。19世纪90年代美国的政治革新运动要求撤换政治机构中的老成员,启用能够科学管理社会的人对社会进行控制。①

华生的行为主义心理学有着深刻的哲学渊源,机械唯物主义、实证主义和实用主义等哲学思想都对行为主义心理学产生了广泛的影响。工业革命以后,当时总结自然科学成果的哲学思想是机械唯物主义。华生在创立其行为主义体系时,显然受到了这种机械唯物主义思想的影响。实证主义的基本原则是把一切科学知识建立在观察和实验的经验事实的基础上,早期的行为主义正是根据这一原则,放弃了对意识的研究转而研究可观察的行为。相对于机械唯物主义和实证主义,作为美国权威哲学的实用主义对早期行为主义的影响更为直接和深刻。华生把不可直接观察和经验的意识排除在心理学研究之外,把人的行为活动简化为"刺激—反应"行为模式,把有效地控制人的行为作为心理学的最终目的,这些都是实用主义哲学在心理学中的具体体现。

生理学和行为主义的关系很密切,是行为主义的自然科学依据。俄国生理学之父谢切诺夫19世纪60年代根据新的反射图式提出了把心理学改造成客观科学的理论基础。巴甫洛夫反对内省主义,建立了条件反射学说。华生则直接以条件反射法作为他的实验技术和一切习得性行为的理论基础。另外,数理逻辑也对新行为主义的代表之一赫尔的行为主义思想产生了影响。赫尔主张用数学语言来说明和表示行为规律。

心理学内部的矛盾运动也是促使行为主义心理学产生的主要因素。科学心理学诞生后,一直把意识作为研究对象,但在对意识的理解和研究方法上意见不一,从而造成了心理学派别之间的冲突和对立,最终导致意识心理学的危机。心理学界也因此开始反思心理学的研究对象和定义。另外,在达尔文进化论思想的影响下,动物心理学的研究迅速展开,华生本人也是在研究动物心理所形成的观念与方法的基础上建立了自己的行为主义思想体系。最后,机能主义逐渐向客观机能主义的方向发展,也为行为主义做了必要的理论准备。

20世纪的美国出现行为主义心理学并非偶然,它与这一时期美国的城镇

---

① 张小将.美感的心理机制研究[M].南昌:江西教育出版社,2022:25.

化建设运动密切相关。在批评传统的经验主义的基础上,行为主义者主张把人类的学习行为定义为刺激和反应之间建立联结的过程,并提出了行为主义"刺激—反应"学习理论。在这种理论的影响下,人类所有的学习行为都被简化为条件反射心理行为。行为主义心理学在职业教育领域产生了较大的影响。行为主义相关研究学者认为,职业技能的培养也属于"刺激—反应",对这一联结反复强化的频率、技能的复杂程度及可分解的程度、各项技能的连接及先后设置顺序等都将影响职业技能的形成。根据行为主义理论,职业院校所培养的各类技能型人才均需要在相关教师和专家的指引下掌握社会化、客观化的知识和技能。而行为主义影响下的职业教育对人才培养水平的评价强调要对职业能力标准进行分解、细化和操作化定义,因此对学生掌握职业技能的程度进行了更加精细化的考量。这样的职业教育评价具有自身显著的特点。首先,强调对培养目标的明确界定,通过对培养目标的分解、细化可以让各利益相关方更清晰地看到职业技能人才培养应达到的各阶段目标;其次,强调基于职业教育培养结果的评价,不注重培养过程的评价;最后,评价以参照标准进行,要将学生的职业技能表现与岗位操作技能标准或产品规则标准对照,判断学生达到的水平。

伴随行为主义各种弊端的出现,20世纪中后期,心理科学开始出现新的理论思潮,杜威、皮亚杰和维果茨基等人的认知研究开始受到了普遍关注。情境与建构主义学习理论在20世纪80年代兴起,人们开始深入研究人类认知规律,并十分重视环境、社会、历史、文化等外部因素对人的技能培养产生的影响,相关的理论对职业教育的评价产生了较大的影响,尤其是图式理论对评价具有基础性理论支撑的意义。

(二)心理学对职业能力的解释

1.图式理论阐释

图式是皮亚杰心理发展理论关键的概念,图式是职业能力的内在要素。这种内在要素具有概括化的特征,是在同一活动中可重复使用保持共性的因素,并可以在不同情境中进行迁移。皮亚杰认为,通过"刺激—反应"联结对学生进行的记忆或技能训练,仅仅是让学生形成了知觉痕迹,这种知觉痕迹往往并不深刻,容易被遗忘,且这种靠数量积累的训练给学生造成一定负担,不能起到有效提升学生技能水平的作用。而图式与知觉痕迹不同,它是具有一定概括性的变量关系,不像知觉痕迹那样复杂,因而可以减轻知觉与记忆的负担,同时能够提高对各种相关工作任务的适应性。图式需经过实践性的运行,形成一定的认知而获得。

图式理论认为学生的职业能力获得有两种图式系统,即再现图式和再认图式。参与从未接触过的相关实践任务或活动,处于完全陌生的环境中,在缺乏有关实际经验的新异情境中,就要使用再现图式。[1]它由反映情境起点、参数、反应结果等一系列互相关联的要素组成,但最初这些信息对于参与者来说是非常模糊的,参与者只能凭借以往非常有限的相关经验的迁移来进行探索,在反复探索后,方可形成信息丰富而明晰、结构清晰而完整的图式。再认图式就是作用于与过去经验相似的情境中,而进行的技能学习结果储存与运用系统。利用这种图式,对于任何给定的动作结果,学习者能够预期相应的感知序列。但是再认图式是一个开放系统,每一次新的技能操作反应都被概括为一组新的关系,并纳入原有的再认图式结构中去。再认图式是职业能力储存与运用系统的初期探索阶段。它能够作用于过去经验相似的工作情境,形成有效迁移和借鉴,是与以往所获认知关联的系统,属于概括化的经验。它是进行决策、执行和控制的参照系统,用以确定现有经验的起点条件、参数、结果和感知序列。利用这种图式,当事人在遇到各种陌生的任务时,能够预期相应的感知序列。而作为参照系统而言,这种图式也可以通过相应勘测系统来反馈结果与预期之间的差距,为更好地实现目标而服务。

后来,图式理论被进一步发展和修正,认知活动在职业能力养成中的作用得到了高度重视。新的图式理论认为,一项任务的完成可能需要多个图式,根据概括程度的不同被分成多个层次。图式所属的层次概括程度越低,就越接近具体的外显动作和细微的知觉;而图式所属的层次概括程度越高,就含有越多公式、原理之类的认知成分,与具体的动作行为和知觉的差距就越大。图式

---

[1] 刘德恩.职业教育心理学[M].上海:华东师范大学出版社,2001:41-42.

理论的层次观,可被借鉴到职业教育领域。职业能力所包含的信息是结构关系,是相对稳定的,而这种结构关系中所包含的变量具有多样性,从而随机预期特定职业技能情境中的反应行为。在专家和新手差异方面,专家头脑中已形成多样性的解决现实情境问题的图式,可以根据需要自由灵活地提取这些图式,从而有效应对情境的变化;而新手相对专家而言,掌握的往往是一些零碎、分散、低层次的知识和技能,缺乏系统有效的多样性的相关图式,因此,新手在面对陌生的状况时,只注意到一些表象,很难探究到内部结构特征,不能很好地看到事物的本质。应用图式理论试错,学生的职业能力可通过借鉴启发的作用得到提升,能力图式也将逐渐形成,从而可以有效避免日后再犯同样错误,并整合进整体图式中,对以后的类似问题解决和任务完成具有重要的监控和借鉴意义。观察与心理训练之所以能够促进职业能力提升,是因为虽然它们没有做出实际行为,但强化了能力图式的认知成分。过往的能力训练即便过去了很久依然能够促进相关工作任务的完成,是因为概括层次的能力图式的作用,它不像理论知识在经过一段时间后,会产生一定的记忆衰减,能力可以长久地保存,并会得到强化,通过关联和启发还会促进新的技能生成。

2.情境与建构主义

情境与建构主义理论伴随教育的发展逐步兴起,强调学习者知识获取和技能获取的主动性和建构性。建构主义理论认为,学习和技能获取是一个人在原有的经验基础上,通过与环境的交互作用,主动地建构内部心理表征的过程。知识与技能不是简单地传递与接收,而是学习者在一定的情境下,利用必要的学习材料和学习资源,通过意义建构的方式获得的。建构主义强调学习的协商过程,以及学习的社会互动性和情境性。它受到瑞士心理学家皮亚杰的理论影响,皮亚杰认为认知发展是通过同化和顺应两个基本过程实现的。同化是指将外部信息整合到学习者已有的认知结构中,而顺应则是指当外部环境发生变化,原有的认知结构无法同化新信息时,认知结构的重组和改造。建构主义的教学应用包括提供有意义的问题情境、支架式教学、情境教学和合作学习等策略,以促进学生主动探索和学习。情境与建构主义十分强调特定情境在学习者职业素养形成过程中的关键作用。该理论认为,职业能力的提升是个相对复杂的过程,是人与人之间及其与环境之间进行社会互动的产物,强调外部情境、场景以及环境对人的职业素养的提升所起的作用,是个体职业素养形成与发展的必要条件。[1]自然情境与社会情境这些外部因素均会对学生职业素养的形成与发展产生影响。西方一些认知心理学家通过实验研究发现,人们在平时的学习与工作中的表现与在实验条件下的表现存在一定差距。受实验条件的制约,人们往往在日常生活中面对与实验条件下的同类问题时表现得更为出色。因此,可以得出相应的结论,人们在日常学习、生活、工作中,会广泛使用各类可利用的工具,充分调动自己的情感、认知、运动等多方面潜能,从而形成基于现实情境的各类问题解决策略。很明显的例子是人们在现实工作情境中学习获取知识技能的效率往往比在课堂情境下更高,而在正式课堂教学环境中,学生被置于预先设定的、具有完善定义的学习情境中,获得的仅仅是抽象的和被预设问题的解决策略。据此,心理学家对职业素养的形成与发展的影响因素进行了总结归纳。其一,提供真实性的外部情境。通过真实的生活与工作情境,可充分调动学习者的潜能发挥,这些潜能不但可以拓展学习者的外部认知,而且会使其正在进行的相关活动效率大大提高。其二,学习的"合法性边缘参与"。人的成长与进步需要主动参与和主动合作的意识与行动,合作对象是广泛的,应充分利用可用资源,并在工作中通过合作促进工作效能的提升,同时,在合作过程中通过观察和模仿合作对象,更好地借鉴和获取经验,在此过程中实现从"边缘参与者"过渡到"中心参与者"。

情境与建构主义认为,学生技能的形成是其自身图式被不断同化和顺应的发展过程。在心理学中,同化是指学生对外界的刺激做出反应,形成有效的行为反射条件,并将其有效整合进自己已有的图式中,是个体在已有的图式或认知结构基础上吸收新经验,建构新的图式的过程。[2]个体的同化过程受制于自身已有图式,个体已有图式越多,所获得的同化效果越好,同化的范围也就越广。顺应是一个多层次的概念,不同领域对其定义有所不同。从广义上讲,顺应意味着顺从并适应某种趋势或环境。这可以是对外部环境条件的生理适应,如生物迁入新环境时对现有环境条件的适应;也可指心理或认知层面的适

---

[1] 高文.建构主义学习的评价[J].外国教育资料,1998(2):24-29.
[2] 叶浩生.西方心理学的历史与体系[M].2版.北京:人民教育出版社,2014:480.

应,如个体改变已有的认知结构或图式以适应外部环境的变化。在心理学中,特别是皮亚杰的发生认识论中,顺应是通过改变内部图式来适应现实的过程。当外部环境发生变化,而个体的原有认知结构无法同化新环境提供的信息时,就会发生顺应,即认知结构的重组与改造。顺应对于学生而言,是其改变自己原有图式,使其可以接纳新的事物或者创造新的图式。同化与顺应是相互关联交织的过程,彼此存在一定的辩证关系。学生职业素养形成正是在外部情境的作用下通过交互、协同、转化,持续发生同化和顺应过程,智慧行为是依赖于同化和顺应的心理机制的作用从最初不稳定的平衡过渡到渐渐稳定的平衡状态。①

职业教育真实情境性评价是运用职业能力图式本质及其在学生技能培养中的功效,强调在真实生产情境中培养和发展学生的各种图式。随着真实情境性评价工作任务目标的变化,学生的图式也随之发生不同的变化,因此,真实情境性评价可以测评出学生心理图式达到的水平,并且可以促进学生心理图式更好地扩充与发展。

与真实情境性评价对比,传统的书面测试和技能考核对学生记忆性评价的内容居多,而这些知觉痕迹对学生技能发展不能起到关键性的作用。诚然,学生职业素养的形成离不开行为主义范式的支撑,学生只有在熟练掌握基本知识和技能的基础上才能向图式方向发展,而学生知识和技能不断提升也是图式得以形成的根基。因此,书面测试和技能考核也有其存在的价值,它们对学生职业能力的发展和提升能够起到辅助作用。但是它们不应该成为职业教育评价的主流方式,而应该作为真实情境性评价的补充。此外,真实情境性评价也应注意情境的多样化,注意培养学生应对各种复杂情境的能力。学生完成真实情境性工作或学习任务需要外部资源设备和技术的支持,也需要与他人合作,在彼此支持和配合的基础上不断提升综合素养的水平。当然,也同样需要在这样真实的工作和学习情境中对学生掌握知识和技能的情况进行观测和评价。

---

① 叶浩生.西方心理学的历史与体系[M].2版.北京:人民教育出版社,2014:481.

三、评价方法的转变：质性与量化的结合

职业教育评价最初采用定量的研究方法，定量的研究方法在科学判断方面固然起着重要的作用，然而，伴随质性评价的发展，定性与定量结合的方法逐渐被诸多学者和实践工作者所认可。

(一)传统的定量评价方法

科学的发展促进了定量研究的发展，然而，伴随人文主义的兴起，针对人的评价仅用定量的研究方法已经不能科学有效地测评出真实结果。教育评价的出现以启蒙运动以来现代科学的发展及其方法论作为支撑。后来，法国哲学家、社会科学家奥古斯特·孔德等人把自然科学的研究方法迁移到社会研究领域，开始用自然科学的方法解决社会科学问题。他们认为，事实是所有经验的来源，一切科学知识均以事实为基础，社会现象如同自然现象一样可以用科学的方法进行探究。人们对其进行科学探索，总结规律，并运用规律指导自己的生活。

在教育评价发展的初期，以测量为手段，自然科学的研究方法被广泛应用。当时，科学技术开始迅速发展，科学走入人们的视野。科学的测评方法大量应用于自然科学领域，在自然科学研究的带动下，社会科学和人文科学领域也广泛采用相关的测评方法。教育和哲学领域均受到自然科学方法研究的影响，开启了新的研究和方法论应用。

自然科学的研究和测评方法应用于社会科学领域主要体现在还原论的应用，同时体现在数量化的准确性方面，是对客观世界的真实反映。在此背景下，社会科学研究和测评方法开启了全新的篇章，严谨性得到了一定的提升。

1. 还原论的应用

把复杂事物分解成简单事物的组合，不考虑在整体系统中物体与其他部分复杂的相互关系，把宏观的物理现象归结为微观现象的组合，通过分析分解后的简单事物和微观现象，将复杂的事物简单化，这种研究方法被称为还原论。[1]自然科学的还原论应用在教育评价中，强调将教育作为研究对象进行详

---

[1] 刘明海.还原论研究[M].北京：中国社会科学出版社，2012:18.

细分解,以保障评价结果的精确性和实证性,然而却忽视了教育的整体性,破坏了教育的结构性。这主要体现在将教育目标进行操作化定义的实质是将教育的发展目标分解、还原为各项分目标。学生的发展被分解为认知和情感领域的发展,认知领域的发展又被分解为记忆的发展和思维的发展,这样依次继续分解,直到不可分解为止。在还原论整体与部分之间的分解关系框架下,教育评价被分解为各个微观的组成部分,评价者认为只要将教育的各个微观构成部分处理好就可以完成对整体的评价。因此,学生的技能评价也被分解为各个微观的组成部分。同时,教育评价以教育目标和评价标准为准绳,将教育分解为微观构成部分,将其与教育目标和评价标准进行对照,从而判断教育的发展是否达到了预期的目标,忽略了人的情感因素和生命的整体性。传统的教育评价在考察影响学生发展的各项因素时,将各项影响因素看作相对孤立的组成部分,不能很好地处理各项因素间的有机联系,因此评价结果会出现偏颇。

2. 客观性评价的体现

客观性评价涵盖研究对象、研究方法和过程以及研究结果等几个方面。研究对象的客观性是指研究对象是客观存在的,是可观察、可感知的事物。研究方法和过程的客观性,即采用科学标准的研究方法,规范研究过程,防止研究者个人的主观因素对研究方法和过程的影响,尊重客观规律。研究结果的客观性,即保证对研究结果进行客观性描述。传统的教育评价为了追求客观性,忽视了人的主观能动性。评价者将教育评价的研究对象视为独立存在的客观事实,忽略了其主体性。同时会尽量杜绝评价者主观因素的介入,如编制的测量工具采用"双向细目表",将教育目标进行程序化行为化的描述,将内在难以观察的学生发展转化为外显可观测的行为指标,并使用确切的行为动词保障评价的客观性。正因如此,评价对人的情感、态度、价值观未能给予有效的关注,所以依然会出现偏差。在涉及人的教育评价领域,无论是对于评判者而言,还是对于被评对象而言,其中涉及的主观因素不可能被排除掉。如果过度追求客观性,往往会忽视一些主观因素的影响,或者极力去控制这些主观因素,但由于过于理想化,现实往往达不到这样的理想化标准,所以评价看似客观,实则遮蔽了一些主观因素,导致评价结果的效度受到一定影响。

3.定量描述和统计推断方法的应用

17世纪,法国哲学家、数学家勒内·笛卡尔倡导数学方法,并开始受到重视。自然科学家认为确定的知识必须是精确的,经验观察必须经过数学分析方值得信赖。通过分析事物的数量关系,将数学应用于自然科学中,才能精准地解析自然。意大利天文学家、物理学家伽利略确定了数学作为人类认识工具的重要地位,通过数学建立的模型是对客观世界进行分析的重要工具,能够有助于人们更好地发现客观规律。传统教育评价过于强调量化方法的应用,而忽视了人的因素。采用定量描述和统计推断的方法进行教育评价时,数字扮演着关键的角色,从信息采集到结果分析均采用数量化表达方式,并通过对数量的比较来判断教育评价的结果,这种严格的定量评定方法,忽视了教育评价中无法被量化的因素,评价结果不够全面。教育评价领域并非所有的因素均可量化表达,数字并不能代表和描述教育的所有领域,人类思维和教育领域的复杂性是难以用数字完全表达清楚的,特别是以技能评价为主的职业教育领域,单纯的量化计算难以表现出技能水平的真正提升程度。因此,在职业教育评价中,单纯的量化研究需要质性方法的介入,来弥补单纯量化评价存在的缺陷。

(二)质性评价模式的融入

伴随哲学、人文社会科学的发展,人文主义、解释学、存在主义理论随之兴起,人文社会科学研究者对自然科学方法论在人文社会科学领域的全盘应用产生了质疑。首先,自然科学方法论的完全客观主义的做法是否完全适用于存在主观、情感、价值观判断的人文领域?其次,实验、数学的方法能否真正揭示人文社会科学领域的现象背后所隐藏的实质性问题?能够真正揭示价值与规律的更恰当的研究方法何在?最后,人文社会科学领域是否完全遵循所谓的因果逻辑关系?面对自然科学方法论应用于人文社会科学领域所存在的种种质疑,人文主义哲学思潮把人与机器等同的假设推翻了,开始充分关注人的主体地位,注意人的主观能动性,充分重视人的情感、态度、价值观。人文主义运动大潮逐步占据上风,以人和人类的活动作为研究对象的人文社会科学研究方法获得一定发展。但是，人文主义在质疑自然科学研究方法应用于人文社会科学领域的同时，并不是完全否定自然科学的研究评判方法，而是与其充分结合后形成自身研究与评价的特点，发挥自身独特的优势。

1. 整体论方法的兴起

人文社会科学研究方法论倡导的是整体论而非还原论，坚持从整体视角解释现象背后暗含的真理，认为研究对象与周围的各项环境因素是整体不可分割的，社会现象也不是一成不变的，两者都受多方因素影响，呈现一定的复杂性。简单的机械分割并进行叠加整合结果并不一定等于整体真正应有的结果，若干部分有机组合，甚至交叉渗透，造就整体的固有特性，这并非部分简单累加所能取得的效果。局部之间的不同连接方式构成了整体的不同特性，简单的分解与还原并不能呈现整体应用的特性。所以，社会科学研究的对象往往受制于特定的社会环境以及构成整体的各部分的有机结合方式，环境和内部要素的变化都会引起整体的变迁。由于社会科学研究对象的复杂性，因此不能简单地运用还原论的方法把社会现象分割为各个独立的局部要素来进行分析，这样的分解在社会科学研究领域存在明显问题，会导致研究结果存在一定的偏差。人文社会科学的研究方法强调在真实的社会环境中，将研究对象置于整体的环境之中，充分考虑研究对象所处的整体社会系统，进行系统性分析，探索社会环境下研究对象所呈现的整体特征。但职业教育真实情境性评价认为，仅仅坚持整体宏观概念性评价并不能真实全面地反映职业教育的本真面目，职业教育的整体性目标依然建立在各阶段性目标和各级目标的基础之上。就学生的职业素养而言，如果没有对过程性、细节化的程序性知识充分理解，就不可能真正提升实践技能，更不可能实现综合职业素养的提高。

2. 非决定论方法的应用

伴随人文社会科学的发展，非决定论开始进入人们的视野，非决定论的基本观点是人并非被动地受制于环境之间的因果关系，而是能够充分发挥其自主性和能动性，有目的、有意识地从事各项活动，达到自己想要的结果。美国科学家霍兰德的人格—工作适应性理论应用于教育领域，与非决定论的思想不谋而合。根据该理论，组成系统的子系统具有自主学习和自适应的能力，能通过与环境和他人的交互改变自身的素养和内涵，在特定的社会环境中进行自我调整，不是单纯被动地做出回应，而是充分发挥自己的主观能动性，努力改变现状，以便自身发展更为顺利。

3.融入理性判断

人文社会科学的研究中既可以融入实证性研究，也可以融入理性判断，充分关注各项主观因素。教育评价的复杂性，牵涉教师、学生以及各利益相关方，并具有个性化和质性研究的特征。在研究与评价的过程中，研究者、评价者应该充分尊重被研究和评价对象的主体地位。研究者、评价者的经历、背景、主观经验和个性特点等都会对研究结果产生显著的影响，因此，研究者、评价者需要持续深入地提升自身的综合素养，充分发挥自身的主观能动性，以便能够通过正确的理性判断，对被研究者和评价对象的整体效能做出准确合理的价值判断。因此，研究是一个不断演化发展的过程，研究者在做出理性分析判断的同时，也因不同研究对象激发出新的研究方法和思路，"因地制宜"地做出真实性评价。在研究方法改进方面，人文社会科学的研究方法融入了被自然科学方法论所摒弃的主观因素，把主客观结合作为研究的改进路径。人文社会科学研究随着理性判断的融入，充分注意到了研究与评价中的主观因素，这也使人文社会科学研究与评价的客观性具有了真正的人文社会价值。

4.质性研究的应用

质性研究方法考虑到了人的主观能动性，因此更适合于人文社会科学领域的研究与评价。在质性研究中，往往把研究对象置于真实的生产生活情境，或者是真实的教育情境，充分考虑外在因素和人的主观因素作用。即从研究对象的实际出发，在自然情境下采用多种资料收集方法，使用归纳法分析资料，对研究对象进行整体性研究和形成理论，通过与研究对象互动，更加深入地了解研究对象，从而做出契合实际的解释性分析。质性研究是研究者在自然情境下，与被研究者直接接触，实地考察被研究者在日常状态下的表现的研究方法。质性研究可以了解被研究者所处的环境以及环境对他们产生的影响，注重社会现象的整体性和关系性。在对一个事件进行考察时，不仅要了解事件本身，而且要了解事件发生和变化时的社会文化背景以及各事件之间的联系。质性研究是真实情境中的研究,质性研究的特点决定了它是一种非常适合教育领域的研究。由于理解是双方互动的结果,研究者需要对自己的"前设"和"偏见"进行反省,了解自己与对方达成理解的机制和过程。在研究取向上,对于认识的对象,研究者有移情、理解等取向。因此,质性研究方法以动态、联系的观点进行问题分析,让研究者直接参与研究对象所处的现实情境,以动态的观点看待研究对象,并不刻意追求普遍性的理论,而是更倾向于对特定情境中的特定社会现象进行分析和判断。

(三)真实情境性评价质性和量化的融合

职业教育真实情境性评价在具体的评价方法选择上,坚持质性与量化方法的融合,坚持量化基础上的质性阐释。职业院校量化评价可以结合具体明确的标准进行测评打分,每项标准均对应相应的分值和权重,实践中,职业教育评价只对照这些标准进行逐级评价和汇总打分。然而,有些职业教育评价内容很难只用量化的方法进行判断,这就需要充分结合质性评价的优势,促进量化与质性的充分融合。质性评价往往没有具体的标准可以参考,难以按照精确化、标准化的方式开展,因此,这些评价内容需要收集评价对象的相关证据,在此基础上,做出质性判断。为了保障在量化评价的基础上质性评价的效度,往往需要多位专家共同参与评价,在综合收集多位专家评定意见的基础上,选取共性的部分,尽量去除偏差较大的个别性评价,从而保障评价的科学有效性。

总而言之,职业教育真实情境性评价是一种以任务为中心的评价,在任务目标的指引下,真实情境性评价可以促进职业教育教学与评价的一体化发展。"职业教育回归真实的职业世界"的理念诞生是职业教育真实情境性评价的现实呼唤。情境与建构主义是职业教育真实情境性评价发展到一定阶段的心理学产物。伴随研究方法的发展进步,质性和量化结合的方法为职业教育真实情境性评价提供了方法论上的支持。[1]

---

[1] 刘虎.由遮蔽走向真实:职业教育学生学业评价的反思与超越[D].上海:华东师范大学,2014.

第二节 "双高"建设协同机理分析

高职院校高质量发展离不开各利益相关方的协同努力与运作,尤其是政府、院校、行业、企业、产业、科研院所等组织机构以及个体的协同合作。协同与高职教育生态系统密不可分,牵涉系统内各子系统的相互影响与作用,也关涉与外部进行能量交换的过程。

一、"双高"建设绩效评价与监测协同发展运行机制分析

协同论研究的对象是复杂、开放的自组织系统。"双高"建设绩效评价与监测的组织系统及其内部各子系统间相互影响和作用的构建过程具备了协同论研究对象的要素特征。根据生态学的基本原理,可构建"双高"建设绩效评价与监测生态系统概念模型。如同其他生态系统,"双高"建设绩效评价与监测生态系统也是主要由院校群落、产业群落、环境系统中的各类主体等要素构成的集各利益相关方于一体的协同体系(如图1-1所示)。人才培养是教育的核心要素,人的受教育需求与社会对各类人才的需求是教育生态系统的重要驱动力之一。[1]在上述需求的驱动之下,高职教育生

---

[1] 宋亚峰.高职专业群协同发展的主要类型与互动机理——基于系统动力学的仿真分析[J].江苏高教,2022(6):28.

态系统吸纳外部环境系统的场地、设备、资金等要素,经由高职院校的充分利用,在经过一定的培养周期后,培养出满足人才市场需求的各类技能人才,以供给教育生态系统的各级生态位,进而形成一个复杂的适应型生态系统。高职生态系统在环境要素的共同作用下,不断实现系统内外的协同进化和动态平衡。在此生态系统中,由各类院校组成的联盟位于系统的核心地位,系统内其他主体服务于核心联盟,同时,与其他主体彼此交换能量,在协同发展的过程中获取能量,促进自身的持续成长。因为彼此有了能量交换,才可保障此生态系统的长期稳态运行,并形成日益紧密的合作群体,发挥出合力,取得更大的发展效能。但此生态系统并非一直处于稳定状态,当系统运行出现偏差时,系统内的强势因子会发挥积极作用,牵拉和制约出现偏差的生态因子,使其回归正确方向,从而形成新的动态平衡。

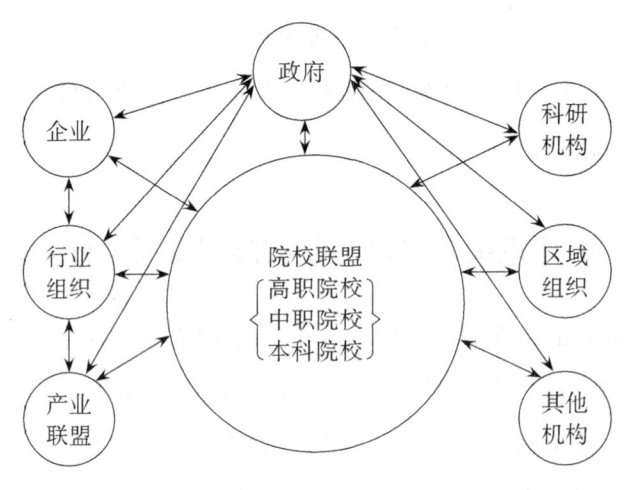

图1-1 "双高"建设绩效评价与监测协同发展生态系统图

(一)从协同效应分析

"双高"建设绩效评价与监测的协同原理,是系统运行过程中各子系统为实现系统目标而相互影响和牵制,其中,各子系统要有明确的分工和功能界定,否则系统将走向无序。因此,明确组织系统目标、分工和职能界定,是"双高"建设绩效评价与监测机制构建的关键点,此过程可划分为四项要素：一是确定组织系统运行目标，即"双高"建设绩效评价与监测协同工作目标。统筹好评价与监测宗旨、要点、阶段目标、工作方针等。二是完成组织系统运行目标规定的工作总任务，即"双高"建设绩效评价与监测工作总和。三是依据工作总任务进行合理的分工，明确"双高"建设绩效评价与监测工作的职能机构、部门职责的划分。四是赋予职能权限，即参与"双高"建设绩效评价与监测工作的各方主体应被赋予权力和职责，以便各方各司其职，相互关联、相互促进。宏观监管层面的"双高"建设绩效评价涉及各级政府、企业、院校等利益相关主体。这些主体的职责及职能权限由各方共同参与制定。微观层面的"双高"建设绩效评价与监测工作管理体制主要是指高职院校内部相关委员会，不同职能处室、院系在评价与监测工作中有相应的权限及职责，以及应当履行的关联性职能。

(二)从役使原理分析

从协同理论役使原理可知，系统处于临界点附近时，系统内部的"序参量"即关键变量起主导作用，可以影响其他变量的行为和系统走向，从而使混沌的系统变得清晰明朗，实现协同效应。"序参量"成为"双高"建设绩效评价与监测机制构建的又一关键要素。影响"双高"建设绩效评价与监测工作的关键因素有三个：一是"双高"建设院校人才培养质量。人才培养质量决定了高职院校给企业输送人力资源的质量，是直接影响企业发展潜能，间接影响产教深度融合深度和广度的关键因素。二是各利益相关方联盟的思想认知。联盟内各利益相关方的思想认知直接影响多方合作的意愿与前景。三是政策的引导与实施。通过政府的引领作用，督促政策的有效实施，这决定了各方协同的目标。如果没有政府部门引导和扶持，就会出现各行其是，以自身利益最大化为目标的现象，故政策的引导与激励措施的实施决定了各方协同的持久度。

(三)从自组织原理分析

由协同理论自组织原理可知,组织系统运行不是随意和各行其是的,组织内的各项因子只有遵循一定的规则和流程,才能从无序状态自发形成新的稳定状态,并形成稳定的联结关系,从而达到新的动态平衡。因此,构建高职"双高"建设绩效评价与监测机制必须遵循"一定的运行规则、程序或流程",这种规则、程序和流程由组织内各方主体协商决定,并通过充分的研判而形成。高职"双高"建设绩效评价与监测制度能保障组织有序运行,形成稳定可靠的联盟关系,其内部各子系统能对绩效目标的实现进行监控与匹配,及时纠偏,防止紊乱和无序运行。高职"双高"建设绩效评价与监测的协同发展能形成多元主体协同共进、共同治理局面。在协同治理理念指引下,院校、行业、企业及其他利益相关方自我治理的动机和意识将会增强,更容易缔结为稳固的组织形态,进而增强发展主体的责任意识。高职"双高"建设绩效评价与监测的协同治理能跨界组建一个涵盖学校、企业、社会组织与第三方等相关利益群体的监督监测体系,实现协同治理民主化,在一定的协同机理作用下(详见图1-2),持续维持系统平衡,发挥协同作用所产生的效能,促进彼此长期合作的稳态运行。从图1-2可以看出高职"双高"建设绩效评价与监测协同系统的复杂性,只有充分发挥各组织协同共治的职能,保障组织的稳态运行,并形成一定的发展动力,彼此间的信息传导才能更为通畅,组织内的运行才能更加协调,从而保障高职院校高水平建设。多元主体决定了自组织的复杂性,并受到多元因素的影响和制约,因此组织内的各项因子只有遵循一定的规则和流程,才能实现系统的有序运行。正如我们生活的世界,每个人都不是孤立存在的,每个人的行动都受制于社会组织的规则,并受到周围环境的影响。高职院校高水平建设也一样受制于系统内的其他主体,并受到周围环境的制约,这种制约有时也会演化成个体持续向前的动力,即通过自组织的持续发展能力而克服障碍,获得更加具有优势的发展地位和空间。

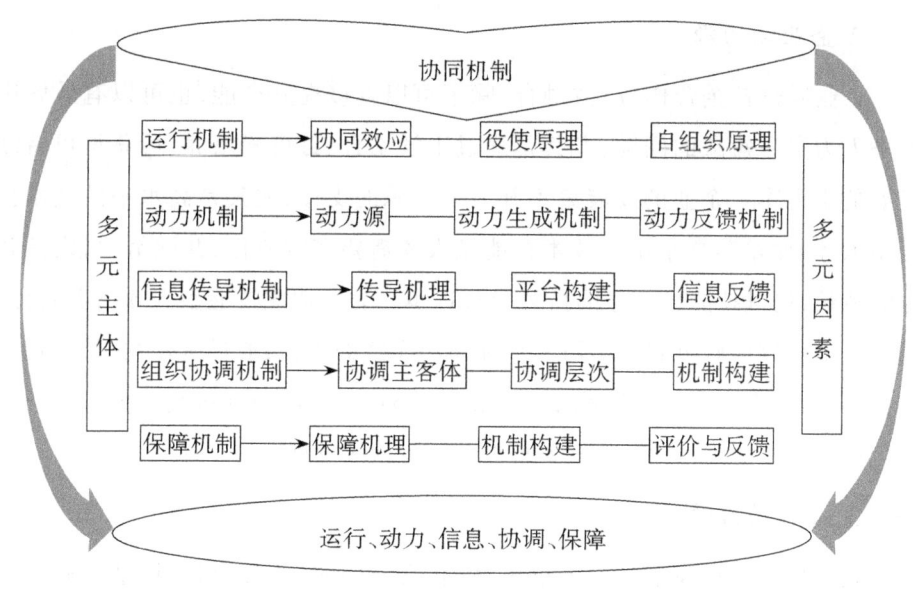

图 1-2 "双高"建设绩效评价与监测协同机理图

二、"双高"建设绩效评价与监测协同发展动力机制分析

(一)协同动力源分析

高等职业教育高水平建设绩效评价与监测各方主体协同共进的动力来源于彼此的能量交换,通过交换能量各方主体获取生存发展的动能。因此,"双高"建设协同发展的根本动力在于利益分享机制,这是促进多方协同共进的动力源。

1.高职院校动力源

高职院校要解决自身问题,核心要素是加强与利益相关方的联系,从而产生更大的合作效能,因此,需要积极拓展合作关系。高职院校高质量发展与高水平建设需要依靠多方协同发展获取自身缺乏的资源,应发挥多方联动的协同职能,组织、协调、监督、管理多方联动,积极调动各方潜能,促使各利益主体发挥最大效能,产生更大的合作价值,并通过合理的利益分配机制,促进彼此的深度融合。

2. 企业动力源

企业通过校企合作、产教融合，除了可以直接提升产能，也可以有效解决未来人力资源短缺的问题，尤其是通过工学结合、订单式培养，可获得可持续发展的生力军。企业的发展离不开人力资源的支撑，尤其是高水平的技术技能型人才，而培养高水平的技术技能型人才需要多方协作，共同努力，发挥各方的特长，促进技能型人才的持续成长进步。为了达成技能型人才培养目标，企业义不容辞地肩负起了实习实训和顶岗实践的重任，通过责任共担，实现成果共享，为自身的未来发展积蓄充足的人力资本，同时也促进高职教育链与企业生产链有效衔接，分工合作，实现彼此的可持续发展。

3. 政府动力源

政府作为社会发展的核心引领者，执行着引领、监控、协调职能。政府作为公办高等职业院校的主办方，具有重要的监控和引导职能，持续提升高职院校的发展水平是其办学职能的关键所在。因此，政府以政策为指引，出台各种激励措施，增强各利益相关方协同发展的动力，从而提升各方的积极主动性，有效促进彼此的深度融合发展。政府作为重要的引路人，应为各方开展充分有效的合作保驾护航，除了经费保障，还应通过政策引导和激励措施的实施，充分发挥其引领、监控、协调的关键职能和作用。

(二)协同动力生成机制分析

协同的动力来源于政策激励，其生成机制是通过出台一系列激励政策，协调利益各方的合作与分配机制，使得各方利益均衡和资源共享，优化协同共建的绩效评价与监测机制。

1. 产教协同发展动能分析

校企双方和各利益相关方的关系通过协同发展和评价与监测得到维持，同时可促进产业链与教育链充分对接与融通，彼此协作。但是产教协同发展的动能来源于彼此的能量交换和利益分配。协同效益影响协同价值，当协同效益和协同价值小于预期时，会严重影响各方合作的积极性。若无政府的引导与监管，企业在利益驱动下会退出合作体系，从而严重制约区域产业和经济协调发展与产教融合的协同共进。

2.人力资源要素市场一体化动力分析

若要促进各利益相关方的有效合作,给予具有协同发展优势的企业一定优惠政策能起到一定的激励作用。根据役使原理,人力资源要素相较于资本要素和技术要素具有一定的迟滞性,需要经过一定的周期方能显现其作用,但人力资源在要素市场一体化进程中至关重要。受到人力资源要素特性的影响,市场一体化需通过各方协作,提升认识,才能有效推进一体化进程。通过产教联盟,各相关利益方相互融合,推进区域内人力资源一体化进程,加速形成人力资源供需统一的资源库,以便更好地进行供需双方的对接。

3.动力反馈机制分析

"双高"建设绩效评价与监测效能的有效发挥一定程度上取决于评价后的反馈机制,因此应及时监控协同推进反馈环节,剖析问题根源,针对根源提出具有针对性的解决对策,并将分析结果反馈给各方主体,为高职院校高质量发展提供反馈和决策参考,从而更加有效地提升院校的发展效能。就企业而言,期望通过协同发展增加收入,降低成本,获取未来发展所需人力资源,其效能分析在内部完成,并接受外部监督;政府参与协同发展是为了提高政府绩效,优化产教融合生态,实现经济社会健康协调发展。其协同发展的效果,由专业的评价与研究机构进行分析和评判,并将分析结果及时反馈给各方,实现各方协同合作的可持续发展。

4.文化推动的协同动力机制分析

文化是多方协同发展的精神主导要素,文化认同可促进各利益相关方形成密切合作的协同发展共同体。协同文化可引导相关主体更主动地参与到协同发展进程中来,在共同体意识的指引下,在共同合力作用下,发挥文化引领的职能,统一彼此的理念,实现一体化组织的协同共进,促成联合运行的更大成效。协同文化的发展,不仅需要政策的引导和宣传,而且需要联合体内各方主体的鼎力支持,共同营造和谐共生的文化氛围,加速形成区域内产教深度融合的文化制度体系,通过自媒体的广泛宣传和官方媒体督导,形成促进联合体总体绩效的共同体文化。同时,建立多方协作的共同体文化常态化交流机制,促进不同文化在碰撞中更好地彼此适应和相互融合,形成互相牵制、彼此促进、优势互补、责任共担、利益共享的协同文化氛围,从而产生多方协同的动力,为"双高"建设绩效评估和监测协同推进提供文化保障,更加有效地促进高职院校高水平建设和高质量发展。

三、协同视域下"双高"建设绩效评价与监测的信息传导机制分析

(一)信息传导运行机理分析

"双高"建设绩效评价与监测的信息传导机制包含信息的检测、信息的整合、信息的扩散和信息的反馈四个主要方面,其中信息的检测是依据高等职业院校高水平建设评价与监测的内容构建指标体系,检索并传输信息至处理中心;处理中心通过信息处理和协调,实现信息的整合,如根据高职院校高水平建设评价的维度和指标确定信息整合标准并进行编码;信息的传输和扩散则通过人为干预和自发形成的信息传播和扩散的有效渠道完成;信息的反馈是对评价结果和改进措施的反馈,主要包含信息反馈渠道、反馈形式及其利用方式等。

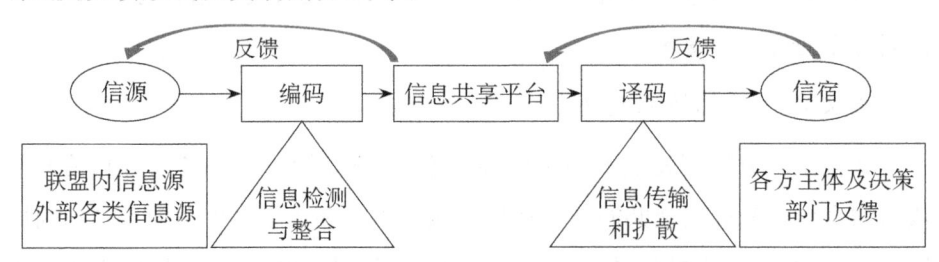

图1-3 "双高"建设绩效评价与监测信息传导机制图

信息检测阶段为获取高职院校高水平建设评价的信息,手段包括调研、政策、数据获取、专家咨询等;信息整合与扩散阶段,处理中心先对各类信息进行整合筛选,然后可以将信息传递至需求方,也可以由需求方主动检索。"双高"建设绩效评价与监测信息传导机制详见图1-3。

(二)信息共享平台构建分析

高等职业院校高水平建设协同视域下应构建涵盖人才培养、校本建设、校企合作、社会服务、国际合作等多元的信息资源共享平台。在人才培养方面,应包括人才培养信息的综合平台以及集教学、科研、产业发展一体化的能为多方主体服务的信息共享平台等;在校本建设方面,主要涉及学校内部治理、专业建设、教师发展等关系学校自身发展的信息平台;在校企合作方面,主要包括校企共建教学平台、高水平实训及校企深度合作资源共享平台等;在社会服务方面,主要包括政企服务、技术研发与服务等信息共享平台;在国际合作方面,主要涵盖国际交流与合作、留学生培养、国际领先信息获取等资源共享平台。

四、"双高"建设绩效评价与监测协同发展组织协调机制分析

(一)组织协调主体

组织协调是为了保障各方主体配置机制的协调运行。协调主体行为需要规范和制度的保障,以院校联盟为中心,发挥其核心地位的功能和作用,积极探索,不断提高各方合作水平,在政府激励措施的引领下,促进产教深度融合和各利益相关方的深度合作。由于外部效应及功利主义利益最大化倾向的存在,政府需要通过有效的干预手段促进高职院校发展利益共同体的合作关系,这种有效干预必然是建立在多方互利共赢、可持续发展的基础之上。

(二)组织协调客体

"双高"建设绩效评价与监测在政府引领指导下,统筹协调可调用的资源,为高职院校高水平建设提供动力支持。其中,重点解决人力资源与物质资源供需的问题,通过统一人力资源市场实现区域内人力资源均衡配置与合理流动;物质资源的协调主要包括各利益相关方物质资源的调拨与共享,区域内物力资源的整合,减少闲置浪费。同时,通过建立统一的区域金融市场,出台各项投融资激励措施,实现区域内资金的合理流动与配置。

(三)组织协调层次

高等职业院校高质量发展与高水平建设绩效评价与监测的协调层次分为宏观和微观层面。宏观协调层面通过政府的统一协调与优化,为各利益相关方的协同发展和提升协作绩效与质量监控效能提供上层保障。微观的协调主体层面是为了使各利益相关主体结构优化,协同共进。通过有效的责权利划分,彼此制约、彼此促进,实现优势互补,效能最大化。通过一体化协作,促进资源与技术等要素流动,形成彼此促进、协同发展的教育生态共同体。

高等职业院校高质量发展与高水平建设绩效评价与监测组织协调机制应建立纵横贯通、多方有序运作的合作框架。决策层一般由联盟委员会组成,为高等职业院校高质量发展与高水平建设评价与监测组织协调机构的最高决策部门,发挥决策、协调、引领等职能;咨询参谋层通常由高等职业院校高质量发展研究院和智库组成,研究院为区域内专家咨询与研究的常设内部机构,智库为以外部咨询专家为主体的非常设机构,当内部决策存在争议时,就要寻求智库的支持;执行层主要为各利益相关方的行政部门及二级单位,主要是对上级主管部门的决策进行实施和反馈;仲裁层则是相对独立的组织,发挥仲裁和协调冲突、矛盾的职能,保障协同联盟的各方权益。

(四)协同政策

高等职业院校高水平建设绩效评价与监测协同推进遵循的最高纲领,是协作共同体的共同发展规划,是以"双高"建设绩效评价与监测为核心的发展蓝图。整体规划要对高等职业院校高质量发展与高水平建设绩效评价与监测的模式、方式进行总体规划,协同组织机构应责权统一,政令畅通,监管有效,发挥政策的引领监督职能,保障"双高"建设任务的如期完成。同时,应由决策层和咨询层进行政策的设计和改进,保障政策符合时代发展和现实需求。科学合理的政策能够保障各协同主体的行为举措,推进协同监测与绩效评估目标的实现。顶层设计与各项政策措施共同作用,促进"双高"建设绩效评价与监测高效协同发展。

五、"双高"建设绩效评价与监测协同发展保障机制分析

(一)协同利益保障机制分析

高等职业院校高质量发展与高水平建设绩效评价与监测的协同发展,涉及的主体动能来源于协作共同体内各方的利益共享与分配机制,若协同利益获得有保障,则合作会持续深入。政府和决策层通过制定相应的激励措施可以促进多边的协同合作。如何让企业承担起应有的社会责任,仅靠政府的引导和制约还不够,一定要让企业获得合作带来的丰厚利益,并通过激励机制,如在税收、土地、资源等方面给予优惠和补助,促进企业做好本职工作的同时,充分发挥服务高职院校的作用,肩负起产教融合发展的历史使命,促进双方的融合共生。

(二)协同利益保障机制的构建

高等职业院校高质量发展与高水平建设绩效评价与监测协同发展中利益机制是核心机制,通常与地方财政、税收、土地、资源、就业等相关。从社会主义市场经济与政府调控方面进行均衡考量,教育与产业协同发展需要各方的共同努力,需要在长期实践中不断摸索,探寻更加有效的运行模式,推动产教融合的均衡化配置,使各方合作均获得应有的收益,促进彼此协作的长期稳定发展。同时,要妥善处理各方主体的冲突与矛盾,不断完善各方主体的责任共担机制,这是推动多方协同共进的重要保障。其中,分享机制是促进协作共同体内各方主体资源共享的有效手段,计量各方主体的贡献度时,需要高等职业院校高质量发展与高水平建设绩效评估机制与其中的细则作为支撑,将科学划分的指标和权重作为利益分享的关键依据;分担机制主要是指高等职业院校高水平建设协同发展不会带来直接效益,但与产教融合以及人才培养、分配、供给密切相关,直接影响"双高"建设的整体进程,进而影响高职教育与产业发展的契合度,以及为产业培养的人才的质量和水平,二者互相牵制,因此必须设立相应的成本分摊机制;补偿机制主要是指高等职业院校高质量发展与高水平建设绩效评价与监测的协同主体某一方在协作过程中不会给自己带

来太多收益,甚至有亏损的可能,但会为协同发展的其他各方带来收益,即产生一定的外部正效应,因此为了补偿利益遭受损失的一方,获得利益的主体就应该拿出一部分利益对其进行补偿,进而实现利益的均衡,促进高等职业院校高质量发展与高水平建设绩效评价与监测的协同运作。

(三)评价与反馈保障机制

基于协同理论,高等职业教育人才培养质量会对利益相关方的协作产生显著影响,高质量应用技术技能型人才的供给,可以为各利益相关方带来触手可及的现实利益。因此,高等职业院校高水平建设与高质量发展的评价机制,应让多元主体共同参与,发挥各自的潜能,协同评价,让多元评价主体开展全方位的多元绩效评价与监测。"双高"建设绩效评价与监测多元评价机制,不仅是为了充分调动各方积极性,发挥各方优势和职能,保障各方的利益与诉求,更是为了提升评价的有效性,汇集各方力量共同促进"双高"建设绩效评价与监测质量保障体系的持续改进,产生协同共进的合力和更高的效能。在常态化多元评价中,高等职业院校要在政府相关部门的统一引领下持续优化各方主体协同运行的方针和策略,并保障各项方针政策的有效落实,这由联盟常务委员会监督实施。同时,要执行教育质量评价对外公示制度,接受社会的监督,以便更好地促进自身的发展,并将持续改进的成果及时与大众分享。

高等职业院校高水平建设绩效评价与监测只有建立多元评价标准,才能满足各方主体的差异诉求,针对不同评价对象采用更加适切的评价指标,不断提升评价的效能,更加全面地反映评估的要素及其相互关系,针对关键要素进行重点评价与监测,发挥监控重点领域的关键职能。监督与反馈是高等职业院校高水平建设绩效评价与监测的关键环节。"双高"建设需面向社会,尤其是向普通高职院校展现其正外部性,因此其绩效评估监督反馈机制必须强化多元主体的协同推进。根据协同理论,系统内部"序参量"应为以"双高"建设高职院校为主导,综合各方参与元素,建立涵盖所有利益相关方的多元评估监督机制,发挥每一个成员和机构的功效,相互监督,持续改进。同时,要通过不断完善组织机构和制度措施,推进协同合作的常态化。

第三节 "双高"建设评价的要义与机理分析

一、"双高"建设评价与监测内涵解析

"双高"建设是与本科教育"双一流"建设相对应的,针对高职教育领域提出的高水平院校和高水平专业(群)建设计划。"双高"建设评价与监测是指由特定评定机构和人员按照"双高"建设相关规定和特定标准,运用科学方法、原则和程序,依据科学评估指标体系对"双高"建设进行内部或外部评价与监测的过程。通过科学的实证研究,"双高"建设的评价与监测才能更加精准科学,才会更具说服力。"双高"建设通过高水平高职专业(群)建设带动高水平高职院校建设,高水平高职院校又对国家和区域经济与社会发展具有重要贡献,尤其是对区域产业的发展具有重要推动作用。高水平院校和高水平专业(群)关系密切,有了高水平专业(群)做支撑才可能造就高水平院校。

二、"双高"建设评价与监测体系设计的现实基础

(一)新时代高职院校评估的实践基础

21世纪以来,国家对高职院校发展与评估越来越重视,尤其是2004年和2008年开展的两轮高职院校水平评估,设计了相关评价条目与指标体系,要求

评审专家抽取被评学校的两个专业进行重点剖析。2005年《国务院关于大力发展职业教育的决定》提出重点建设100所示范性高职院校，为高质量高职院校建设奠定了良好基础。为了强化高职院校重点示范院校建设，2010年国家决定共建200所国家骨干高职院校（含之前的100所），并在后续进行评估验收。2015年发布的《高等职业教育创新发展行动计划（2015—2018年）》提出优质高职院校建设计划，并于2019年认定高职院校"优质校"200所。同年高职院校"双高计划"出台，提出在全国范围内建设50所高水平高职院校计划，将高职院校建设推向全新的高度。

（二）"双高"建设评价与监测的政策依据

首先，项目组通过查阅相关政策文件和集体研讨，以《深化新时代教育评价改革总体方案》为指引，依据《国家职业教育改革实施方案》《教育部财政部关于实施中国特色高水平高职学校和专业建设计划的意见》《中国特色高水平高职学校和专业建设计划项目遴选管理办法（试行）》（后文简称《管理办法》）和《绩效管理办法》，重点关注《职业教育提质培优行动计划（2020—2023年）》等文件精神，深入探究项目目标、内容及标准等信息，为"双高"建设评价与监测指标体系设计提供可靠的政策依据。其次，项目组依据"双高"建设的绩效评估要求，以"双高"建设学校绩效评价指标为核心开展相关研究。最后，在完成"双高"建设学校绩效评估指标及框架的基础上，项目组结合核心任务所需信息，选取典型院校收集相关数据，进而进行"双高"建设评价与监测的实证分析。

三、"双高"建设评价与监测指标体系设计的机理

（一）基本要素分析

高职院校高水平建设评价指标体系的设计，应在引领专业群高水平建设的基础上，推动高水平学校建设，在国家战略指引下，顺应区域产业发展，提升国际影响力，培养适应产业和经济发展的高技能人才，促进学生的成才与自我价值实现。高职教育高水平院校建设评价与监测指标体系设计，以新时代教育评价改革总体方案为指引，打破"五唯"顽瘴痼疾，提炼能够反映高职院校建

设内涵和特征的基本要素,能够科学有效地反映高职院校高水平建设的真实情况。按照系统论的观点,可将表征高职院校高水平建设内涵和特征的全部要素视为信息或资源,并将其划分为输入、输出和高职院校自身具有的信息或资源[①]。以高职教育《双高学校建设数据采集表》为基础,通过分析,认为产出指标应同时兼具输入、输出和专业自身所包含的信息或数据,符合打破"唯分数、唯升学、唯文凭、唯论文、唯帽子"的要求,能够较为全面地反映"双高"学校建设的基本要素。

输入的信息(资源)主要包括专业建设、创新服务、师资队伍、利益相关方、教育教学资源等;输出的信息(资源)主要包括社会服务、国家及区域经济社会发展贡献度、人才培养贡献度、人才培养水平、信息化水平、学校治理水平、国际交流与合作水平、产教融合水平以及政策、制度、标准贡献度等,这些要素是衡量"双高"学校建设的重要指标。院校自身具有的信息(资源)是其在长期发展过程中的历史积淀,既能体现其现有水平,又决定着院校未来发展方向。高职院校自身和输入信息(资源)质量决定了输出信息(资源)质量。因此,只有做好自身和输入信息(资源)的高质量发展工作,才可能实现输出信息(资源)的高水平建设。

(二)理论基础

结合管理学的内部控制理论和经济学的利益相关者理论进行"双高"学校建设评估体系研究,为实现绩效管理目标,研究学校内部控制,用利益相关者理论分析高职院校不同利益相关者的需求与责任,为高职院校高水平建设评估体系的构建提供理论支撑。

内部控制是为实现控制目标,提升经营效率,通过制度、措施和特定程序,充分利用各种资源,在单位内部实施的计划、方法等。内部控制的核心要素是控制活动,根据风险及绩效评估结果,结合风险应对策略,实现高职院校高质量发展目标。高职院校内部控制措施通常包括风险控制、授权审批、财务系统控制、资产控制、运营分析控制、绩效考评控制等。高职院校应当结合绩效评估结果,以多种控制方法相结合的原则,运用有效的控制措施,实现高质量、可持续发展。

利益相关者理论广泛应用于组织评价中。高职院校建设涉及政府、学校、

---

① 张新民,吴敏良.双高背景下高职高专教育专业评价指标研究[J].职教论坛,2018(9):25.

行业组织、企事业单位、教师、学生和家长等利益相关者，是教育系统及其利益相关方在人才培养、技术研发等领域的合作与共享，是系统内外利益相关方为了共同发展目标和利益诉求而进行的融合发展。这种融合是通过制度约束保障其融合的深度和可持续性，各利益相关方通过共担责任和履行义务，实现发展成果共享。发展成果共享是各方可持续融合的关键动力，因此可利用该理论分析各利益相关者的评估指标，帮助构建完整的评价与监测指标体系。

(三)学理分析

首先，利用米切尔评分法，从合法性、紧急性和权力性三个视角分析"双高"建设院校评价与监测的各利益相关方，以教育和产业、行业产教融合为中心，形成可持续发展共同体，包括学校、企业、行业、政府、科研院所、国际合作机构、家庭等。

"双高"建设从提升技术技能人才培养质量和国家战略及区域经济社会发展以及产业升级、国际合作的高度提出建设计划，站在新的起点和高度，以高质量发展为导向，对各利益相关方提出了新的要求。只有平衡和满足各利益相关方的诉求，方能促进各利益相关方的深度合作，进而有效促进"双高"建设目标的实现。本书分析已有文献，结合"双高计划"相关政策文本，梳理"双高"建设院校各利益相关方在资源、制度、资金投入、人才培养、基地建设等融合发展任务中的权责，提取"双高"建设评价与监测指标体系的构成要素。

其次，在分析指标体系构成要素的基础上，通过德尔菲法咨询专家，利用层次分析法构建包含尽可能全面的"双高"建设评价与监测的初始指标体系。之后通过三轮德尔菲法测评，结合相关公式和判断矩阵，遴选出最终评价指标。在此基础上利用层次分析法和相关软件对德尔菲法获取的数据进行赋权，确定各级指标的权重，形成相对完善的"双高"建设评价与监测指标体系。

最后，选择一所"双高"建设高职学校，按照误差理论"严格评价"原则，运用3δ法确定各高职院校建设组指数的临界点和制出建设组指数预警区间图表[①]，用实证验证"双高"建设效果。

---

① 陈雯雯,朱永东,杜娟."双一流"背景下大学科监测评估的实践与探索[J].黑龙江高教研究,2022(3):130.

第二章 "双高"建设协同问题与评价要点分析

"双高"建设协同培养系统由高职院校、政府以及企业多方主体构成，系统中各主体方只有优势互补，建立共同发展目标，才能形成协同发展的合力。然而，由于各利益相关方在协同合作过程中很难实现利益的完全均衡分配，因此会产生一系列影响组织内部协同的问题。

第一节 "双高"建设协同问题剖析

参与"双高"建设培养的各方主体要素相互影响和制约,不断优化协同发展生态圈。作为控制参量的运行机制,自身不稳定及外界干扰会导致系统不稳定,乃至影响协同效应,导致协同的效率变低。制度是扎根于政体、经济的组织结构或程序、惯例、规范等,主体要素也会受制于路径依赖现象,严重影响高职院校"双高"建设培养协同效应,造成X[低]效率。X[低]效率是美国经济学家哈维·莱宾斯坦首次提出的,原指社会组织中的经济单位由于内部彼此摩擦而未能充分利用现有资源等状况,此处X[低]效率是指学生培养过程中高职院校"双高"建设各方主体的非协同状态,这是由内部摩擦、个人因素、组织结构以及组织文化失调等原因引起的。此外,路径依赖理论认为一旦形成特定制度,行为则会对其形成一定依赖,即便实施结果不够圆满,也会在特定领域、特定时间持续存在,形成该制度依赖,按照原有路径运行,乃至影响后续制度的变更。[①]一项制度由正式和非正式规则以及实施机制组成。其中,正式规则通常是人为创造的规则,用以约束组织内成员行为;而非正式规则通常不是人为创造的,是在人们日常生活、工作、交往中经过日积月累,自然衍生的组织文化的一种表现形式。因非正式规则是源于人们的生活、工作、交往,其影响力通常会更大。因此,正式规则只是约束人们行为规范和行为准则的一小部分,

---

① 卢现祥.新制度经济学[M].2版.武汉:武汉大学出版社,2011:188.

人们行动的规则更多地来源于非正式规则。尽管教育评价努力想扭转高职教育本科化的评价倾向,但基于路径依赖的背离国家正式规则的非正式规则很难在一定时期内得到改变。因此,作为"双高"建设协同培养的重要主体,高职院校很难充分履行其应尽职责。此外,企业由于有自身生产建设任务和指标,为完成自身任务,会衍生某些个体的机会主义行为,降低共同组织的协同效率。实践中,企业并不热衷于"双高"建设的协同培养,而是通常把生产经营指标放在首位,即便承担了学生校外实习培养任务,也往往是被安排的,热情不高,存在懈怠敷衍现象。企业不重视"双高"建设协同培养,漠视自身肩负的光荣使命,与"双高"建设协同培养共同体目标背道而驰,这也必然会产生X[低]效率,给构建"双高"建设协同培养机制带来一定困扰。

一、主体权责层面

由于"双高"建设协同培养权责及目标的统一需要各方主体价值观及理念的协同,价值认同决定着各方主体权责的协调统一。价值认同是指个体或群体在观念上对事物和自身价值的一致认可。价值认同是组织及其文化的核心,决定着组织发展的共同目标方向。当前"双高"建设协同培养以培养卓越教师为目标,提升师资质量,改善教育水平。若要达成目标,"双高"建设协同培养的各方主体必须拥有价值认同。意识决定行动,价值认同是认知转化为实践的关键。只有实现价值认同,各方才能采取统一行动,最终朝着组织目标奋力前行。由于培养的学生最终要去往企业,服务于企业,因此,企业需要何种技能型人才,是价值认同的关键所在,也是各方权责明晰的保障。在当前"双高"建设协同培养新机制中,教育部相关文件的培养计划对学生的品德、专业技能、职业能力和自我发展能力均提出了基本素质要求,为各方的努力指明了方向。高职院校与企业需要结合地方发展实情,共同商讨制定适合本地区的专业标准规范,明确定位各方培养职责。

(一)"双高"建设协同培养各方主体权责及目标存在偏差

"双高"建设协同培养可持续发展需要共同发展目标为指引,形成协同发展合力,才能在保证共同利益的基础上展开有效协同合作。目标协同机制是落实各方职责的根基。各方主体权责的明确和落实是推动协同主体有效运作的关键。然而现实中,"双高"建设协同培养各方主体的共同目标往往比较模糊,因此,造成了权责不清、协作不深的状况。"双高"建设协同培养的各方主体隶属于不同的系统或层级,各方主体若仅仅把自身利益作为协同发展的前提,不考虑合作主体的整体利益,必将严重影响共同目标的实现。由于"双高"建设协同培养各方基本职责、工作性质等存在不同,其职能作用也不同。就当前"双高"建设协同培养机制而言,地方教育行政部门是"双高"建设协同培养的重要协调者,高职院校则是学生培养的重要承担者,企业则是学生的实训基地的重要提供者。在协同培养共同体中,各教育行政部门较为关注的是学生被培养后的社会价值,以及各校师资需求及均衡发展问题;高职院校较为关注的是学生的质量和水平,以及学生就业质量及发展问题;而企业则更多地考虑自身建设及发展需要。"双高"建设协同培养共同体中各方价值及追求的差异,造成其目标和定位存在一定偏差,这既会影响共同目标的确立,也会影响协同合作的水平及可持续性。因此,"双高"建设协同培养的各方主体必须顾全大局,以生为本,为学生的成长和发展确立共同合作目标。

(二)教育行政部门管理及服务保障职责有待提升

"双高"建设协同培养共同体中的教育行政部门往往发挥着引领统筹和监督服务的重要职能。然而在现实中,教育行政部门的相关职能被弱化,导致其核心作用不能有效发挥。高职院校和企业属于被管理对象和提供教育服务者,因此,高职院校和企业的主观能动性有所欠缺。合作体的运行质量和效能,与教育行政部门的引领、监管及服务职能发挥与价值追求密切相关。因此,在"双高"建设协同培养体系中,教育行政部门的主动作为是实现三方有效合作的关键所在。由于教育行政部门职能发挥有限,参与度不高,导致高职院校和企业合作松散,目标匹配度不高,各自利益追求不一致,很难实现协同培养的深度融合。

(三)高职院校协同培养的主体职责发挥不充分

高职院校是培养学生的主力军,因此高职院校应发挥主体作用,积极推进合作。然而,其作为向企业输送合格人才资源的中坚力量和共同体互联互通的关键节点,作用发挥不足,导致共同协作的持久性欠缺。高职院校如果不能很好地实施开放性办学,依然固守自己的阵地,未广泛联系各方主体开放育人,全面合作的协同育人局面就无法形成。同时高职院校如果不能很好地利用自身前沿理论知识与企业加强技术合作与交流,主体责任就不能充分发挥。这造成了学生理论和实践相脱节,专业技能、综合实践素质和能力不能很好地提升,以及是高职院校教师进企业挂职锻炼及辅助研发、实践调研等活动的开展效果不尽如人意。

(四)企业协同培养职责履行欠佳

企业作为"双高"建设协同育人的主体,应为学生培育提供现实的真实场景,与高职院校在互利共赢的基础上,为学生实践能力培养做出一定贡献。然而在实际协作过程中,存在的问题依然突出。首先,企业往往没有树立承担高职教育协同育人的长远目标,然而此目标恰恰是多方协作的共同出发点,积极合作方能惠及协作体内的各方主体。其次,企业尚未能充分利用高职院校和学生的参与提升资源的利用效率及品质。双方尚不能充分把握前沿理论的新动向,不能及时调整教育及管理理念和教学方法,企业、职业教育改革和发展滞后于现实需求。最后,企业为了自身的生产经营目标,和出于安全管理的考虑,存在排斥学生来企业进行实习实训的现象,双方合作时往往是高职院校一头热。合作企业在专业课程建设、学生技能发展、项目研发等方面很少主动寻求高职院校帮助,未能充分利用多方协作育人的契机。

二、政策执行层面

政策执行需要集体合作。集体行动的逻辑是基于共同发展利益诉求,为共享资源引发的群体性合作需求和自我组织治理,无法仅靠一方的努力完成。由于各方支持性系统的模糊,外部宏观政策执行及内部合作的系统支持均不完善,"双高"建设协同培养依然停留在浅表层面。

(一)地方政府存在结构惯性

结构惯性理论是指组织不随竞争与合作的条件以及内部和外部环境的变化改变或调整原有状态。结构惯性虽然在特定阶段可以为组织特定运营提供必要支撑,但存在的弊端是由此产生的行为方式墨守成规,使组织失去积极探索的动力,也因此造成组织行为的路径依赖。地方政府是拥有稳定结构的组织,因其稳定性亦产生结构惯性,这是地方政府长期运行的结果,虽然这是在实践中证明有效的结构方式,使得其内部的人、财、物、信息等都能有序运作,但也进而造成组织行为方式的路径依赖。地方教育行政部门是教育部开展相关工作的受委托者及承担者,因此是"双高"建设协同培养计划的承担者,具有引领协调的重要职能,也是组织开展活动的有力执行者,其职能发挥了至关重要的作用。地方政府除了提供政策、资金支持外,也肩负着协调整合有限资源、发挥其最大利用效率、服务于组织内全体成员的职能。其主动作为及职能的有效发挥,能对组织的成效产生关键性的影响。但地方政府因其自身的结构惯性,导致其行为方式存在惯性,在"双高"建设协同培养过程中采用惯性工作模式,呈现非积极主动的工作形态。这种惰性最终影响"双高"建设协同培养的整体效果,导致组织协同运行的低效率,出现"双高"建设协同培养的组织结构松散,未能形成统一的管理委员会,成员间密切合作机制缺失,政策执行尚不到位等情形。

(二)制度不健全,政策执行不到位

在社会系统中,制度规定了人们的行动准则,并在共同体中通过博弈功能,以共同发展利益为根基,协调冲突、约束行为,减少不必要的内耗,使共同体内的成员行动能够遵循有一定合理性的规则。"双高"建设协同培养的支持性系统应明确并跟进实施制度。从政策执行角度看,大部分政府对"双高"建设协同培养政策的支持仅体现在初步的指导意见上,对各方合作的支持只是在部分政策文件中略加提及,并未高度重视各方合作对"双高"建设培养的重要性,对各方合作的支持更为有限。至于建立的多方协同实验区或实践基地,其运行效果亟待提升,虽然多方主体在合作协议中明确了一些支持性的条款,但经费问题依然是困扰各主体间协同运作的难题,政策及资金问题依然是阻碍多方协同培养的障碍。因此,协同培养仅仅是受政策牵引进行,很多内容都流于文件要求的表面,欠缺针对性的协同合作,各方支持性系统仍处于比较模糊的状态,无法对协同培养提供有力的支撑。"双高"建设协同培养运行模式存在一系列制约因素,需要多方协同、共克难关。

应用技能型人才培养政策执行情况直接关系到地区产业发展的未来。政策的贯彻执行是"双高"建设协同培养成功运行的关键,然而在如此关键的环节,"双高"建设协同培养也遭遇一定的困境。"双高"建设协同培养需要大量的人力、物力资源及时空保障,这些外部资源的支持和内部制度性、系统性的支持是"双高"建设协同培养有效开展的基础和保障。因此地方各利益相关方虽然给予了一定重视,但存在的问题依然亟待解决。在培养目标上,多方协同主体并未能按照政策部署推进,省政府和教育厅联合高职院校、下一级地方政府及企业的系列调研活动和联席会议未能有效开展,往往是高职院校单打独斗,自主确立学生培养目标,因此不能有效针对职业教育特点开展多方协同培养活动,科学合理地确定培养目标。在培养模式和培养规格上,确立以高职学生为主体的培养对象,但未能根据地方实际发展需求采取动态的课程标准,以实时跟进人才培养需求的变化。至于后续的考核筛选以及人才分配方式,均由某一方或两方确立,双导师制度执行不够彻底,双方跟踪培养效果不佳。此外,具体的政策和立法不完善,"双高"建设协同培养缺少首要条件和基础,对"双高"建设协同培养造成了一定阻碍。相关政府部门并没有从政策和法律上完善多方协同培养制度支持和保障体系。出台的相关政策和法律文件中,多有方向性说明和宏观层次的描述,有的文件更是一句话一带而过,缺乏具体说明和细则,因此出现培养目标不清晰、标准制定不明确、内容规定不系统的问题。

(三)高职院校对相关政策执行的推进作用不突出

"双高"建设协同培养过程中,高职院校承担着主导作用,因此应发挥政策执行的关键推进作用,做连接各个协同主体的关键纽带。高职院校在协同培养中应带动并持续推进多方协同的发展进程,但实际运行中高职院校对相关政策执行的推进作用发挥欠佳,其协同培养的主导地位尚需进一步明确。地方高职院校对"双高"建设协同培养的支持停留在浅表层面,以实践内容协同为主,教研协同、资源协同尚未发挥应有功效。将焦点仅仅局限于实践基地的建设、技能型人才培养,而对其他作用的充分发挥并未关注,主体间的实际协同建设不足。高职院校对相关政策的执行推进作用有所欠缺,不能有效发挥核心主导作用,因此协同发展深度融合的实践亟待推进。学校作为"双高"建设协同培养的主体,应提供足够的资源性、技术性及条件性支持,形成多方互利的公共平台,而不是只进行浅表的合作,缺乏系统的执行方案。

(四)企业执行政策的主体作用发挥不充分

按照"双高"建设协同培养政策要求,企业是"双高"建设协同提升学生实践技能的重要主体,然而其主体作用发挥尚不充分,多数自我定位为配合角色,并受传统观念影响,认为培养学生的职责应该由高职院校主要承担,因此缺乏协同培养的有效动力。一方面是由于担心联合培养或参与培养的学生日后不能服务于本企业;另一方面害怕承担相应责任影响企业生产进程,带来不必要的负担。因此,企业对于学生实践基地建设、实践课程体系确立、实习见习安排等参与不多,学生实践技能培养中主要责任落在了高职院校身上,企业责任有待加强。

三、评价考核层面

评价考核是确保资源和政策有效发挥其功效的重要方式,在当前"双高"建设协同培养过程中,各参与主体处于探索发展阶段,需要各主体积极发挥自我评价考核及互相监督职能,及时纠偏。评价考核应对标新时代教育评价改革需求,细化评价指标,完善评价体系,强化落实执行,并及时进行监督反馈。同时,要提供相应的保障机制,以保障"双高"建设培养质量。若要完善高职教育协同培养的考核与评价机制,就必须完善相应的评价体系和系统。系统不是各要素简单相加,而是按照一定规则相互联系,相互作用,互相牵制、彼此激励的有序组织。这种科学有序的相互联系,相互作用,互相牵制、彼此激励的作用方式便是系统的结构的影响因素。系统的有效运作不仅由系统要素决定,系统的组织结构也起到了关键作用。系统要素相同,组织结构不同,其最终效能会受到巨大影响。"双高"建设协同培养既包含主体要素,又包含子要素,若要充分发挥"双高"建设协同培养的协同效应,其组织结构及要素间的关联,彼此的渗透、激励尤为重要。这表现为组织内部的有效分工与整合,即各种操作过程朝着专业化方向努力,最大限度地实现单元化、标准化,保障职责清晰、各负其责,通过不断优化系统内部生态,保障组织的可持续发展,这也是考量组织绩效的重要指标。

(一)"双高"建设协同培养考核评价机制有待完善

学生以及学校的培养目标、方式等能否满足企业要求均需要考核评价机制予以评判。然而"双高"建设的培养过程及培养质量的评价考核尚不完善,联席会议、第三方评价、"双高"建设协同培养委员会评价机制欠缺。而且"双高"建设协同培养教育经费保障的监测和评价体系尚未建立,政府尚未按照一定的标准和检测评价体系对高职院校和企业合作方专项教育经费的使用情况进行跟踪监督,经费使用效益有待提升。资源平台保障对于"双高"建设协同培养的稳定性和持久性具有关键影响。长期以来,学生职前培养、入职培训和职后进修独立运行,彼此处于分离和脱节的状态,导致教育资源在互联互通过程中存在障碍,相应的考核评价机制尚待完善,以确保资源的共享融通。

(二)"双高"建设协同培养质量评价标准及评价方式不健全

标准为"双高"建设协同培养教育质量的提升提供了起点和依据,同时也是培养过程中的方向标和评价指标。然而针对"双高"建设协同培养的相关标准尚未出台,这造成一定程度的协同培养方向的模糊性和盲目性,以及对培养规格的制约性。培养质量标准是对协同培养过程监督的重要依据,也是培养效果的考核评价的核心要素。标准的欠缺对"双高"建设协同培养的开展会造成巨大的困扰,导致培养效果评价的随意性。至于学校的评价指标,则应以教师和学生的评价指标为基础,对学校教育理念、立德树人水平、基础设施、人文环境、教育生态等维度设置具体的评价指标。评价应以自评为基础,通过数据分析,由专门的评价机构通过各项评价指标进行科学有效的评价。对于学生协同培养的效果也缺乏协同合作体的联合评价与考核,往往是由学生的校内导师与企业导师分别评价给予鉴定,对于学生的成长发展实效缺乏有效的评价考核手段和方式。另外,对导师的评价与考核仍需进一步深化,要促进教师积极投入"双高"建设协同培养进程,并不断提升主动作为,积极奉献于此项事业,提高自身的责任感与使命感。

(三)评价反馈机制欠佳

尽管"双高"建设协同培养各方主体对"双高"建设协同给予了一定的重视,但由于缺乏相应的监督反馈机制,使得协同培养依然在摸索中前行,尤其评价反馈机制亟待完善。首先,各方主体在"双高"建设协同培养中各负其责,但由于缺乏具体的激励和评估反馈机制以及相应的考核标准,同时动态性的考核过程有所欠缺,联席会议、第三方评价、"双高"建设协同培养委员会等制度也欠缺,协同培养过程缺乏有效监管,致使协同培养随意性较大。其次,多方主体联合评价需完善。学生的实习需要多方主体联合进行全过程的评价考核,才能确保实习实效的有效提升。多方主体联合评估应该包括自我评估、同伴评估、导师评估等,以保障评估结果的科学准确性。多方主体评价还包括导师与实习生的互评,以考量学生的实习状况和指导老师指导的有效性及双方的满意度,形成互评互进的制约体系。最后,全过程评价也亟须完善,尤其在事前评价和过程评价方面,应结合动态化考量保障实习的成效,针对问题及时改进。"双高"建设协同培养评价反馈机制不健全,缺乏协同培养委员会等组织机构的多方评价,评价不够深入,指导教师对学生单向评价,甚至会出现指导教师懒于评价应付了事等现象。由于协同培养评价与考核机制的不完善,"双高"建设协同培养质量不高,改进空间依然很大。只有通过不断改革"双高"建设协同培养机制,才能实现知识传授、价值塑造和学生能力培养的高度统一,形成全员全程全方位育人大格局,[1]不断提升职业教育质量。

---

[1] 卢晓中.基于系统思维的高质量教育体系构建与教育评价改革——兼论拔尖创新人才培养的系统思维[J].国家教育行政学院学报,2021(7):10.

第二节
"双高"建设评价要点分析

从"双高"建设的建设目标来看,新政策突出强调了"双高"建设中教育质量评价要点:一是涉及内涵发展;二是对经济社会发展的支撑;三是建设具有世界性引领作用的制度、标准和资源。

一、质量持续提升有效解决高职内涵发展问题

2014年,《国务院关于加快发展现代职业教育的决定》提出建设世界一流的职业院校和骨干专业的目标,这为高职院校发展提出了国际化发展目标。在此基础上,不断优化发展,持续提升,提出了"双高计划"的初始设计。2015年,《高等职业教育创新发展行动计划(2015—2018年)》提出示范引领,发挥示范性高职院校的作用,不断创新发展,鼓励地方建设一批优质高等职业院校,为"双高"建设奠定了前期基础,并进行了一定的现实部署和实践探索。2019年,在优质高职院校建设的基础上,进一步提升高职教育发展水平,国家正式启动实施"双高计划",提出"引领改革、支撑发展、中国特色、世界水平"的目标。

"双高"建设强调"引领改革",就是要通过高等职业教育的持续改革,促进人才培养模式的不断改进。其质量评价的要点在于高职教育人才培养和技术研发等能否带动产业整体创新发展,有效解决高等职业教育高质量持续改进的内涵发展问题。在"双高"建设背景下,高职院校面临人才培养水平持续提

升,充分挖掘办学特色、国际化发展、院校治理水平和社会服务能力及其贡献度提高,专业动态调整以及专业群建设顺应区域产业发展等多方面的挑战。这要求高职院校以"双高"建设为契机,以服务地区产业经济发展为目标和以高质量发展为根基,持续提升应用技能型人才培养质量,建立科学合理、动态发展,并能够彰显自身特色的高职教育质量评价体系,有效带动产业升级和区域发展,为国家和区域经济发展贡献更大效能,形成高职院校高质量发展集群,以强带弱,协同共进,促进整体水平持续提升,共同完成高水平建设目标。

二、支撑和引领区域产业发展

"双高"建设目标是发挥高职教育支撑区域经济社会发展的职能,其质量评价的要点在于高职教育发展对于社会的贡献度,以及能否支撑和引领区域经济社会发展转型,即立足地方经济社会发展和区域产业升级需要,尤其是针对当前就业结构突出的矛盾,人才供给与需求不匹配的问题,调整学科布局,优化相关专业,淘汰不适应现实发展的专业,培养适应产业升级需要的高素质技术技能人才,充分发挥技能型人才人力资源保障、支撑产业发展的功效。"双高计划"的分类布局,第一轮"双高计划"将建设立项单位划分为高水平学校和高水平专业群两类,从学校和专业两个层面进行评价。一是从整体上提升学校建设质量和水平;二是重点建设具有一定特色能够发挥引领支撑作用的专业。这表明被认定为高水平的高等职业院校,其专业不一定全部是高水平专业,但学校整体建设水平相对较高;被认定为高水平的专业群,其学校不一定是高水平学校,但专业群建设具有一定的引领示范作用。"双高计划"项目以学校为单位,发挥学校的整体优势和专业群的引领作用,发挥专业的集群效应,同时根据建设立项单位的不同层次和水平,将其划分为A、B、C三档,以便扶优扶强,并评定为不同的质量等级,有重点地建设一批顺应科技发展和市场需求,体现新时代教育教学改革特色,具有一定优势,在国内具有引领作用,同时在国际具有一定竞争优势,能达到国际领先水平的一流高水平职业院校和专业群。

三、建设在国际上具有一定影响力的制度、标准和资源

根据"双高"建设计划,到2035年,在我国建成一批达到国际先进水平,引领职业教育发展的高等职业院校和专业群,为区域和国家经济发展,提高国家竞争力提供有效的人力资源支撑。持续推动高职教育走出去,促进其国际化发展水平,以鲁班工坊为引领,提升对外开放水平,充分发挥中国大国工匠的作用,做好海外传承与发展,让中国职业教育名片持续名扬海外。因此,推动高职院校建设具有中国特色和国际影响力的制度、标准和资源,使其不但具有硬支撑,而且具有软支撑,充分发挥制度、标准、资源的规范、科学、有效、丰富的作用。

"双高"建设以"中国特色"为根基,立足中华职业教育底蕴,其质量评价的要点在于以特色为引领建设一批具有国际影响力先进的制度、标准和资源。通过制度、标准的规范与科学化运作,积淀优质的高等职业教育资源,更好地服务于中国乃至全世界,形成具有鲜明中国特色的职业教育发展模式,持续发展提升,并能以高水平的职业教育回馈中国经济社会发展。所谓"世界水平",即通过扶优扶强,优先发展,引领示范,发挥"双高"建设的"高精尖"职能,建成一批具有国际引领作用的高水平高等职业院校和专业集群,使若干制度、标准、资源等走向国际,达到国际领先水准,拥有一定的国际竞争力及话语权。[1]

---

[1] "双高计划"的政策意蕴[EB/OL].(2020-09-28)[2023-08-11].https://www.ahsdxy.edu.cn/sgjs/info/1003/1009.htm.

第三章 "双高"建设中存在的问题分析

"双高"建设中存在的问题主要表现在标准体系与评价问题和制约"双高"建设发展的关键问题。具体表现为：标准体系建设及认证工作有待加强，院校运行的科学性、规范性有待提升；评价职能发挥不充分，本科层次职业学校发展受制约，高职院校规模标准设定不尽合理，资源共享机制欠缺，高职院校定位及教师评聘存在偏差，服务缺乏充分的信息和技术支撑；院校内外部条件保障不足，学生应用技能水平有待提升；发展模式趋同，职业资格认证的一体化进程缓慢；等等。

第一节
"双高"建设标准体系与评价问题分析

"双高"建设虽然取得了一定成绩，但是在其高质量发展中存在的问题也不容忽视。通过调研和数据分析发现我国高职院校高水平建设标准体系与评价中存在的主要问题可以归纳为以下方面。

一、标准体系建设及认证工作有待加强，院校运行的科学性、规范性有待提升

高职院校专业教学标准是保障教育教学质量的重要手段，对于培养高素质的应用技能型人才具有举足轻重的作用。专业教学标准的确立，有助于规范教学内容、优化课程体系、提高教师教学水平，从而使学生能够更好地掌握专业知识和技能。专业教学标准作为教学的基本准则应体现其规范、科学、严谨的属性。然而，当前我国高职院校专业教学标准存在一定的问题，影响了人才培养质量和教育教学改革的发展。纵观现有高等职业院校专业教学标准，主要存在以下问题：

首先，各专业的规范性不足，标准的体例各异，专业教学标准有待进一步规范。一方面原因是部分高职院校对国家发布的标准理解不深，导致在制定本校教学标准时出现偏差；另一方面原因是，院校之间的沟通不足，使得教学标准存在重复、矛盾的现象，这使得教师在教学过程中难以准确把握教学目

标,影响教学质量。

其次,在严谨性、科学性方面也存在一定问题。部分专业教学标准制定略显随意,缺乏充分的市场调研和行业企业参与,导致教学内容与实际需求脱节,学生毕业后难以胜任工作岗位,影响高职教育人才培养目标的实现。各专业教学标准制定水平存在一定差距,与其中较为规范、严谨、科学、翔实的专业教学标准对比,部分专业教学标准相形见绌,有待改进。尤其涉及核心课程环节,部分专业的核心课程不明朗,实施过程中容易出现偏差。此外,部分专业教学标准内容表述有待规范,重点不突出。

再次,在现有标准的落实中存在落实不到位、执行力度不足的问题,使得教学目标、课程设置、教学质量评价等方面存在较大随意性,影响了高职院校高水平建设的推进。一方面是,标准体系在实施过程中存在一定的滞后性,不能及时响应高职教育发展的需求。另一方面是,管理制度仍不够完善,一些高职院校在管理制度上存在漏洞,如教学质量监控体系不健全、课程设置与产业发展脱节、师资队伍建设滞后等,这些问题导致高职院校教育教学质量难以得到有效保障,最终导致专业教学标准未能落到实处。并且,部分高职院校的评价体系仍然不合理,主要以量化指标为主,较少关注学校内涵建设和人才培养质量,可能导致高职院校过度追求短期目标,忽视长远发展,进而影响专业标准的整体建设质量。

最后,《工程教育认证标准》提出了所有拟认证工程专业人才在知识、能力和素质上培养达标的标准,导致有部分拟认证院校工程专业院系将认证标准中的"毕业要求"作为专业发展的终极目标,而忽视了本专业人才培养的优势和特色,从而可能导致人才培养的同质化。中国《工程教育认证标准》对工程人才培养的课程类型、名称、内容、学分等均做出了具体规定,作为人才培养目标实现的课程体系,过度规范和精细要求,往往会对课改和教改造成一定的障碍,不利于课程和教学的不断创新发展。《工程教育认证标准》本身适用于普通本科专业,但对于工程类本科层次职业学校的规范运作具有积极意义,也对拟认证专业院系灵活、自由地开展工程教育教学改革和实践造成了一定的制约。拟认证专业院系往往将主要精力聚焦于标准体系的达标上,从而忽略了本专业的创新发展,甚至惧怕因创新而导致不良后果。工程类高职院校若仅仅将达到通过工程教育认证的标准作为工作的目标,则对工程专业的建设和发展不能产生积极的作用,尤其是对发展水平较高的院校而言。办学时间不长的高等职业院校就更容易形成同质化发展倾向,以认证标准为准绳,进行规范标准化运行,而忽略专业的特色发展,各院校同一专业教学标准同质化,制约创新型人才培养。①

二、评价职能发挥不充分,高职院校发展受制约

以现有高职院校标准为例,指标划分为4大类,下设6个一级指标,指标划分过于粗略,办学评价缺少办学机制(水平)、办学特色、社会评价等评价指标,效果评价仅设置教学效果评价指标。社会评价的范围应更加广泛,不仅有教学的评价,还包括学校和师生的评价,尤其是对教育培养对象学生的最终培养质量的评价更应交给社会和第三方,这样才能更加客观。

本书将高职院校通用验收标准指标划分为4大类9个一级指标,使标准更加全面,涵盖面更广。如图3-1所示:

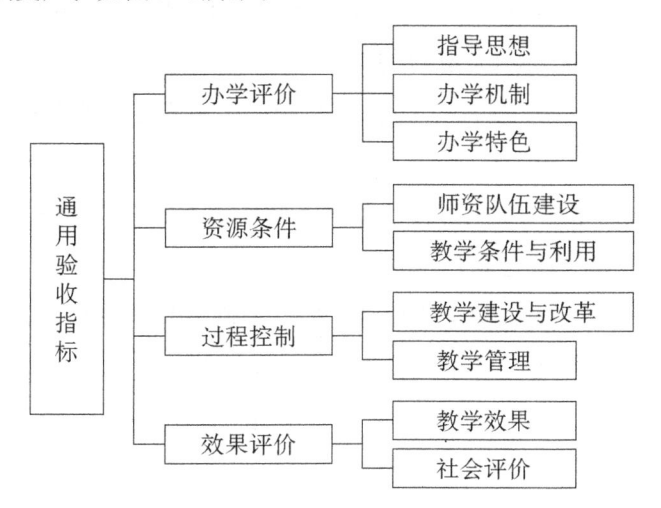

图3-1 高职院校通用验收标准指标

其中,对合格院校评价时一级指标办学特色一项可去掉,一级指标变为8个。对高水平的高职院校而言办学特色指标则必须保留,一级指标为一共9个。

---

① 林健.工程教育认证与工程教育改革和发展[J].高等工程教育研究,2015(2):13.

此外,高职院校高水平建设验收评价指标也需进一步细化,并根据需要和发现的问题及时进行改进和修正。高职院校必须不断提升人才培养质量,加强社会服务,不断改进评价与监测指标体系。尤其对于本科层次职业学校来说,针对高等职业教育转型升级需要,相关指标应及时做出更正与改进。就高职院校本身而言,应针对国家和省级的高等职业教育验收标准,及时修订和进一步细化内部评价指标,提高人才培养和校本建设水平。不断提升高职院校评价的信度和效度,才能真正发挥以评促建的功效。

目前高校的验收(评估)标准主要是针对普通本科院校和高职院校,本科层次职业学校的评价指标体系亟待完善。在国家大力发展高等职业教育的背景下,应该尽快完善相关工作,以提高评估的针对性和有效性。

此外,由于认识上的偏差,高职院校的评价导向职能未能充分发挥,高职院校与普通学校相比具有重要辨识度的实习实训、实践和应用性研究以及研究成果的应用与转化等职能未能得到充分开发。这在新转型发展的高职院校中表现尤为突出,导致高职院校转型艰难,因此政府部门或行业组织(即相关的第三方评价组织)必须加强监管,通过科学评价引领高职院校高质量发展,不断推进高等应用技术技能教育的社会化进程。

高职院校评价职能发挥不充分,明显制约了高职院校的发展,高职院校在转型过程中面临诸多困难。这主要表现在宏观和微观两个方面:

从宏观方面来看,高职院校评价职能发挥不充分影响了学校的办学定位和特色、教学质量和研究水平,以及社会服务能力。

第一,高职院校的办学定位和特色难以明确。由于缺乏科学、合理的评价体系,高职院校在转型过程中对自身的办学定位和特色认识模糊,难以形成独特的教育品牌。这不仅影响了学校的发展方向,也制约了其在高等教育领域的影响力和竞争力提升。

第二,高职院校的教学质量和研究水平难以提升。由于评价职能发挥不充分,高职院校的教学质量和研究水平缺乏有效的监督和引导。这导致学校的教学和科研工作难以与市场需求、行业发展趋势相匹配,进而影响学校的整体发展水平。

第三,高职院校的社会服务能力难以发挥。高职院校的办学宗旨之一是服务地方经济社会发展,但由于评价职能的缺失,高职院校在服务地方的过程中缺乏有效的评价和反馈机制。这使得学校在服务地方的过程中难以充分发挥自身优势,影响了学校与地方合作的深度和广度。

从微观方面来看,高职院校评价职能发挥不充分使得其与普通高等学校相比具有重要辨识度的实习实训、实践和应用性研究以及研究成果的应用与转化等职能未能得到充分开发。

第一,高职院校在实习实训、实践和应用性研究方面投入和开发力度不够。由于对高职院校的办学特点和优势认识不足,现有的评价标准往往偏重于理论教学和学术研究,而忽视实习实训、实践和应用性研究的评价。这导致高职院校在这些方面的投入和开发动力不足。

第二,高职院校实践教学质量有待提升。现行的评价体系中,对实习实训、实践和应用性研究的评价方法较为单一,通常以传统的考试、考察等方式进行,无法全面反映学生的实际操作能力和应用技能。缺乏对教师实践指导能力的评价,导致教师对实践教学的重视不够,教学质量难以保证。

第三,高职院校学生实践能力和素养未得到充分培养。由于评价职能发挥不充分,高职院校的办学导向容易偏重于理论教学和学术研究,而忽视与行业企业的合作和实践教学。这导致高职院校的实践教学资源和实践教学平台有限,学生的实践能力和职业素养得不到充分培养。

第四,高职院校实践教学缺乏有效的持续反馈和改进机制。现有的评价机制中,对实习实训、实践和应用性研究的反馈较为缺乏,学校无法及时了解学生的学习情况和行业需求,进而不能准确调整教学计划和研究方向。缺乏对教师实践指导能力的反馈,教师无法及时了解自己的不足之处,也无法确定改进实践教学的方法和手段。

因此,需要加强高职院校的评价体系建设,制定科学、合理的评价标准和方法,并建立有效的反馈机制。同时,政府、行业和社会也应加强对高职院校的监管和支持,推动高职院校与行业企业的深度合作,提升实践教学和应用性研究的质量和水平。只有这样,才能充分发挥高职院校应具有的职能,提升其整体办学水平和竞争力。

第二节
制约"双高"建设发展的关键问题分析

制约高职院校高水平建设的关键问题主要有院校规模、人才培养、资源共享机制、院校定位、教师评聘、高质量就业、条件保障、校企合作、职业资格认证等。

一、高职院校规模标准设定不尽合理,资源共享机制欠缺

(一)高职院校规模标准设定问题

高职院校作为教育体系的重要组成部分,其规模标准设定对于院校的发展具有重要意义。然而,当前高职院校规模标准设定存在一定的不合理之处,这对院校的可持续发展产生了负面影响。第一,我国高职院校规模标准设定的动态调整机制不健全。随着社会经济的发展和产业结构的调整,高职教育的发展需求也在不断变化。然而,现有的规模标准设定未能及时跟上这些变化,导致部分高职院校规模与发展需求脱节。按照现行《高等职业学校建设标准》(建标〔2019〕86号),普通高职院校办学规模按人数划分为3个等级,分别是5000、8000、10000。伴随高职院校的持续扩招,高职院校办学规模发生了很大变化,学生人数增长较大,因此办学规模标准有待重新划分。据教育部统计数据,高等职业教育招生人数呈现逐年递增态势。另外,3个层级之间的差值也

不尽合理,有待根据现实的发展变化进行重新测算和确定。第二,当前高职院校的规模标准设定过于注重硬件设施,如土地面积、校舍建筑面积、教学仪器设备等,而忽视了软件条件,如师资队伍、教学质量、科研水平等。这种偏向导致了一些院校过度追求规模扩张,却忽略了教育质量的提升。第三,高职院校的规模标准设定缺乏区域差异考虑。不同地区的经济社会发展水平、教育需求和人才市场需求存在较大差异,但目前的规模标准设定未能充分体现这些差异,导致一些地区的高职院校规模扩张过快,而另一些地区的高职教育资源却得不到有效利用。

近年来,随着我国经济的快速发展,教育事业也取得了显著的成果。在这个过程中,高职院校的数量不断增多,规模不断扩大,以满足社会对技能型人才的需求。然而,在这一过程中,一些问题逐渐显现出来,如规模的过度扩张导致教育资源分配不均、质量下降等问题。因此,对高职院校规模标准进行合理设定显得尤为重要。一方面,这有利于院校之间的竞争和合作。同时,合理的规模标准可以促使院校根据自身优势,探寻特色化、差异化发展路径,提高教育质量。另一方面,合理的规模标准有助于优化教育资源配置,提高办学效益。此外,规模标准设定还可以为政府宏观调控提供依据,确保高职教育健康、可持续发展。

当前高职院校规模标准设定不尽合理,其主要成因有以下几点。一是政府干预过度。政府在设定规模标准时,往往过于关注院校的数量和规模,而忽视了院校的内涵建设。这导致一些院校为追求规模扩张,忽视了教育质量的提升。二是院校自身利益驱动。一些高职院校为了获得更多的政府补贴和优质教育资源,盲目扩大规模,甚至通过合并、收购等方式迅速提升规模。这种做法容易导致院校间的同质化,降低整体教育质量。三是社会舆论影响。社会舆论对高职院校规模评价时往往过于关注数量和规模,这给院校带来了较大的压力。为了迎合这种舆论,一些院校不得不追求规模的扩张。四是监管机制不健全。在高职院校规模标准设定过程中,监管机制不健全,一些不符合条件的院校依然可以迅速扩张,这进一步加剧了规模不尽合理的问题。

(二)高职院校资源共享机制问题

高职院校资源共享机制是指在高职教育体系中,通过优化资源配置、提高资源利用效率,实现院校内部及各院校之间教学、科研、管理等方面资源的共享。资源共享机制对于提升高职教育质量、强化办学特色、促进院校之间交流合作具有重要意义。我国当前地方产业园区在资源共享机制指导下建立,在国家政策激励下获得了蓬勃发展,对于促进地方产业发展发挥了重要作用,但在与高职院校共享资源方面仍然存在诸多问题。

第一,资源共享机制政策及实施方面。近年来,政府出台了一系列政策支持高职院校资源共享,如《高等职业学校建设标准》等。各地高职院校积极响应,制定了一系列实施方案,但仍有部分地区政策落实力度不够,实施效果尚不明显。并且《高等职业学校建设标准》还有待进一步完善,其中只强调了统筹规划公共设施,未对公共教学设施及资源的统筹规划进行规制。

第二,资源共享内容与范围方面。目前,高职院校资源共享主要涉及教学资源、科研资源、人力资源等方面。然而,资源共享范围有限,跨区域、跨院校的合作较少,资源利用效率不高。高等职业技术教育园区或者是高等职业院校与产业联合创建的园区数量相对有限,即便应景建立了园区,园区的使用率尚待提升,需要采取一定措施发挥其真正功效。

第三,资源共享机制运行效果方面。高职院校资源共享机制在一定程度上提高了资源利用效率,但受限于政策落实、合作机制等因素,运行效果仍有待提高。尤其是相关专业院校一定区域内教学资源共享机制有待改进,部分院校之间合作不够深入,很少利用特色及发展优势共享资源,很少将优质教学资源通过共享普及更多院校,资源共享机制未能充分发挥作用。

上述问题产生的原因有如下几点。首先是历史方面,长期以来我国高职院校各自为政,资源配置存在很大的局限性,资源共享意识较弱。其次,政策制度因素对资源共享机制的建立与完善具有重要影响。在国家层面,相关政策法规的制定和实施不到位,导致资源共享机制的建设缺乏政策支持。再次,教育资源配置机制不健全,使得优质资源难以实现有效共享。最后,信息化水平参差不齐,也成为制约资源共享的重要因素。解决上述问题的思路是要加强政策法规建设,为资源共享提供制度保障;增强高职院校资源共享意识,推动校际合作;加大信息化建设投入,提升资源共享的硬件条件;优化教育资源配置,提高资源使用效率;加强师资队伍建设,提升教育教学质量。

二、高职院校定位及教师评聘存在偏差,服务缺乏充分的信息和技术支撑

(一)高职院校发展定位偏差

高职院校,尤其是新转型发展的本科层次职业学校在院校定位上往往未能摆脱原有发展模式的束缚。关于人才培养模式调查问卷统计结果显示,各类培养模式占比排在首位的依然是课堂教学(占比75%);关于高职院校与普通高校是否存在区别的调查中,学生给予肯定回答的比例占76%。在行业竞争日趋激烈的大背景下,高职院校未能彻底转变原有发展模式,发展定位与实际运行存在偏差,造成学生实践能力欠缺,技能水平和综合素质有待提升。通过访谈发现,部分学生自身也未能充分利用学校提供的教育平台来提升自身技能水平。存在的上述问题主要反映了高职院校在以下五个定位上的偏差。

一是办学定位偏差。部分高职院校在发展过程中,没有充分考虑自身优势、区域经济需求和行业发展趋势,导致办学定位偏差,影响了人才培养质量和学校的发展。二是人才培养目标偏差。部分高职院校在制定人才培养目标时,过于关注学术成果和就业率,忽视了职业技能培养和素质教育,使得人才培养目标与实际需求存在一定程度的偏差。三是专业设置定位偏差。一些高职院校在专业设置上存在盲目跟风现象,热门专业扎堆设置,而忽视了自身特色和区域产业需求,导致专业设置与实际需求不符。四是教育资源分配偏差。部分高职院校在教育资源分配上,过于侧重理论教学,忽视实践教学,导致学生实践能力不足。同时,部分学校在师资队伍建设上也存在一定程度的偏差,如过于追求高学历、忽视双师型教师的培养等。五是产学研结合偏差。部分高职院校在产学研合作方面,与企业、产业界的联系不够紧密,导致学校教育与实际需求脱节,影响毕业生就业质量。

(二)教师评聘偏差

从我国高职院校教师评聘制度的发展历程来看,经历了从无到有、从简单到复杂、从粗放到精细的过程。早期的高职院校教师评聘主要以教学水平和学历为主要评价标准,随着时间的推移,评聘体系逐渐增加了对教师科研成果、社会服务、实践能力等方面的要求。高职院校教师评聘体系是衡量教师职业素养、教学能力和研究成果的重要手段。然而,在实际操作过程中,该体系却存在诸多问题。

首先,评聘体系不够完善。在现有的评聘体系中,对教师的学术成果、教学质量、科研能力等方面都有所涉及,但未能突出职业教育特色。受传统学历、职称观念的影响,大多数高职院校教师聘任标准依然以学历学位、教学能力、企业经验和科研能力为主,对于实际技能考核和职业资格证书方面的要求较少。关于教师考核评价指标,教学和科研排在首位,紧接着是社会服务,与普通本科院校评价趋同,实习实训等在高等职业教育院校中应具有重要辨识度的关键技能指标的权重有待提升。这种评聘制度在很大程度上与高职院校的发展目标、人才培养定位不符,导致部分教师在评聘过程中感到困惑。此外,评价过程中,部分评价指标过于注重数量,忽视质量,使得一些教师为了追求评聘指标而忽视教育教学的本质。

其次,评聘过程中部分院校制度存在显失公平性问题。在一些高职院校中,评聘过程中的人际关系、院校背景等因素对教师评聘产生较大影响,使得部分优秀青年教师在评聘过程中受到不公平待遇。

再次,评聘制度与教师职业发展规划不够契合。部分高职院校的评聘制度过于注重短期成果,忽视教师的长期发展。这使得一些教师在评聘过程中产生焦虑情绪,无法专注于教育教学和科研工作。

最后,评聘后的激励措施不足。在评聘完成后,部分高职院校对获得高级职称的教师缺乏有效的激励措施,使得这些教师在评聘后的工作积极性受到影响。

(三)高职院校学生就业服务缺乏信息和技术支撑

关于学生就业难的问题调查,多数被访者认为是由于高职院校学生的求职期望过高,脱离实际,或者是由于学生缺乏工作经验,尚未达到企业的岗位要求,以及结构性失业问题突出;还有少部分被访者认为近年来企业对较高职业能力或专业技术人才的需求有所下降,对学生而言就业信息来源有限,以及信息渠道不畅,相关利益方尤其是学生和企业之间的沟通渠道有限。调查显示,以"大数据"为支撑的就业服务信息一体化平台尚不完善,学生获取就业信息手段依然有限。关于获取就业信息渠道的调查,多数人选择了招聘会,尤其是校园招聘会、政府组织的大型招聘会以及就业网站,另有少数被访者选择了熟人介绍、就业信息布告栏、媒体广告等。以"大数据"为支撑的就业服务信息平台在高职院校分类就业服务的专业性、信息资源的分类与整合、信息构建的科学合理性等方面依然有较大改进空间。此外,相同层级和类别的高职院校,就业领域存在一定的相关性,但信息共享机制缺失,缺乏政府相关部门的统筹协调以及监督和保障。

高职院校学生就业服务缺乏信息和技术支撑,导致了毕业生在求职过程中面临诸多困难,信息和技术支撑在就业服务中的重要性不容忽视。首先,信息和技术支撑能够帮助高职院校收集和分析海量就业数据,为学校提供有针对性的就业政策制定依据。通过掌握各行业的人才需求、毕业生就业去向、薪资待遇等方面的信息,学校可以更好地调整专业设置、课程体系和教学内容,为学生提供更加符合市场需求的职业技能培训。其次,信息和技术支撑有助于提升就业服务的质量和效率。借助现代信息技术手段,学校可以搭建线上线下相结合的就业服务平台,为学生提供一站式、全方位的就业服务,如举办网络招聘会、开展线上职业测评、提供远程面试培训等,这些措施都能有效提高毕业生的就业竞争力。最后,信息和技术支撑还能够助力高职院校加强与企业、行业和社会的合作。通过与企业共建实习实训基地、开展产学研项目合作等方式,学校可以为学生提供更多实践锻炼和就业机会。同时,加强与行业和社会的联系,有利于拓宽毕业生的就业渠道,提高就业质量。

当前我国职业院校在就业工作上缺乏信息和技术支撑的主要原因，一是思想认识不到位，对信息和技术支撑的重要性认识不够；二是资金投入不足，导致信息化建设滞后；三是人才队伍缺乏，难以满足信息化建设的需要；四是体制机制不健全，制约了信息和技术支撑在就业服务中发挥作用。未来，要进一步提高认识，明确信息和技术支撑在就业服务中的战略地位；加大投入，确保信息化建设所需资金和人力资源；完善体制机制，推动信息和技术支撑在就业服务中广泛应用；强化队伍建设，提高就业服务人员的信息化素养。

三、院校内外部条件保障不足，学生应用技能水平有待提升

通过年鉴数据分析，伴随高等职业教育院校规模的扩张，其财政保障存在一定压力，教职工的工资及专任教师的科研经费和国家财政性教育经费未能伴随高职院校规模的扩大同步增长，高等职业教育院校规模扩张与发展效能和发展质量之间存在一定矛盾，因此在适度扩张（既包括院校数量的增加，也包括学校规模的扩大）的基础上，需要一定的内外部保障条件来确保学校发展效能和发展质量的提升。调查量表的实证研究中也证明了学校培养条件对学校发展效能的显著正向影响关系[1]。

中央财政资金导向功能发挥了一定作用，但仍需进一步加强，尤其是省级和各地市级层面资金投入尚显不足。这在贫困和欠发达地区表现更为突出，这就需要中央有专项预算资金和转移支付专项资金，适度向贫困地区和欠发达地区倾斜。相比欧美发达国家，我国相关投入比例严重不足。教育投入的客观评估环节尚不健全，弱势群体的帮扶力度有待提升。同时，财政年度预算方式尚需改进，经费支出有待细化，互利共赢，共同发展机制亦不健全，有待完善。高职院校非政府投入经费的比例明显偏低，相关激励措施不到位，削弱了民间资本投资职业教育的积极性。此外，经费的筹集、统筹规划能力以及国家和省级层面的校企合作基地及重点培训项目建设尚需加强，相关培训机制有待完善。

---

[1] 苏兆斌,苏与晴.应用技术型高校发展因素分析及其科学发展建议[J].职教通讯,2019(19):9.

同时，多部门共同参与的常态化教育工作联席会议制度尚未建立，经费投入的全方位考察机制以及监督制约机制、协调均衡发展机制尚不健全。此外，职业教育投入急功近利的情况依然存在，公立院校市场竞争的机制有待完善。金融机构支持校企合作的信贷优惠政策尚待优化，尤其体现在需要通过法律保证金融机构为校企合作优先提供信贷业务等方面。

高职院校的软硬件设施整体来说尚不能满足学生应用技能培养需求，依然需要校企合作提供必要的支撑，尤其是校内实训基地建设亟待加强。当前我国高职院校实训基地建设经费筹措渠道较为单一，因经费不足导致基地不完善、设备陈旧、师资不足等问题突出。此外，公共培训服务平台不完善，尤其农村地区职业教育发展滞后，职业教育发展失衡。

校企合作作为高职院校条件保障的重要环节也存在一定问题。第一，我国当前校企合作缺乏一定的法律依据，相关的校企合作促进条例缺失。目前，我国还没有校企合作的专项法律，从已颁布的法律看，对促进职业教育发展的校企合作内容涉及甚少，颁布校企合作促进条例迫在眉睫。此外，在相关立法中，对行业组织的职能地位表述不清，制约了其功能的有效发挥。第二，校企合作保障水平有待提升，多方联动机制尚不健全。高等应用技能教育改革与产业对接不完善，行业、企业和学校的高等应用技能教育和培训职能水平亟须提高，行业协会、学会、商会等社会组织参与技能教育的作用不突出。

相关高校开展校企合作培训工作机制尚不健全，技能培训社会化进程缓慢。调查显示，高等职业院校未能利用自身的职业教育资源积极开展职业教育与培训，尤其是一些直接关系产业和企业生产转型升级的专业，未能有效利用专业优势开展培训工作，也未能很好地紧跟产业需求和产业升级需要及时进行相应的培训。培训过程中存在"走过场"的情况，师生的实践技能欠缺，学生不能满足企业和产业的生产实践需求，教师亦不能达到双师型教师的应有水平。在培训方式方面，课堂教学比例过大，培训的有效性有待提升。同时，企业应用技能教育和培训模式仍需持续改进，合作企业对人才培养的过程监督与评价尚显不足。课程标准、教学体系、实践教学、师资水平均存在一定问题。

此外，政府和企业在校企合作中的主体作用不突出，政府的引领和监督职能以及企业主动参与的热情均有待提升。校企双方融合互动机制欠缺,企业带动学校创新、创业实践能力有限。同时,校企合作资金有限,需要政府相关部门的支持与介入。政府对校企合作的投入和激励机制尚不健全,地市级政府的统筹协调能力有限,企业与学校资源的共享机制欠缺,资源利用效率不高。校企合作在教育督导评估中的权重有待提升,相关公开制度和相关考核奖惩机制有待完善。

专门针对校企合作的协调督导机构缺失,致使校企合作的服务水平有限。订单式培训服务尚需加强,校企双方交流合作尚不密切。高职院校未能及时跟进企业动态,人才培养与企业发展不同步。政府的校企合作公共服务平台及信息服务职能尚需改进,公共实践基地有限,不能满足应用技能培训需求。

关于校企合作存在的问题调查,如表3-1所示,问题主要集中在高等职业院校层面,诸如教师忙于教学,时间精力有限,同时由于自身能力所限,参与校企合作的热情不高;学生工学结合、顶岗实习时未到位;学校的技术研发能力以及社会服务能力不足导致被企业拒绝等问题。调查结果显示,校企合作主要问题不是由政府和企业造成的,大多是由高等职业院校造成的,同时,一些环境因素和生产因素也会影响校企合作。一些具体影响环节包括:所谓的双证、双师型教师,其实践经验有待提升,或者是虽有丰富的生产一线实践经验,但理论或教学技能方面有所欠缺。针对校企合作过程中理论与实践的同步问题,很多学校与企业的合作对理论与实践教学同步考虑尚不周全,不利于学生在学习一定的理论知识后进行消化和理解,让学生难以通过实践强化感性认识,无法增加理解深度。企业师带徒存在"走过场"的情况,一是师傅不用心,专心生产无暇顾及实习生;二是实习生自身问题,得过且过,不愿虚心请教;三是由于双方只是短暂的合作关系,彼此缺乏沟通和信任,一些师傅不愿意将自己掌握的全部技能传授给学生。也有一些企业把实习生当作廉价劳动力,让他们从事简单重复性体力劳动,技术含量相对较低,真正的技能学习及实践训练不足。此外,一些学校派出的实习带队教师仅仅是负责学生日常管理,不能有效地对学生实习实训工作进行有针对性的指导,严重影响学生在企业实习实训的效果。

表 3-1　校企合作存在的问题调查

选项	比例
A.学生顶岗实习不到位	44.83%
B.学校教师能力较差	42.53%
C.学校校企合作管理较为松散	35.63%
D.教师参与校企合作的积极性较低	50.57%
E.企业拒绝	24.14%
F.难以寻求稳定的合作单位	33.33%
G.政府支持力度不够	11.49%

四、发展模式趋同，职业资格认证一体化进程缓慢

各类高职院校发展模式趋同制约了职业本科学士学位教育的发展，与职业资格认证的一体化进程依然缓慢，均是急需解决的现实问题。由于原有教育体制与职业资格培养目标存在一定偏差，高职院校尚未完全适应转型发展的需要。高职院校依旧存在固有思想观念，一味追求学校自身发展，忽视了当前高级职业技能型人才紧缺的形势，进而未能贯彻学历教育与职业技能教育并重的政策。具体表现如下：其一，由于有些高职院校对于实行职业资格证书制度没有深层次的理解，在推行职业资格证书制度方面关注程度不够，对学历证书和职业资格证书不能同等重视。其二，职业标准与教学体系脱离。虽然高职院校在推行职业资格证书过程中探索出"双证融通"模式，并取得了一定成效，但是职业标准与日常教学内容的有机融合尚显不足，未能将职业资格认证和职业技能鉴定的标准融入培养目标、教学计划、教学大纲等之中，职教融通有待进一步改进。其三，专业设置和培养目标不能很好地对接职业资格认证。在人才培养目标上对职业资格认证的知识技能重视较少，对学生职业资格能力的提升有限。在专业设置上只是针对考证开展一些培训课程，教学内容与职业标准存在较大差距。同时，职业技能鉴定考核以技能操作为主，技能操作需要一定面积的操作场所和更为专业的实训基地，然而，一些高职院校无

论是实训场地还是实操设备都不能满足职业技能鉴定的现实需要。其四,教学资源不能满足职业资格教育要求。职业技能教育的深入进行需要"双师型"师资的支撑,虽然近些年来高职院校"双师型"教师队伍有所扩大,但是依然不能满足现实需要,生产技能型教师紧缺,制约了高职院校推进职业资格教育与职业学历教育一体化的进程。

至于学士学位,当前,教育部发布了职业本科学士学位对应表,明确了各专业授予的学位门类。职业本科学士学位教育同职业资格认证工作一体化发展亟待完善。职业本科学士学位教育与职业资格认证对接的机制尚未形成,职业本科学士学位与职业资格认证一体化培养基础尚显不足,相关整合机制有待进一步探究。职业本科学士学位授予标准与职业资格认证标准的对接与融合是促进二者一体化发展的关键所在。此外,高等职业教育院校在选择适合自身发展模式的基础上,应采用弹性学制满足不同技能培养的需求,保障学生的培养质量。虽然劳动部门对于社会化培训与资格认证体制予以了肯定,经劳动部门的严格审查后具有一定水平的学校,可获得认证资格,但是毕竟获得职业资格认证的高等职业教育院校数量有限,这个事实制约了高职院校职业资格认证与职业本科学士学位一体化发展的进程。

此外,在职业资格认证管理过程中,存在不规范情况,主要表现在管理规定和管理操作过程。管理规定的一致性问题,表现为职业资格证书的有效期和年审期限的规定比较随意。而对于职业资格证的期限的延续,提出的要求差别较大,有的需要继续教育审查,有的则需要重新考取。因此当证书拥有人不了解相关政策信息时,会导致资格证书过期,造成不必要的资源浪费。在职业资格认证的过程中,存在管理混乱情况,诸如"证出多门"的现象,在市场经济利益的驱动下资格认证把关不严,导致资格认证过程的利益化。而且,由于职业资格认证的培训、考核、鉴定等权力被某些部门、行业垄断,考生只有参加指定的培训班考试通过后方可取证,不利于充分利用高等职业院校的资源优势开展相关教育与培训工作。

职业技能鉴定的管理不规范,对职业资格证书的权威性和可信度均造成一定的负面影响,还导致了诸多问题的出现。其一,职业资格鉴定考核标准由于与市场需求脱节,不能有效联系企业生产实际,仅盲目升级或拔高鉴定要求,致使一些经职业资格鉴定后的技能很难派上用场,导致职业资格证书认可度降低。伴随行业的发展变化,社会分工日趋精细,职业类别也呈现具体化、多元化发展态势。由于我国当前一些行业标准执行时间较长,未能针对行业、产业的发展变化和转型升级及时进行有效改进,既不能满足现实生产需求,也不能对企业升级换代产生有效的激励作用,对于高等职业教育院校全面推行职业资格认证制度也产生一些不良影响,存在因知识陈旧而认可度低的情况。此外,考试内容多以基础理论知识为主,熟练掌握理论知识固然没错,但对学生应变能力和实践能力的考核尚显不足。其二,职业资格及职业技能鉴定管理不到位。一些鉴定机构追求职业技能鉴定的数量,对于鉴定的质量重视度不够,导致证书的含金量降低。职业资格认证的监管问题体现在没有严格执行职业资格准入制度,证书存在挂靠情况。企业为了获取行业资质、获取项目和接受资质审核,也存在借用证书情况。这些乱象严重影响了职业资格认证的效度,不利于应用技能型人才培养质量的提升。

五、国际合作与交流评价监测机制不健全,交流效果不理想

随着全球化进程的不断推进,高职院校的国际合作与交流受到日益广泛的关注。高职院校在国际合作与交流中扮演着重要角色,其加强国际合作与交流对于提高我国职业教育质量,提升教师队伍的整体素质,培养国际化人才,推动我国职业教育改革,以及提升我国职业教育国际地位具有深远意义。

高职院校国际合作与交流在近年来取得了显著的成果,为我国职业教育的发展注入了新的活力。首先,在国际合作方面,我国高职院校与世界各地的教育机构建立了广泛的合作关系,开展了丰富多样的交流项目。这些项目涵盖了专业人才培养、师资队伍建设、教育教学改革等多个领域,有力地提高了我国高职教育的国际影响力。其次,在交流方面,高职院校积极参与国际技能竞赛、研讨会、论坛等活动,学习和分享教育教学经验和研究成果。通过这些活动,我国高职教育领域吸收了国际先进理念,不断优化课程体系,提高

教学质量。最后,高职院校还为学生提供了更多走出国门的机会,让他们在国际舞台上锻炼能力、拓宽视野。然而,在高职院校国际合作与交流的过程中,也存在一些不足之处。

第一,评价体系的引导和倾斜力度不够,国际合作与交流的政策支持不足。政策支持不足表现在资金投入上。由于评价体系引导和倾斜力度不够,相较于本科院校,高职院校在国际合作与交流项目中获得的资金支持相对较少。这使得高职院校在开展国际合作与交流时面临较大的经济压力,难以吸引更多优质教育资源,进一步影响了国际合作与交流的质量。政策支持不足还体现在政策法规方面。目前,我国关于高职院校国际合作与交流的法规体系尚不完善,相关政策法规的制定和实施进程相对滞后。这导致高职院校在开展国际合作与交流过程中缺乏明确的法律依据和指导,容易出现违法违规现象,影响国际合作与交流的健康发展。在人才培养和选拔机制上也有不足。高职院校在国际合作与交流项目中,往往只重视学生职业技能的提升,而忽视了对学生跨文化交际能力的培养。选拔机制的不完善也使得部分有潜力的学生无法获得与国际合作与交流项目相关的奖学金或其他支持,从而限制了高职院校国际合作与交流的人才储备。在国际合作与交流伙伴的选择上,由于缺乏政策引导,高职院校在寻找国际合作与交流伙伴时,往往面临合作伙伴质量参差不齐的问题。这不仅影响了国际合作与交流的效果,还可能对高职院校的声誉造成负面影响。

第二,监测和调整不及时,院校间合作与交流存在不平衡性。从合作对象来看,高职院校国际合作与交流存在明显的倾向。与发达国家的交流合作相对较少,这与我国高职教育国际知名度尚不高、国际合作与交流的经验不足等因素有关;与发展中国家的交流合作相对较多,这有助于扩大我国高职教育在全球范围内的影响力,但同时也可能导致合作质量参差不齐。从合作内容来看,高职院校国际合作与交流也呈现出不平衡态势。在专业领域的合作较为广泛,尤其是工程技术、经贸管理等热门专业,这有利于我国高职教育专业结构的优化;而基础学科领域的国际合作与交流相对较少,这可能影响到高职教育整体水平的提升。从合作成果来看,高职院校国际合作与交流的成果分布不均。在科研、教学资源等方面的共享取得了显著成果,有助于提高我国高职教育的整体实力;而在人才培养方面的合作成果尚不明显,这可能与国际合作与交流的深度和广度不足有关。

第三,政策吸引力不大,教师与学生的参与度不高。在教师层面,一方面,教师对外合作与交流的积极性不足,部分教师对国际交流的认识不够深刻,认为国际合作与交流对自身职业发展的帮助有限。另一方面,教师对外语的掌握不足,导致他们在与国际友人交流时力不从心,从而影响了他们国际交流的积极性。在学生层面,学生对国际交流的兴趣和动力不足。这主要是因为高职院校的学生在学业、就业等方面的压力较大,他们往往把精力集中在课程学习和就业准备上,无暇他顾。此外,缺乏国际化教育氛围也使得学生们对国际交流兴趣索然。

第四,监控力度不够,国际合作与交流项目的质量参差不齐。教学质量方面,有的项目能够严格按照教学计划和课程设置进行,为学生提供丰富的学习资源和实践机会,而有的项目则存在教学内容陈旧、师资力量不足等问题,导致学生学习效果不佳。交流合作方面,有的项目能够有效促进校际互动与合作,为学生提供宽广的交流平台,然而,有的项目却因组织不善、交流不畅等原因使得学生获益有限。这些问题主要是由于政策支持力度不够,虽然国家层面已经出台了一系列关于高职教育国际化的政策,但在地方和学校层面,政策落实不到位、政策执行力度不强的问题仍然存在。并且,监控力度不到位,有些学校在国际合作与交流项目的管理上缺乏经验,导致项目实施过程中出现诸多问题。

第五,评价机制不完善,语言与文化障碍成为制约因素。现有评价机制未能有效引导高职院校突破语言和文化障碍。在我国高职院校的国际合作与交流中,外语水平参差不齐成为一大难题,导致国际合作与交流的效果不尽如人意。跨文化沟通能力是国际合作与交流的关键要素。然而,在我国高职院校中,许多师生在面对不同文化背景的合作对象时,往往存在跨文化沟通能力不足的现象。这主要表现在对不同文化习俗的理解和尊重程度不够,以及在合作过程中难以适应和融入对方文化等方面。

六、专业性产教融合服务平台少，学生创新创业能力评价不足

随着我国高职教育的发展，产教融合已成为提升高职院校人才培养质量的重要手段。然而，在实际推进过程中，专业性产教融合服务平台较少，学生创新创业能力评价不足的问题日益凸显。尤其是校企合作模块尚不完善，导致高职教育产教融合开展不力。很多高校因为不重视创新创业教育的产教融合，导致学生创新创业实践能力无法提升，进而影响学生的培养质量。

（一）产教融合服务平台的数量和专业性程度有待提高

一方面，在我国高职院校中，专业性产教融合服务平台的数量相对较少，分布也不够均衡。从服务平台数量的角度来看，当前高职院校中的专业性产教融合服务平台较少。这主要是因为我国高职教育的发展相较于其他层次的教育还有一定差距，对产教融合服务平台建设的投入和支持力度有待加强。从服务平台的分布角度来看，存在分布不均衡的问题。服务平台的建设需要投入大量的人力、物力和财力，而各个高职院校在这方面的发展尚不平衡，这与地区经济发展水平、产业需求和教育资源配置有关。高职院校自身在产教融合服务平台的建设和运营方面也存在一定的不足，如缺乏专业化人才、管理水平不高等。这种不平衡的分布状况使得部分学生无法享用足够数量的优质的服务平台资源，影响了他们创新创业能力的培养。

另一方面，高职院校专业性产教融合服务平台的构建旨在加强校企合作，促进学生创新创业能力的提升，然而，现有服务平台的专业性不足，在功能和服务内容方面存在一定缺陷，难以满足学生在创新创业过程中的个性化需求，导致学生创新创业能力评价的效果不尽如人意。首先，服务平台的资源整合能力较弱。许多平台仅提供基础的校企合作信息发布、实训项目推荐等服务，未能充分调动企业来积极参与。这种情况下，学生难以获得充足的实践机会，从而影响了其创新创业能力的培养。其次，服务平台的功能较为单一。大部分平台仅限于信息发布和项目推荐，缺乏针对学生创新创业能力的个性化辅导和培训，这使得学生在实践过程中难以找到适合自己的发展路径，限制了其创新创业能力的提升。再次，服务平台在内容上也有待完善。当前平台提供

的资源主要以实训项目为主,而忽视了其他创新创业教育的重要环节,如创新思维训练、创业素质培养等。这导致学生在实际操作中缺乏创新意识和创业精神,难以将所学知识运用到实际中去。最后,服务平台缺乏有效的评价机制。大部分平台对学生创新创业能力的评价仅停留在实训成果的层面,忽视了学生在实践过程中的成长和努力。这种评价方式使得学生容易产生挫败感,进而影响其创新创业能力的培养。

此外,现阶段,我国学校与企业之间的合作关系尚未深入,从而导致产教融合的水平相对较低。首先,合作项目单一,企业在与高职院校合作过程中,往往仅关注学生的实习实训、订单培养等传统合作领域,而对技术研发、项目攻关等高端合作领域涉足较少。其次,合作层次较浅,大部分高职院校与企业的合作仅停留在表面层次,如共建实训基地、让学生到企业实习就业等,而缺乏深层次的资源共享、技术研发等方面的合作。再次,合作机制不健全,高职院校与企业之间缺乏长期稳定的合作机制,导致合作项目难以持续发展,影响了产教融合水平的提升。高职教育改革的速度未能跟上产业发展的步伐,导致产业升级与教育改革不匹配。最后,企业参与度不高,缺乏积极参与产教融合的动力,使得产教融合水平难以提升。虽然我国政府高度重视产教融合,但在政策支持方面仍存在不足,影响了高职院校与企业之间的合作效果。这在很大程度上削弱了对学生在实际操作过程中将所学知识与产业需求紧密结合的能力的培养,影响了人才培养的质量。为了改变这一现状,有必要强化校企间的合作,促进教育资源与产业需求紧密结合,提高学生的实践操作能力,以使其更好地适应社会发展的需求。

(二)学生创新创业能力评价不足是一个突出问题

首先,现有评价体系不够完善,导致评价结果的公正性和准确性受到质疑。在当前的高职教育体系中,对学生创新创业能力进行评价时往往过于注重理论考试成绩,较少关注学生在实际操作、团队协作、解决问题等方面的能力。这种单一的评价方式无法全面反映学生的创新创业能力,还可能使他们在面对实际问题时缺乏应变能力,从而影响了对学生综合素质的培养。

其次,评价体系与产教融合服务平台的关联性不强。在当前的高职教育体系中,评价体系较少考虑产业界的需求和实际应用,使得对学生创新创业能力的评价与实际产业发展脱节。这不仅削弱了评价的指导意义,还可能使学生在实际工作中难以适应。

最后,评价体系的实施情况也不容乐观。一方面,部分教师对新型评价方法掌握不足,导致在评价过程中出现偏颇;另一方面,学生对创新创业能力的重视程度不够,可能会在评价过程中应付了事,从而影响评价结果的可靠性。

造成上述现状的原因有以下几点:一是高职院校对产教融合的认识不够到位,仅将其视为一种教育模式改革,而未真正将其融入学校教育教学的全过程;二是校企合作机制不健全,企业在参与产教融合过程中缺乏积极性;三是教师队伍结构不合理,缺乏具备创新创业经验和产业背景的"双师型"教师;四是教育评价体系过于单一,未能充分体现学生在创新创业方面的实际能力。

总之,高职院校专业性产教融合服务平台的建设、学生创新创业能力的评价改革、师资队伍建设和产教深度融合是未来我国职业教育发展的重要方向。只有在此基础上发展,才能更好地培养具备创新创业能力的高素质技术技能型人才,助力我国经济社会的持续发展。

七、高职院校治理能力有待提升

治理能力是指学校在遵循教育规律和法律法规的前提下,通过科学的管理手段,实现教育目标、提高教育质量、保障教育公平、促进教育发展的能力。高职院校的治理能力在很大程度上影响着教育教学质量、校园和谐稳定程度以及学校的整体发展情况。近年来,随着高职教育的快速发展,一些院校在治理能力方面暴露出诸多问题,这些问题不仅制约了高职院校的内涵发展,也对人才培养和国家职业教育战略的实施产生了负面影响。提升治理能力是推动高职院校实现内涵发展的关键。只有强化治理能力,才能确保教育教学质量,培养出更多具备创新精神和实践能力的应用型人才。提高治理能力有助于高职院校适应国家职业教育改革与发展需求,为我国产业升级和经济社会转型提供有力支撑;有助于促进高职院校内部的和谐稳定,营造良好的校园氛围,使师生在和谐的环境中共同成长;有助于高职院校树立现代教育观念,促进教育现代化,更好地服务于国家战略需求。

治理能力主要包括决策能力、组织协调能力、制度创新能力、社会沟通能力、应急处理能力、人力资源开发能力以及监督评估能力。其中,监督评估能力是指建立有效的监督评估机制,对学校各项工作进行定期检查、评估,确保教育教学质量和学生发展目标的实现,对"双高"建设具有重要的保障作用。当前高职院校治理能力存在的问题主要表现在以下几个方面。

一是治理结构不完善,管理层级、权责划分不尽合理,导致决策效率低下。一方面,领导层权力过于集中,导致决策过程缺乏有效监督;另一方面,领导层更迭频繁,使得政策执行不稳定,影响学校的长期发展。此外,还表现在内部管理体制不健全,部门之间沟通不畅,信息不透明,导致工作效率低下,难以适应教育改革和市场需求的变化。

二是治理机制不健全,内部激励约束机制、风险防控机制等方面存在薄弱环节。内部监管机制不完善,使得教学质量、学生评价等核心指标缺乏有效监控,影响了教育教学质量。并且有效监督机制的缺乏,使得一些问题和矛盾得不到及时发现和解决,加剧了治理能力的下降。

三是治理理念滞后,传统管理思维仍然较为普遍,与现代职业教育发展要求不符。从传统文化角度看,我国历史悠久,传统文化深厚。在教育治理方面,传统文化强调"以人为本",注重道德教化和人文关怀。然而,在传统的高职院校治理中,这一理念并未得到充分体现。相反,许多院校过于注重硬件设施建设和量化评价,忽视了学生个体差异和全面发展。这种现象导致了教育过程的异化,使学生在严密的评价体系中失去了个性与发展空间。现代职业教育理念强调以学生为中心,注重培养学生的创新能力和实践能力。在这一理念下,高职院校应当充分关注学生的需求,为学生提供个性化的教育资源和服务。然而,现实中许多院校在治理过程中,仍然延续了传统的管理模式,过于强调教师和行政人员的权威,忽视学生的实际需求。这种现象使得现代教育理念在高职院校中难以落地生根。

四是治理能力水平参差不齐,各个院校在战略规划、资源配置、质量管理等方面存在较大差距。具体表现是制度建设不健全,部分高职院校在制定内部质量保障制度时,未能充分考虑实际情况,导致制度内容过于笼统,可操作性不强;部分院校对质量保障制度的执行力度不足,使得制度形同虚设;部分院校在教学资源的分配上不合理,如教材、教学设施、实践基地等资源分配不合理,导致教学质量受到影响,进而影响内部质量保障体系的运行。

第四章 "双高"建设评价方法与实施导向

"双高"建设评价方法涉及米切尔评分法、德尔菲法、层次分析法、因子分析法等方法。采用上述方法进行"双高"建设评价指标分类、指标选取、指标权重确定等。在此基础上，进一步分析"双高"建设监管主体和"双高"建设实施导向。

第一节 "双高"建设评价方法解析

首先,利用米切尔评分法,从合法性、紧急性和权力性三个视角分析"双高"建设评价与监测的各利益相关方,利益相关方以教育和产业、行业产教融合为中心,形成可持续发展共同体,包括学校、企业、行业、政府、科研院所、国际合作机构、家庭等。

其次,在分析指标体系构成要素的基础上,采用德尔菲法,通过专家函询打分,确定"双高"建设指标体系和评估监测指标体系。咨询的专家来自全国15所"双高"建设院校,主要为"双高"建设院校领导、"双高"办负责人,省级职业教育研究中心专家,以及相关部门监管及研究人员,调研数据具有一定可靠性。应用德尔菲法时第一轮专家调查不作任何限制,由专家对给定的建设评估指标打分,采用百分制,并可提出建议增加或删除的指标。第二轮对"双高"建设评价与监测指标体系的构建原理、程序及注意事项进行详细的传达,结合第一轮的数据分析结果进行专家的第二轮打分。之后求出各级指标变异系数和肯德尔协调系数[1],结合数据分析最终确定高职高水平学校建设评估监测的遴选指标,利用层次分析法构建包含尽可能全面的"双高"建设评价与监测的初始指标体系。之后通过第三轮德尔菲法测评,结合相关公式和判断矩阵,遴选出最终评价指标。在此基础上利用层次分析法和相关软件对德尔菲法获取

---

[1] 刘斌,邹吉权."双高计划"绩效评价指标体系内涵分析与权重确定[J].中国高教研究,2021(4):100.

的数据进行赋权,确定各级指标的权重,形成相对完善的"双高"建设评价与监测指标体系。然后,选择一所"双高"建设院校,按照误差理论"严格评价"原则,运用3δ法确定各高职院校"双高"建设组指数的临界点和制出"双高"建设组指数预警区间图表,通过实证验证"双高"建设效果。

第二节 "双高"建设监管主体分析

一、政府主导下的监管主体多元化

高职教育具有鲜明的职业性特点,发展定位鲜明,职业特色突出,其培养目标是培育服务于生产第一线的技术技能型专业人才。在我们国家计划经济时代的高职院校发展建设质量监管体系中,教育行政部门占据绝对的权威主导地位。高职院校以上级指令为准绳,实施院校内部质量监控。由于我国高等职业教育起步较晚,因此借鉴沿袭了本科高等教育监管模式,各项考核指标曾经与本科院校趋同,不能充分体现职业教育的特色和满足对人才培养的需求。

当前是中国经济转型升级的关键期,社会发展遇到百年未有之大变局,教育发展也发生了深刻的变化。这种政府单一主导的监管模式已经不符合时代要求,因为其抑制了高等职业院校主动适应区域经济和产业发展需求并自主调整的主观能动性。因此,应根据时态和环境的发展变化,推进高职教育与各利益相关方的协同发展,建立政府、行业、企业、学校、研究院所、家庭及社会力量等共同参与、协同共进,在各自职责范围内融通发展的多元化高等职业教育质量监管体系。各方发挥各自在宏观政策把控、产业发展、资金筹措、内部管理、人才培养等方面的优势,协同合力,共同助力高等职业院校高质量发展。

二、建立第三方质量监管机制

2011—2012年,教育部、财政部实施了"支持高等职业学校提升专业服务产业发展能力"的项目建设,明确提出高等职业教育评价必须实施第三方评价。2015年,教育部印发《关于深入推进教育管办评分离 促进政府职能转变的若干意见》深入推进教育管理、评价、办学分离,促进政府教育职能的转变。推动教育评价制度改革,逐步构建基于第三方的质量管理机制,发挥各方的独立评价运行职能,推动高职教育服务产业发展,促进形成产教协同发展的新格局。坚持以学校为主体、以学生发展为本位,在自评自建的基础上,健全多元化评价标准,优化高职院校服务产业、提升其贡献社会的能力;大力培育一批独立的第三方教育评价机构,采用先进的评价方法和手段,充分运用人工智能和现代教育技术,保证教育评价的实效性。建立健全政府和高职院校对评价意见的反馈机制,充分利用评价结果进行改进提高。加强对评价结果的运用,切实发挥教育评价结果的激励与约束职能,建立教育问责机制。利用标准认证、专业评估、教育服务质量评价等间接管理手段,给予高职院校竞争压力,使其能够不断地追求教育质量改进和效率提高,促进高职院校持续改进升级。充分发挥第三方评价的专业职能,将第三方评估与内部质量提升工作有机结合,持续改进,构建具有中国高等职业教育特色的现代高职教育质量保障体系。

三、高职校办企业监管体制的主体

首先是政治主体。以广西为例,自治区人民政府令第68号第四十四条规定,机关、参照公务员制度管理的事业单位和社会团体所属独立核算的企业……由财政部门按照企业国有资产监督管理的有关规定实施监督管理。[1]此项规定表明广西壮族自治区财政厅是广西高职校办企业国有资产的监管上层机构。财政厅主要是从出资人的角度对高校所属企业的国有资产实施监督管理,而高职院校作为企业的经营主体,侧重于从委托出资人的角度对其进行监

---

[1] 广西壮族自治区行政事业单位国有资产管理办法[J].行政事业资产与财务,2011(21):27.

管。至于经济主体,对校办企业的经济监管主体,除高职院校自身外,主要还包括专业的资产经营管理公司和企业内部治理。资产经营管理公司作为专业的管理经营机构,代表学校持有高校所属企业投资所形成的股权,是经授权的高校所属企业国有资产的专业经营机构,是参与高校所属企业国有资产监管与运营的关键环节。职工是完善高校所属企业内部监管制度的重要主体,而且其民主监督是保障高校所属企业经营与发展的重要环节。工会则是保障高校所属企业职工利益的重要组织,在制衡企业权力方面发挥着一定作用。社会主体的监督作用体现在运用社会中介机构的执业独立性,发挥专业化的科学监管职能,为高职院校所属企业国有资产的监管工作提供专业的支持,从第三方的角度对高校所属企业国有资产进行科学有效的监督管理。[1]

---

[1] 李健生.构建高校所属企业的多维多主体监管体制研究[J].广西社会科学,2019(8):185-186.

第三节 "双高"建设实施导向

高职院校高质量发展与高水平建设包括多个方面,以往学校在建设阶段的财政资金主要用于实习实训设施设备购置、教学实践基地打造等硬件方面,而"双高计划"高水平建设则应将投入放在软环境方面,诸如学校治理水平提升、专业建设水平提升、标准制度建设、教师教学能力提升、学生实践能力培养、产教融合效力提升等。现阶段,高职院校的建设应以内涵提升和专业(学科)建设为主,地方政府应以国家规划为指引,进行科学发展和规划,清晰明确定位,突出高职院校高水平建设,避免高职院校盲目升格本科院校,引导立项院校珍惜难得的发展机遇,提升档次,提升水平,深入推进产教融合、协同治理等建设。

高职院校内涵建设是学校高水平建设的根基,是支撑高职院校持续改进的各种内部动力源的总和。高职院校内涵建设的核心既包括组织建设、文化建设等内部建设,也包括校企合作、社会服务等外部建设。内外部建设的结合与统一,是高职院校持续发展的关键。

一、坚持立德树人,增强育人能力

立德树人与技能发展是高职院校人才培养的双重目标任务。高等职业院校要做好立德树人工作,先要形成党政齐抓共管,分工负责,责权明晰的"大思政"格局和"大学工"机制,让思想政治教育无处不在,把思政工作融入课堂内外、理论学习与实习实训之中,实现校领导、班主任、辅导员、教师、行政人员、生活老师、企业导师等的全员育人;同时要加强课程思政工作,要以思政课程作为立德树人工作的主渠道,发挥课程育人的功效,以课程思政作为树人工作的载体,构建思政课程与课程思政相得益彰,技能培养、理论学习和价值引领、科学育人同步进行的协同育人体系,培养学生的工匠精神。

二、重视协同治理,提高管理效率

建立和完善高职院校内部质量保证体系和持续改进机制,促进高职教育评价与监测常态化,这既是教育行政部门的职责,也是高职院校自身内涵式发展的任务,还是学校良性发展的机制保障。进入"双高"建设阶段,要破除以往传统的管理机制障碍,形成高效率建设、高质量协同发展的工作格局,营造良好的高职院校高水平建设环境,因此,高职院校急需提升以内涵式发展绩效管理为特征的协同治理能力[1]。高水平的高等职业院校应该配备高水平的管理,立项高职院校的学校领导、管理者应当加强内部治理,提高治理水平,转变管理作风,努力成为方向明确、敢于创新、积极服务于广大员工、具有深谋远略的智慧型管理者。同时,应加强外部联络,促进校企合作,持续推进产教融合,建立相关利益方协同合作联盟,完善相关制度机制,促进发展的协同水平,共同推动"双高"建设进程。

三、深化产教融合,提升办学活力

"校企合作、产教融合"是职业教育永恒的主题,深化产教融合自然成为高等职业院校高水平协同建设的工作重心。合作的企业多而不强、校企合而不融,是诸多高职院校校企合作的现状。深化校企合作、产教融合,就是要发挥校企融合发展一体化作用,加强校内校外融合,共建厂中校和校中厂,将车间融入教室,生产融入教学,产品融入项目。真正实现产教深度融合,需要密切校企合作,发挥校企管理与生产一体化作用,为共同的发展目标持续努力,形

---

[1] 吴伟.中国特色高水平高职院校建设的若干思考[J].高等职业教育探索,2019(2):7.

成"校企协同、双师互聘、学工共存"的良性互动发展局面,维持校企长效联动机制,促进双方相互促进,彼此成长,互利共赢,打造基于校企共建的生产性实训基地,积极构建人才培养本土化的学徒制培养模式。

四、加强社会服务,激发创新动力

社会服务是高职院校的基本功能之一,伴随政策的持续推进,高职院校的社会服务功能有所提升,但其在社会贡献度方面尚待加强。高职院校的高质量发展和高水平建设不能仅满足于为企业培养应用技能型人才,还应该主动增强社会服务意识,为社会和企业提供更多高水平服务,推动技术研发成果与生产实践的相互转化。近年来,高等职业院校在职业技能培训方面取得了一定成效,立项建设的高职院校也在继续教育方面持续加强,发挥终身职业教育职能,积极设立成人继续教育培训机构。为了方便学员学习,建立了线上教学资源共享平台,帮助农民工、返乡群体和城市待业青年学习技能和提升学历。"双高"建设立项后,相关院校必须更加积极作为,持续创新,建立产学研技术转化机构,为技术研发成果应用于生产实践保驾护航。同时组建生产技术研发团队,激发团队创新动力,打造机制灵活、产出高效的生产技术研发与服务平台。①

五、加强国际交流与合作

国际交流与合作是促进我国与其他国家协同发展的重要途径,借助"一带一路"的优势,可以增进与沿线共建国家职业教育的交流,特别是利用现有鲁班工坊,促进国际产教融合。同时,应持续扩大鲁班工坊的影响力,不断根据新需求进行增建扩建,促进国际职业教育的协同发展。另外,通过"请进来"和"送出去"的方式,加强师资和学生的国际交流,促进彼此优势互补,共同助力现代职业教育的发展,促进职业教育与现代高新技术的有效融合。此外,还可通过学术会议、高端论坛、国际赛事、国际化职教联盟、夏令营等组织和活动,促进国际高等职业教育的交流与合作,真正实现国与国之间职业教育的协同发展。

---

① 陈本锋."双高计划"背景下的高职院校建设研究[J].职教通讯,2020(8):11.

第五章 基于实证的"双高"建设评价维度与指标分析

在新时代教育评价改革的大背景下,高职院校借助"双高"建设契机,也开启了院校建设绩效评价改革。2020年12月"双高"建设绩效管理办法出台,成为高职院校高质量发展与高水平建设评价与监测的重要依据。尤其是2022年设定了"双高"院校中期检查计划,以各院校自评为基础,省级主管部门评价为重点,依据教育部、财政部发布的高职"双高计划"绩效管理数据采集表展开测评。由于"双高"建设数据采集表条目较为概括,且缺少具体的评价指标,各省市及高校在评价时容易造成评价标准不一、评价信度与效度不高等诸多问题。鉴于此,本书通过调查研究,采用科学的实证研究方法,进一步优化"双高"建设评价与监测指标体系。

第一节 "双高"建设评价与监测依据与要点

一、"双高"建设评价与监测依据

(一)新时代高职院校示范建设与评价

21世纪以来,国家和各省市对高职院校发展和教育质量进行了多次评估和部署,尤其是2004年和2008年出台的两部高职院校水平评估方案,设计了相关评估指标体系及评价标准,评审专家抽取被评学校的两个专业进行重点评价。2005年国家出台建设100所示范性高等职业院校建设计划,并于2010年完成相关院校评估工作,为相关院校发挥示范引领作用提供了保障。为了进一步提升高职示范院校引领带动效应,2010年国家决定新增100所国家骨干高职院校,并于2015年完成相关院校评估验收工作。2015年发布的《高等职业教育创新发展行动计划(2015—2018年)》提出建设优质高等职业院校计划,并于2019年认定200所高职"优质校"。2019年高职院校"双高计划"将高等职业院校高质量发展推向全新的高度,提出在全国范围内建设50所高水平高等职业院校计划。

（二）"双高"建设评价与监测的政策导向

本项目组以《深化新时代教育评价改革总体方案》为指引，通过查阅相关政策文件和集体研讨，依据《国家职业教育改革实施方案》《职业教育提质培优行动计划（2020—2023年）》，并重点关注"双高"建设数据采集表已设定的评价指标，深入探究研究目标、研究内容及标准等核心要素，为"双高"建设评价与监测指标体系分析提供可靠的政策依据。此外，国家出台的《高等职业院校适应社会需求能力评估暂行办法》《深化新时代教育评价改革总体方案》强调高职院校要服务地方经济，促进行业发展，加大职业培训、服务区域和行业的评价权重，持续提升高职院校社会服务职能。项目组依据"双高"建设的绩效评估要求，优化和改进"双高"建设评价与监测指标体系，力求与政策导向保持一致。

二、新时代"双高"建设评价与监测要点分析

"双高"建设评价与监测是运用科学方法、原则和程序，按照"双高"建设相关规定和特定标准，依据严谨的评价与监测指标体系对"双高"建设进行评价与监测的过程。只有通过调查研究与实证分析建立评价与监测指标体系，"双高"建设的评价与监测的信度和效度才能得到保障。"双高"建设中高水平专业（群）建设带动高水平院校建设，没有高水平的专业（群）建设，就不可能有高水平的院校建设，因此高水平专业（群）建设是高水平院校建设的基础和保障。高水平高职院校建设对国家和区域经济与社会发展的贡献度必须达到一定的水平，尤其是对区域产业的发展具有显著的贡献，才具有在同类院校中的比较优势。"双高计划"旨在建设一批引领改革、支撑发展、中国特色、世界水平的高等职业学校和骨干专业（群）。目前，国家"双高计划"绩效目标要紧盯"引领"、强化"支撑"、凸显"高"、彰显"强"、体现"特"。

"双高"建设背景下，高职院校评价指标体系设计，在引领专业（群）高水平建设的基础上，以学生的成才和自我实现为导向，不断提升人才培养水平，促进院校高质量发展。在国家战略和地方政策指引下，高职教育应顺应区域产业发展，提升国际影响力，持续拓展国际合作，培养适应产业和经济发展、具

有国际视野的应用技能型人才。同时,要以国务院印发的《深化新时代教育评价改革总体方案》为指引,打破"唯分数、唯升学、唯文凭、唯论文、唯帽子"的顽瘴痼疾,科学反映"双高"建设的内涵和特征,持续提升评价效度。按照系统论的观点,可以将表征高职院校高水平建设的内涵和特征的全部要素视为信息或资源,并将其划分为输入、输出和自身具有的信息或资源[1]。以教育部和财政部联合下发的《绩效管理办法》中的《双高学校建设数据采集表》为基础,通过分析,进行拓展研究设计,力争较为全面地反映"双高"建设的基本要素。结合该数据采集表,"双高"建设输入的信息(资源)主要包括专业建设、院校发展、创新服务、师资队伍、利益相关方、教育教学资源等;输出的信息(资源)主要包括社会服务、促进区域发展、国家层面贡献、学校治理水平、人才培养水平、产教融合水平、信息化水平、国际交流与合作水平、政策、制度、标准贡献度等,这些要素是评估"双高"院校水平的重要维度。"双高"建设院校应在专业建设、院校发展、创新服务、学校治理、人才培养等方面引领改革;在社会服务、促进区域发展、国家层面贡献等方面发挥有力支撑作用。"双高"建设院校应通过高水平师资队伍培养高水平应用技能型人才;通过强化产教融合,深化校企合作,加强对学生专业实践能力的培养。此外,应通过国际交流与合作促进自身发展,发挥"鲁班工坊"等国际职业教育知名品牌的作用,彰显中国特色,促进国际交流与合作。高职院校自身具有的信息(资源)则是其历史发展的积淀,凝练出的独有特色和优势领域,既能体现其现有水平,又决定着院校的可持续发展能力。高职院校输入信息(资源)和自身信息(资源)的质量决定了其输出信息(资源)的质量。因此,高职院校若想实现高质量发展,必须在输入和自身信息(资源)建设上努力。

---

[1] 张新民,吴敏良.双高背景下高职高专教育专业评价指标研究[J].职教论坛,2018(9):25.

第二节 基于层次分析法的"双高"建设评价指标设计

一、"双高"建设评价维度与指标划分标准分析

结合《双高学校建设数据采集表》指标划分标准，将"双高"建设关键利益相关方的权责义务及诉求转化为对应的行为指标，并按照人才培养与学校发展、社会服务、国际交流与合作进行分类。

从人才培养与学校发展的视角分析，以学校为主体，政府及企事业单位共同对人才培养、协同服务平台、协同专业群建设、师资建设、校企合作、信息化建设等关键要素的投入是高职院校可持续高质量发展的重要源泉。以利益相关方融合发展为核心，充分调动企业及科研院所的合作意愿，共同组建创新服务平台和教学团队，才能推进协同治理，满足各方需求，促进产教深度融合，持续提升人才培养质量。

从学生实践视角分析，更应以校企合作为基础，促进多方融合发展，让彼此在合作中能够取长补短，充分发挥各自的优势，形成相互制约、共享发展资源的命运共同体。

从高职院校社会服务视角分析，要求"双高"建设院校引领职业教育服务国家战略和区域经济与社会发展及产业转型升级需要，通过各方融合发

展，提升职业教育服务社会发展的能力[1]。"双高"建设院校首先要服务于国家战略，按照国家战略要求适时调整人才培养方案及淘汰严重预警专业，更新专业及课程，紧密对接区域经济与社会发展需求。"双高"建设院校对区域产业的贡献度标志着"双高"建设院校社会服务的成效，尤其是服务产业升级的贡献度，是引领产业持续发展的关键。教学和培训面向社会的开放度、校企政合作深度、技术及专利的研发与推广情况、高新技术服务情况等指标是直接体现社会服务效果的关键指标，实现这些指标需要各利益相关方的深度融合。

从高职院校国际交流与合作视角分析，"双高"建设需要更广阔的视野，数量指标涉及更多的利益群体，包括外来留学生、合作办学双方交流人员、境外服务人员、中资企业海外员工、参与互动交流的师生等群体；质量指标涉及国际培训、国际交流推广、留学生培养和交流，开设境外办学机构、国际合作平台、国际化二级学院和"鲁班工坊"，组织国际化职教联盟，参与国际大赛，等等[2]。

二、"双高"建设评价维度与指标实证验证分析

通过以上分析，结合《绩效管理办法》及其数据采集表，将《双高学校建设数据采集表》的三级指标作为本书中指标体系二级指标设计的依据，并进行进一步扩展完善。同时结合以往示范性高职院校建设、国家骨干高职院校建设、优质高职院校建设等评估标准，咨询相关专家及部门进行联合论证。通过分析已有关键文献和各省级及院校评估标准，初步选取"双高"建设评估相对全面的一级和二级评价指标形成了评价初始指标体系，如表5-1所示。

---

[1] 教育部,财政部.关于实施中国特色高水平高职学校和专业建设计划的意见[EB/OL].(2019-04-02)[2022-10-20].http://www.moe.gov.cn/srcsite/A07/moe_737/s3876_qt/201904/t20190402_376471.html.
[2] 刘斌,邹吉权."双高计划"绩效评价指标体系内涵分析与权重确定[J].中国高教研究,2021(4):100.

表5-1　高职高水平学校建设评价初始指标体系

一级指标	二级指标	一级指标	二级指标
人才培养	人才培养水平	社会服务	职业培训
			政企服务
	校企合作		职业鉴定
	专业群建设		专利及转让
	双师队伍		技术研发服务
校本建设	创新服务平台	国际交流与合作	国际培训
	信息化水平		国际交流推广
			留学生培养
	学校治理		国际平台建设

为了更好地进行高水平建设监测预警,本书参考陈雯雯等人学科组指数计算方法,以一级指标划分群组,通过三级指标逐级测算汇总各组值,通过差距率进行高职院校高水平建设指数测度。通过公式(1)求指标对最小值的差距率Y_i。利用公式(2)对Y_i进行[60,100]线性放缩归一化处理,最终求得组指数值Z_i。[①]

$$Y_i = \frac{X_i - X_{\min}}{X_{\max} - X_{\min}} \quad (1)$$

式中,X_i为某高水平建设院校某指标的实际值,为正向变量;$X_{\max}$为该高职院校建设某指标数据中的最大值;$X_{\min}$则为最小值。

$$Z_i = 60 + 40Y_i \quad (2)$$

$(i=1,\cdots,n)$　　　　　　　　　　n为院系数

(一)样本选取

本书选取A高职院校("双高"建设院校)的六个工学院(系):智能制造学院、材料工程系、环境工程系、汽车工程系、建筑工程系、计算机系作为监测对象。该校的工学专业具有一定优势,被评定为"双高"建设高水平专业(B档),选取的院系也在工学领域具有一定代表性。

---

① 陈雯雯,朱永东,杜娟."双一流"背景下学科监测评估的实践与探索[J].黑龙江高教研究,2022(3):129.

(二)预警设计

高水平高职院校建设评估监测应以科学的评估监测指标体系和数据为依据,如评价与监测一级指标组指数及预警区间可应用于高水平高职院校建设指数测度。高水平高职院校建设预警区间采用灯号法来进行标识,该呈现方式可以直观地反映学校建设的状态。通过计算各组指数的算术平均值 E 和标准差 δ,进而用 3δ 法确定临界点,得出高水平高职院校建设预警区间范围值。

三、高职院校高水平建设评价指标体系设计

(一)运用德尔菲法确定评价指标

通过第四章第一节所写的德尔菲法步骤和各分析方法,结合数据分析最终确定高水平高职院校建设评价监测的遴选指标,形成了评价监测指标(详见表5-2)。

表5-2 高职院校高水平建设评价监测指标

一级指标	二级指标	三级指标
人才培养	人才培养水平	学生综合素质培养水平、就业质量、示范性及高水平建设、各类奖项等
	专业群建设	专业群资源、专业群高水平成果、与区域产业对接
	双师队伍	双师型教学创新团队、创新型大国工匠团队、理论与实践教学创新团队
	校企合作	高水平校企共建实践教学基地、产教融合创新平台、高水平企业实训基地、协同育人机制等
校本建设	创新服务平台	技术创新服务平台、研发创新服务平台、技能创新服务平台
	信息化水平	数字化平台、数字化教学资源、虚拟仿真实训基地
	学校治理	内部治理机制、诊断与评价制度、高水平治理体系

续表

一级指标	二级指标	三级指标
社会服务	职业培训	校内培训、校外培训等
	政企服务	产业及企业服务、政务及民间服务
	职业鉴定	专业职业鉴定、新职业鉴定等
	专利及转让	发明专利、实用新型专利、外观设计专利
	技术研发服务	高新技术研发及服务、技术改进研发及服务
国际交流与合作	国际培训	境外人员培训、境外中方人员培训
	国际交流推广	国际合作项目、中外合作办学
	留学生培养	境外学生培养、境内学生留学深造
	国际平台建设	对外引智基地、国际交流与合作平台
影响与效果	效益	社会效益：引领职教改革发展和人才培养贡献度、支撑国家战略和区域经济社会发展贡献度等；可持续影响：有效支撑国家层面职教高质量发展的政策、制度、标准及项目标志性成果、可持续影响时间等
	时效与满意度	时效：任务完成进度，资金安排及使用进度等；满意度：涉及在校生、毕业生、教职工、用人单位、产教融合企业、家长等的满意度

第一轮专家调查数据分析。专业软件统计数据显示，各级指标变异系数介于0.2~0.5之间。各级指标肯德尔协调系数分别为0.915、0.903、0.817，说明专家一致性协调程度很好。对各级指标肯德尔协调系数进行卡方检验，得到其渐进显著性P值均小于0.05，具有显著性。第二轮数据分析显示，一级指标变异系数均小于0.2，二级指标变异系数均小于0.33，三级指标变异系数绝大多数在0.4以下，集中程度比第一轮有了显著改善。各级指标肯德尔系数均大于0.8，渐进显著性P值均小于0.05，具有显著性(如表5-3所示)。通过分析可知，专家对第二轮各级指标的意见集中度高，协调系数在统计学上具有显著性差异，协调度高，可以据此设定高水平高职院校建设评估监测指标体系。该指标体系共设置5个一级指标：人才培养、校本建设、社会服务、国际交流与合作、影响与效果。一级指标下分设二级指标和三级指标。一、二级指标相较双高学

校建设数据采集表进行了合理归类。三级指标则是根据二级指标内涵通过德尔菲法遴选的指标。其中满意度指标增加产教融合企业满意度指标,以强化企业作为高职教育关键利益相关方主体作用的发挥,及不断深化产教融合,促进各方协同发展。

表5-3 各级指标第二轮数据的肯德尔协调系数

分类	一级指标	二级指标	三级指标
肯德尔协调系数	0.955	0.931	0.828
卡方	31.452	72.581	195.375
渐进显著性	0.000	0.000	0.000

(二)指标权重确定

依据《绩效管理办法》及其数据采集表,按照《深化新时代教育评价改革总体方案》加大职业培训、服务区域和行业的评价权重要求,结合"双高"建设内涵及层次分析法,利用yaahp专业软件建立各级指标体系[①]。基于运筹学层次结构模型,通过判断矩阵(1),将各级指标两两比较确定其重要程度,采用规范列平均法计算判断矩阵的权重,最后用公式 CI=$(\lambda_{max}-n)/(n-1)$,CR=CI/RI进行一致性检验。[②]

$a_{ij}=1/a_{ji}$

$$A=(a_{ij})_{n\times n}=\begin{vmatrix} A_{11} & A_{12} & \cdots & A_{1n} \\ B_{21} & B_{22} & \cdots & B_{2n} \\ C_{n1} & C_{n2} & \cdots & C_{nn} \end{vmatrix} \quad (1)$$

进行第三轮专家调查,根据专家意见判断矩阵按照评分算术平均法,对一级指标(准则层)集结后的计算结果详见表5-4。此集结判断矩阵的一致性检验指标 CR=0.0693,达到小于0.1的判断标准,符合一致性要求。W_i即该层对上一层的相对权重。表5-4中各一级指标对其上一层,也就是目标层"高职院校高水平建设"的权重 W_i 分别为:人才培养0.38,影响与效果0.26,国际交

---

① 葛晓波."双高"院校建设绩效评价指标体系构建研究[J].教育与职业,2021(5):64.
② 吕路平,童国通."双高计划"背景下高职院校产教融合质量评价体系研究[J].职业技术教育,2020,41(30):34.

流与合作 0.06,社会服务 0.10,校本建设 0.18,同一层次各项的权重 W_i 之和应为 1[①]。

表5-4　一级指标判断矩阵和权重

一级指标	人才培养	影响与效果	国际交流与合作	社会服务	校本建设	层次单排列 W_i
人才培养	1.00	1.45	5.88	3.80	2.05	0.38
影响与效果	0.67	1.00	4.10	2.60	1.44	0.26
国际交流与合作	0.16	0.23	1.00	0.60	0.33	0.06
社会服务	0.26	0.38	1.66	1.00	0.56	0.10
校本建设	0.47	0.67	3.00	1.80	1.00	0.18

1.层次单排序:二级指标权重的确定

人才培养各二级指标(次准则层)权重计算结果详见表5-5,判断矩阵的一致性检验指标 CR=0.0641,符合一致性要求。W_i 为该层次指标对于上一层准则层中一级指标人才培养的相对权重。该层次4个二级指标人才培养水平、专业群建设、双师队伍、校企合作的相对权重分别为 0.42、0.14、0.19、0.25,权重 W_i 之和为1。

表5-5　人才培养二级指标判断矩阵和权重

人才培养	人才培养水平	专业群建设	双师队伍	校企合作	层次单排列 W_i
人才培养水平	1.00	3.01	2.21	1.68	0.42
专业群建设	0.33	1.00	0.74	0.56	0.14
双师队伍	0.45	1.35	1.00	0.76	0.19
校企合作	0.60	1.79	1.32	1.00	0.25

校本建设各二级指标权重计算结果详见表5-6,判断矩阵的一致性检验指标 CR=0.0327,符合一致性要求。W_i 为该层次指标对于上一层准则层中一级指

---

① 因进行小数点后两位四舍五入处理,所以"层次单排列"和"层次总排列"的数值总和可能不为1。后同。

标校本建设的相对权重。该层次3个二级指标信息化水平、创新服务平台、学校治理的相对权重分别为0.37、0.20、0.43,权重W_i之和为1。

表5-6 校本建设二级指标判断矩阵和权重

校本建设	信息化水平	创新服务平台	学校治理	层次单排列W_i
信息化水平	1.00	1.85	0.86	0.37
创新服务平台	0.54	1.00	0.47	0.20
学校治理	1.16	2.15	1.00	0.43

社会服务各二级指标权重计算结果详见表5-7,判断矩阵的一致性检验指标CR=0.0655,符合一致性要求。W_i为该层次指标对于上一层准则层中一级指标社会服务的相对权重。该层次5个二级指标职业培训、职业鉴定、政企服务、技术研发服务、专利及转让的相对权重分别为0.20、0.12、0.22、0.33、0.14。

表5-7 社会服务二级指标判断矩阵和权重

社会服务	职业培训	职业鉴定	政企服务	技术研发服务	专利及转让	层次单排列W_i
职业培训	1.00	1.67	0.91	0.61	1.43	0.20
职业鉴定	0.60	1.00	0.55	0.36	0.86	0.12
政企服务	1.11	1.83	1.00	0.67	1.57	0.22
技术研发服务	1.65	2.75	1.50	1.00	2.36	0.33
专利及转让	0.70	1.17	0.64	0.42	1.00	0.14

国际交流与合作各二级指标权重计算结果详见表5-8,判断矩阵的一致性检验指标CR=0.0604,符合一致性要求。W_i为该层次指标对于上一层准则层中一级指标国际交流与合作的相对权重。该层次4个二级指标国际培训、国际平台建设、国际交流与推广、留学生培养的相对权重分别为0.27、0.21、0.25、0.27,权重W_i之和为1。

表5-8 国际交流与合作二级指标判断矩阵和权重

国际交流与合作	国际培训	国际平台建设	国际交流推广	留学生培养	层次单排列W_i
国际培训	1.00	1.29	1.08	1.00	0.27
国际平台建设	0.78	1.00	0.84	0.78	0.21
国际交流推广	0.93	1.19	1.00	0.93	0.25
留学生培养	1.00	1.29	1.08	1.00	0.27

影响与效果各二级指标权重计算结果详见表5-9，判断矩阵的一致性检验指标CR=0.0693，符合一致性要求。W_i为该层次指标对于上一层准则层中一级指标影响与效果的相对权重。该层次2个二级指标效益指标、时效与满意度指标的相对权重分别为0.65、0.35，权重W_i之和为1。

表5-9 影响与效果二级指标判断矩阵和权重

影响与效果	效益	时效与满意度	层次单排列W_i
效益	1.00	1.86	0.65
时效与满意度	0.54	1.00	0.35

2.层次总排列及指标体系汇总

层次单排列计算出层次内部的权重后，依据层次总排列公式："二级指标绝对权重=一级指标层次单排列权重×二级指标层次单排列权重。"得出二级指标对于目标层"高职院校高水平建设绩效评价"的绝对权重W_i。计算结果用百分数表示，并四舍五入保留两位小数。依据此计算方法，求得所有二级指标的层次总排列权重结果，如表5-10所示。

表5-10 二级指标层次总排列权重(%)

高职院校高水平建设绩效评价	人才培养 38.46	校本建设 18.27	社会服务 10.34	国际交流与合作 6.46	影响与效果 26.47	层次总排列 100
人才培养水平	42.43	—	—	—	—	16.32
专业群建设	13.94	—	—	—	—	5.36
双师队伍	18.95	—	—	—	—	7.29
校企合作	24.67	—	—	—	—	9.49

续表

高职院校高水平建设绩效评价	人才培养 38.46	校本建设 18.27	社会服务 10.34	国际交流与合作 6.46	影响与效果 26.47	层次总排列 100
创新服务平台	—	20.25	—	—	—	3.70
信息化水平	—	37.11	—	—	—	6.78
学校治理	—	42.64	—	—	—	7.79
职业培训	—	—	19.65	—	—	2.03
政企服务	—	—	21.78	—	—	2.25
职业鉴定	—	—	12.29	—	—	1.27
专利及转让	—	—	13.75	—	—	1.42
技术研发服务	—	—	32.53	—	—	3.36
国际培训	—	—	—	26.78	—	1.73
国际交流推广	—	—	—	25.23	—	1.63
留学生培养	—	—	—	26.78	—	1.73
国际平台建设	—	—	—	21.21	—	1.37
效益	—	—	—	—	64.68	17.12
时效与满意度	—	—	—	—	35.32	9.35

本书通过层次分析法将难以量化的问题转化为多层次单目标问题,分析各项因子间关系,通过对比层间和同层元素,利用判断矩阵进行运算。如上文所述的原理和方法,通过德尔菲法,邀请专家确定高水平高职院校评价指标并对各层级内指标进行两两比较。根据专家判断结果,采用规范列平均法求出判断矩阵权重。利用层次分析软件录入各位专家判断的数据,采用标度法比较各指标重要程度,在此基础上构造判断矩阵,在基本一致性检测前提下,进行指标权重迭代计算。计算三级指标的绝对权重时,当一致性存在问题,由软件自动调整算法,使判断矩阵达到一致性检测要求。将求得的各级指标权重四舍五入保留一位小数(百分数),最终得出高水平高职院校建设评估监测指标体系,如表5-11所示。

表5-11 高水平高职院校建设评估监测指标体系(%)

一级指标	二级指标	三级指标	权重
人才培养 38.5	人才培养水平 16.3	综合素质	3.9
		就业质量	3.7
		示范性建设	4.4
		各类奖项	4.3
	专业群建设 5.4	专业群资源	1.5
		与区域产业对接	1.7
		专业群高水平成果	2.2
	双师队伍 7.3	双师型教学创新团队	2.3
		创新型大国工匠团队	2.5
		理论实践教学创新团队	2.5
	校企合作 9.5	高水平校企共建实践教学基地	2.2
		产教融合创新平台	2.2
		高水平企业实训基地	2.6
		协同育人机制	2.5
校本建设 18.3	创新服务平台 3.7	技术创新服务平台	1.2
		研发创新服务平台	1.2
		技能创新服务平台	1.3
	信息化水平 6.8	虚拟仿真实训基地	2.1
		数字化平台	2.3
		数字化教学资源	2.4
	学校治理 7.8	内部治理机制	2.5
		诊断与评价制度	2.5
		高水平治理体系	2.8

续表

一级指标	二级指标	三级指标	权重
社会服务 10.4	职业培训 2.0	校内职业培训	0.9
		校外职业培训	1.1
	政企服务 2.3	产业及企业服务	1.3
		政务及民间服务	1.0
	职业鉴定 1.3	专业职业鉴定	0.8
		新职业鉴定	0.5
	专利及转让 1.4	发明专利	0.6
		实用新型专利	0.4
		外观设计专利	0.4
	技术研发服务 3.4	高新技术研发及服务	1.8
		技术改进研发及服务	1.6
国际交流与合作 6.4	国际培训 1.7	服务外籍人员项目	0.8
		服务境外中方人员项目	0.9
	国际交流推广 1.6	国际合作项目	0.8
		中外合作办学	0.8
	留学生培养 1.7	境外学生培养	0.8
		境内学生留学深造	0.9
	国际平台建设 1.4	对外引智基地	0.6
		国际交流与合作平台	0.8
影响与效果 26.5	时效与满意度 9.4	时效	4.9
		满意度	4.5
	效益 17.1	社会效益	9.9
		可持续影响	7.2

注：权重的数值均为百分比，满分为100%。

第三节
基于因子分析法的"双高"建设评价指标设计

一、"双高"建设评价指标体系调查

"双高"建设评价以相关政策文件为基准，将关键利益相关方的权责义务、行为及效果转化为相应的指标。采用德尔菲法调研，根据专家建议，做出如下主要变更：将初设的人才培养与学校发展指标拆分为人才培养、校本建设两个指标；将企业技术服务和其他领域技术服务指标并入高新技术研发及服务、技术改进研发和服务指标；将国家奖项和省级奖项指标并入各类奖项指标；对于反映人才培养水平选项，原指标标准规范和高水平技能基地建设相对片面，且与实训基地建设存在交叉重叠之处，因此变更为综合素质（即师生综合素质）、就业质量和示范性建设（各类示范性骨干重点院校、基地、重点学科建设、精品课程等）。最后专家统一意见，确定最终遴选指标为：人才培养、校本建设、社会服务、国际交流与合作、影响与效果5个一级指标，18个二级指标和46个三级指标。人才培养维度包含综合素质、示范性建设、就业质量、各类奖项、双师型教学创新团队、创新型大国工匠团队、理论实践教学创新团队、专业群资源、与区域产业对接、专业群高水平成果、高水平校企共建实践教学基地、产教融合创新平台、高水平企业实训基地、协同育人机制14个指标；校本建设维度包含技术创新服务平台、研发创新服务平台、技能创新服务平台、虚拟仿真实训

基地、数字化平台、数字化教学资源、内部治理机制、诊断与评价制度、高水平治理体系9个指标；社会服务维度包含校内职业培训、校外职业培训、产业及企业服务、政务及民间服务、通用职业鉴定、新职业鉴定、发明专利、实用新型专利、外观设计专利、高新技术研发及服务、技术改进研发及服务11个指标；国际交流与合作维度包含服务外籍人员项目、服务境外中方人员项目、国际合作项目、中外合作办学、境外留学生培养、境内学生留学深造、对外引智基地、国际交流与合作平台8个指标；影响与效果包含可持续影响、社会效益、时效指标、满意度指标4个指标。依据46个指标运用利克特5级量表编制了《高水平高职院校建设评价指标量表》。量表编制完成后，先在课题组内部对选定的30名教师、科研人员进行了预测试，以辨别题项是否合理及是否存在未知的缺陷。通过预测试，对个别题项进行了微调。本问卷采用利克特5级量表，分值1~5分别对应"一般""稍微重要""比较重要""十分重要""绝对重要"5个程度。通过此量表，展开正式调研。为了保障调研数据的科学有效性，调研量表采用了判断抽样法，选取全国29所院校相关领域的专家、领导、管理人员、教师及硕博研究生作为调研对象。同时对量表可能产生歧义和疑惑之处，我们进行了具体说明，例如，解释时效指标主要为任务进度计划执行情况等，社会效益指标主要是指人才培养和改革发展贡献度、支撑国家战略及服务区域发展贡献度、职教高质量发展国家政策、制度、标准贡献度，可持续影响为标志性成果的可持续影响时间等，满意度主要包括在校生、毕业生、教职工、产教融合单位、用人单位和家长满意度等。同时，介绍了国家政策导向，例如，按照国家《深化新时代教育评价改革总体方案》要求，适度提高职业培训和服务区域及产业行业的权重。

此次调研，通过网络发放调查量表450份，回收量表411份，回收率为91%，剔除规律性作答和答题时间少于100秒的无效答卷（因为题量较大，如果是认真作答在100秒内很难完成），回收有效量表391份，有效量表回收率为87%。各项指标通过主成分分析法提取公因子方差，综合素质和产业及企业服务的值最大，为0.725，高水平校企共建实践教学基地和国际合作项目的值最小，为0.511，所有指标公因子方差均大于0.5（如表5-12所示），且总方差解释度呈现平缓增长的趋势（如图5-1所示），因此无删除项。

表5-12 "双高"院校建设绩效评价指标公因子方差

指标	初始	提取	指标	初始	提取
示范性建设	1.000	0.596	校内职业培训	1.000	0.596
就业质量	1.000	0.657	校外职业培训	1.000	0.657
综合素质	1.000	0.725	产业及企业服务	1.000	0.725
各类奖项	1.000	0.517	政务及民间服务	1.000	0.517
技术创新服务平台	1.000	0.547	专业职业鉴定	1.000	0.547
研发创新服务平台	1.000	0.616	新职业鉴定	1.000	0.616
技能创新服务平台	1.000	0.722	外观设计专利	1.000	0.722
专业群资源	1.000	0.583	实用新型专利	1.000	0.583
与区域产业对接	1.000	0.580	发明专利	1.000	0.580
专业群高水平成果	1.000	0.595	高新技术研发及服务	1.000	0.595
双师型教学创新团队	1.000	0.610	技术改进研发及服务	1.000	0.610
创新型大国工匠团队	1.000	0.559	服务外籍人员项目	1.000	0.559
理论与实践教学创新团队	1.000	0.536	服务境外中方人员项目	1.000	0.536
高水平校企共建实践教学基地	1.000	0.511	国际合作项目	1.000	0.511
协同育人机制	1.000	0.638	中外合作办学	1.000	0.638
高水平企业实训基地	1.000	0.515	境外留学生培养	1.000	0.515
就业质量	1.000	0.587	境内学生留学深造	1.000	0.587
虚拟仿真实训基地	1.000	0.641	对外引智基地	1.000	0.641
数字化平台	1.000	0.577	国际交流与合作平台	1.000	0.577
数字化教学资源	1.000	0.602	社会效益	1.000	0.602
内部治理机制	1.000	0.678	可持续影响	1.000	0.678
诊断与评价制度	1.000	0.703	满意度	1.000	0.703
高水平治理体系	1.000	0.610	时效	1.000	0.610

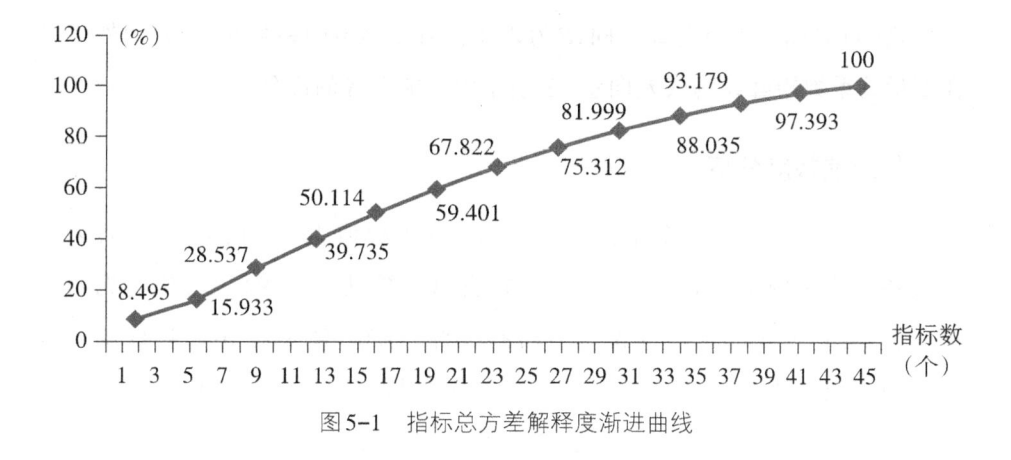

图5-1 指标总方差解释度渐进曲线

二、指标体系模型建构与因子分析

依据教育部、财政部等相关部委的监管办法及其附件中的数据采集表,同时参照《深化新时代教育评价改革总体方案》中明确提出的加大职业培训、服务区域和行业的评价权要求,结合"双高"建设指标内涵,我们运用层次分析法,并基于运筹学层次结构模型,通过构建判断矩阵,判断指标的重要程度。

(一)模型方程

结构方程模型由测量模型和结构模型构成。测量模型包含潜在变量与观察变量,用以验证多个观察变量影响潜在变量的程度。该模型可用2个方程式表达,分别测量外生观察变量与外生潜在变量之间的关系、内生观察变量与内生潜在变量之间的关系。模型表达式如下:

$$X = \Lambda_x \xi + \delta \quad (1)$$

$$Y = \Lambda_y \eta + \varepsilon \quad (2)$$

式(1)中,X为外生观察变量向量,ξ为外生潜在变量向量,δ为外生观察变量的误差项向量;式(2)中,Y为内生观察变量向量,η为内生潜在变量向量,ε为内生观察变量的误差项向量;Λ为观察变量与潜在变量因子载荷矩阵。

结构模型用以求证外生与内生潜在变量间的关系。外生潜在变量对内生潜在变量的影响会受到干扰潜在变量的影响,以符号e表示。结构模型的数学表达式如下:

$$\eta = \beta\eta + \Gamma\xi + e \quad (3)$$

式(3)中：η 和 ξ 与上式相同，β 为内生潜在变量 η 的系数矩阵，Γ 为外生潜在变量的系数矩阵，e 为残差向量，是模型内未能解释的部分。[①]

(二)信效度分析

如表 5-13 所示，46 个指标的 Cronbach α 系数值为 0.731，大于 0.70，表明量表各项指标内部一致性信度良好，在尝试删除某一项指标后，信度无明显提升，因此进一步证明应保留现存所有指标。KMO 值是对 46 个指标调研数据采用主成分正交旋转法进行探索性因子分析，分析结果 KMO=0.624，巴特利特球形度检验 P=0.000<0.05，表明调研数据适合做因子分析。

表 5-13　信效度检验

Cronbach α	标准化	0.731
KMO 取样适切性量数		0.624
巴特利特球形度检验	近似卡方	2 446.901
	自由度	1 035
	显著性	0.000

(三)模型构建与修正

高职院校"双高"建设绩效评价指标体系通过 AMOS 构建、检验并修正结构方程模型，模型估计方法为极大似然法，矩阵为协方差矩阵，样本量为 391 份。构建的模型为四阶因子模型，一阶为"双高"院校建设绩效 1 个因子，二阶为人才培养、校本建设、社会服务、国际交流与合作、影响与效果 5 个因子，三阶包含 18 个因子，四阶包含 46 个因子。

通过模型适配度检验，发现拟合优度评价指标 GFI=0.881，可以接受，但略低于 0.9 的良好指标，因此为了使模型趋近饱和模型，对模型进行必要的修正。模型修正以其修正指数 MI 的数值作为判定标准，借助该指数调整部分路径的限制，使其更加趋近实际情况。通过观察初始模型的 MI 值，发现在可调整 MI 指标中，$e3$ 与 $e42$ 的值最大，二者对应的变量为就业质量和国际交流与合作平

[①] 张凤彪,王家宏.基于结构方程模型的我国公共体育服务绩效评价实证研究[J].上海体育学院学报,2020,44(11):45.

台。从现实的角度考虑,学生就业不应仅局限于国内,更应不断拓宽视野,放眼国际。加强国际交流与合作平台建设能帮助学生实现更高质量就业,因此二者存在一定相关性,可添加其相关性路径。将此次修正定义为修正模型1,修正后卡方值减小59.79,GFI值改善为0.887,说明模型适配度提高,模型得到改善。以此类推,按其他相关MI指数从高到低依次修正指标,剔除不相关指标,如表5-14所示。最终建立模型,如图5-2所示。

表5-14 模型修正与解释

修正模型序列	相关性路径	修正指数	对应变量解释说明
1	$e3$和$e42$	59.79	国际交流与合作平台与就业质量相互关联
2	$e23$和$e29$	13.726	高水平治理体系和新职业鉴定可互相影响
3	$e2$和$e35$	13.451	境外中方人员培训与高素质教师可相互促进提升
4	$e30$和$e16$	13.273	研发创新服务平台与发明专利存在一定相关性
5	$e11$和$e8$	12.659	专业群资源与校企共建实训基地存在相关性
6	$e8$和$e16$	11.739	专业群资源与研发创新服务平台存在相关性
7	$e33$和$e10$	10.313	专业群高水平成果与发明专利相互关联
8	$e22$和$e34$	9.742	诊断与评价制度技术改进研发与服务相关联
9	$e6$和$e31$	8.867	创新型大国工匠团队与实用新型专利存在相关性
10	$e23$和$e42$	8.748	高水平治理体系与国际交流与合作平台存在相关性
11	$e12$和$e21$	8.68	产教融合创新平台与内部治理机制存在相关性
12	$e2$和$e36$	7.951	综合素质与服务外籍人员项目存在相关性
13	$e3$和$e23$	7.727	就业质量与高水平治理体系相互关联
14	$e42$和$e46$	7.48	不相关,剔除
15	$e32$和$e10$	7.455	不相关,剔除
16	$e4$和$e19$	7.13	示范建设与数字化平台相互关联
17	$e22$和$e40$	7.056	诊断与评价制度与境外留学生培养存在相关性
18	$e10$和$e46$	6.838	专业群高水平成果与时效指标存在相关性
19	$e37$和$e29$	5.863	国际合作项目与新职业鉴定存在相关性

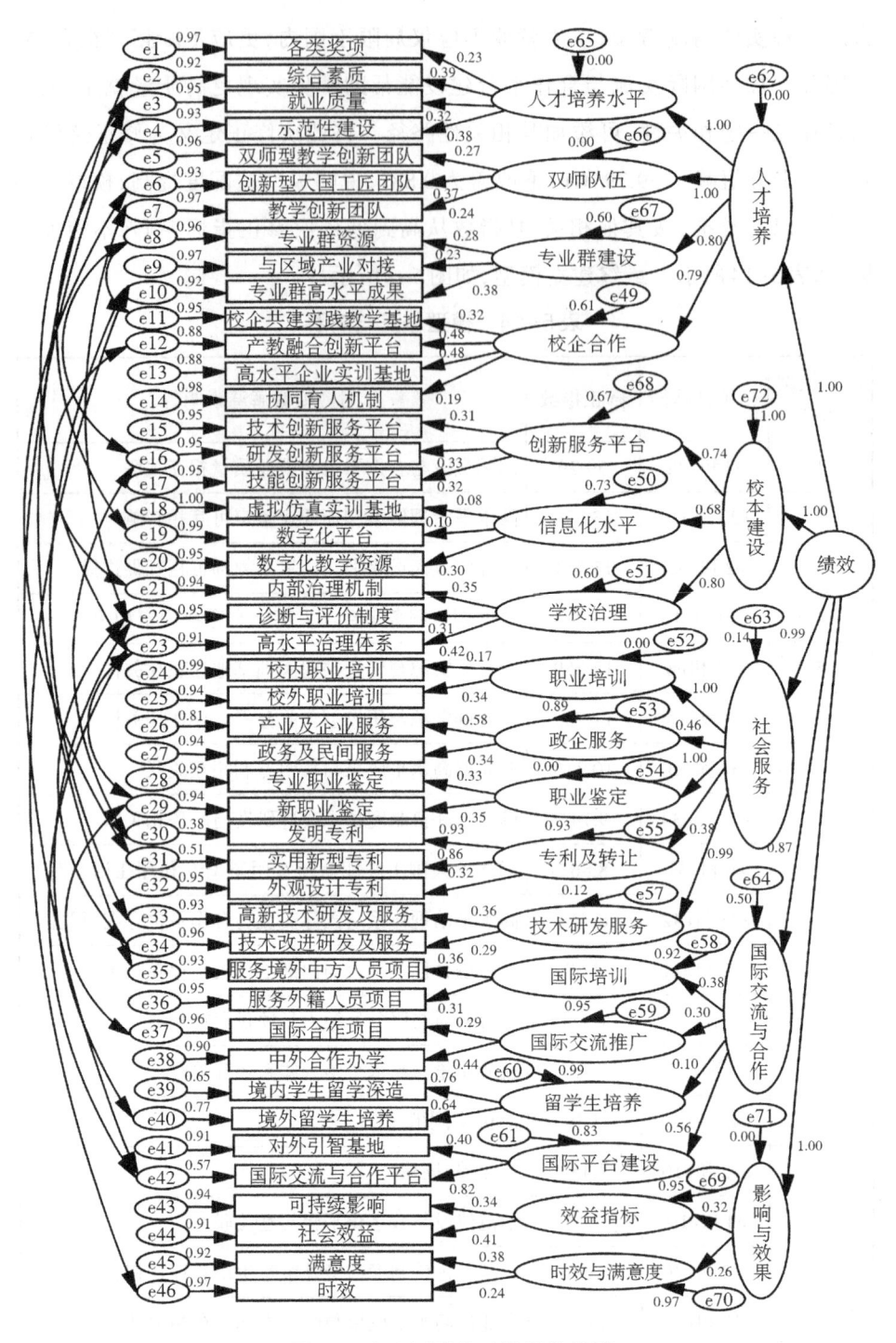

图 5-2 "双高"院校建设评价模型

(四)指标权重确定

本书通过因子分析法确定"双高"建设院校绩效评价权重。对"双高"建设院校绩效结构方程模型标准化处理后的因子载荷进行归一化处理,计算出各指标的权重系数[1]。

图5-2显示了结构方程模型的标准化参数估计值,标准化的回归系数是对变量进行标准化处理后得出的估计值,从各因子载荷量可以判断测量变量(外衍潜变量)对各内衍潜变量的重要程度[2],模型二阶5个因子"人才培养""校本建设""社会服务""国际交流与合作""影响与效果"的因子载荷分别为1.00、1.00、0.99、0.87、1.00。上述5个维度的权重用各项因子载荷与5个维度的因子载荷之和的比值表示,求得权重分别为:20.58%、20.58%、20.37%、17.90%、20.58%。至于三级指标的权重,以"专业群建设"维度的指标为例,"专业群资源""与区域产业对接""专业群高水平成果"的载荷分别为0.28、0.23、0.38,求和得0.89,然后将各因子载荷除以0.89,即可求出这三项指标的相对权重,也就是这三个指标在"专业群建设"维度内部的权重系数:33.71%、25.84%、40.45%。以此计算方法能够计算出各指标在其所属维度内的相对权重以及各维度对其上一阶维度的权重系数。绝对权重用相对权重系数乘以其所属维度的权重系数,逐级计算,最终可得出各项指标和维度的绝对权重系数(如表5-15)。最终确立"双高"院校建设评价指标体系及权重,求得的三级指标权重,保留一位小数位,如表5-16所示。

表5-15　高职院校高水平建设评价维度与二级指标权重计算结果

维度 (一级指标)	因子载荷	维度权重系数	二级指标	因子载荷	相对权重系数	绝对权重系数
人才培养	1.00	20.58	人才培养水平	1.00	27.86	5.73
			双师队伍	1.00	27.86	5.73
			专业群建设	0.80	22.28	4.59

---

[1] 张凤彪,王家宏.基于结构方程模型的我国公共体育服务绩效评价实证研究[J].上海体育学院学报,2020,44(11):48.

[2] 吴明隆.结构方程模型——AMOS的操作与应用[M].重庆:重庆大学出版社,2009:57.

续表

维度 (一级指标)	因子载荷	维度权重系数	二级指标	因子载荷	相对权重系数	绝对权重系数
人才培养	1.00	20.58	校企合作	0.79	22.01	4.53
校本建设	1.00	20.58	创新服务平台	0.74	33.33	6.86
			信息化水平	0.68	30.63	6.30
			学校治理	0.80	36.04	7.41
社会服务	0.99	20.37	职业培训	1.00	26.11	5.32
			政企服务	0.46	12.01	2.45
			职业鉴定	1.00	26.11	5.32
			专利及转让	0.38	9.92	2.02
			技术研发服务	0.99	25.85	5.27
国际交流与合作	0.87	17.90	国际培训	0.38	28.36	5.08
			国际交流推广	0.30	22.39	4.01
			留学生培养	0.10	7.46	1.34
			国际平台建设	0.56	41.79	7.48
影响与效果	1.00	20.58	效益	0.32	55.17	11.35
			时效与满意度	0.26	44.83	9.22

注：权重系数为百分比。

表5-16 高职院校高水平建设评价指标体系

一级指标	二级指标	三级指标	权重
人才培养	人才培养水平	各类奖项	1.0
		综合素质	1.7
		就业质量	1.4
		示范性建设	1.6
	双师队伍	双师型教学创新团队	1.8
		创新型大国工匠团队	2.4
		理论与实践教学创新团队	1.6
	专业群建设	专业群资源	1.4
		与区域产业对接	1.2
		专业群高水平成果	2.0
	校企合作	校企共建实践教学基地	1.0
		产教融合创新平台	1.5
		高水平企业实训基地	1.5
		协同育人机制	0.6
校本建设	创新服务平台	技术创新服务平台	2.2
		研发创新服务平台	2.4
		技能创新服务平台	2.3
	信息化水平	虚拟仿真实训基地	1.1
		数字化平台	1.3
		数字化教学资源	3.9
	学校治理	内部治理机制	2.4
		诊断与评价制度	2.1
		高水平治理体系	2.9
社会服务	职业培训	校内职业培训	1.8
		校外职业培训	3.5

续表

一级指标	二级指标	三级指标	权重
社会服务	政企服务	产业及企业服务	1.5
		政务及民间服务	0.9
	职业鉴定	专业职业鉴定	2.6
		新职业鉴定	2.7
	专利及转让	发明专利	0.9
		实用新型专利	0.8
		外观设计专利	0.3
	技术研发服务	高新技术研发及服务	2.9
		技术改进研发及服务	2.3
国际交流与合作	国际培训	服务外籍人员项目	2.3
		服务境外中方人员项目	2.7
	国际交流推广	国际合作项目	1.6
		中外合作办学	2.4
	留学生培养	境外学生培养	0.6
		境内学生留学深造	0.7
	国际平台建设	对外引智基地	2.5
		国际交流与合作平台	5.0
影响与效果	效益	可持续影响	5.1
		社会效益	6.2
	时效与满意度	满意度	5.7
		时效	3.6

注：权重为百分比，合计为100%。

三、综合权重确立

将基于层次分析法确定的主观权重与因子分析法确定的客观权重进行综合分析求解,依据下列公式确立高职院校高水平建设绩效评价体系的综合权重。

计算公式[①]:

$$W_i = \frac{\alpha_i \beta_i}{\sum_{i=1}^{n} \alpha_i \beta_i}$$

式中:W_i代表综合权重;α_i代表客观权重;β_i代表主观权重;n为评价体系中指标个数。依据上述公式可以求得所有指标的综合权重,计算结果全部采取四舍五入保留两位小数的方法进行进位处理,最终确立的高职院校高水平建设评价指标体系的综合权重如下(表5-17)。

表5-17 高职院校高水平建设评价指标体系综合权重(%)

一级指标(维度)	客观权重	主观权重	综合权重	二级指标	客观权重	主观权重	综合权重
人才培养	20.58	38.46	38.83	人才培养水平	5.73	16.32	13.74
				双师队伍	5.73	7.29	6.14
				专业群建设	4.59	5.36	3.61
				校企合作	4.53	9.49	6.31
校本建设	20.58	18.27	18.44	创新服务平台	6.86	3.70	3.73
				信息化水平	6.30	6.78	6.28
				学校治理	7.41	7.79	8.48
社会服务	20.37	10.34	10.33	职业培训	5.32	2.03	1.59
				政企服务	2.45	2.25	0.81
				职业鉴定	5.32	1.27	0.99
				专利及转让	2.02	1.42	0.42
				技术研发服务	5.27	3.36	2.60

---

① 姜洋.基于群决策层次分析和因子分析的CW-FCEM煤矿冲击地压评价模型[J].煤矿安全,2019,50(9):189.

续表

一级指标(维度)	客观权重	主观权重	综合权重	二级指标	客观权重	主观权重	综合权重
国际交流与合作	17.90	6.46	5.67	国际培训	5.08	1.73	1.29
				国际交流推广	4.01	1.63	0.96
				留学生培养	1.34	1.73	0.34
				国际平台建设	7.48	1.37	1.51
影响与效果	20.58	26.47	26.72	效益	11.35	17.12	28.55
				时效与满意度	9.22	9.35	12.67

四、指标体系解读

一级指标体系包含人才培养、校本建设、社会服务、国际交流与合作、影响与效果，这与国家"双高"建设总体监测与评价方向一致，符合新时代教育评价改革的整体要求。人才培养下设二级指标：人才培养水平、双师队伍、专业群建设、校企合作，这正是高职院校高质量发展和高水平建设中人才培养的核心指标，具有一定的说服力。校本建设下设二级指标：创新服务平台、信息化水平、学校治理，这与高职校本内涵建设的指标相吻合，能够体现其校本建设的真实水平。社会服务下设二级指标：职业培训、政企服务、职业鉴定、专利及转让、技术研发服务，这恰恰可以反映"双高"建设院校服务社会的职业性特征，且其为社会服务的核心指标。国际交流与合作下设二级指标：国际培训、国际交流推广、留学生培养、国际平台建设的职能，这些刚好可以反映高职院校国际培训与培养、国际交流与推广、国际合作平台建设，是国际交流与合作的核心指标，具有一定代表性。影响与效果下设二级指标：效益、时效与满意度，这刚好符合新时代"双高"建设国家评价的指标设定既注重效益，也注重影响与满意度，能够较为全面地反映"双高"建设的成效。

纵观全部指标权重，由于"影响与效果"维度下三级指标相对较少，因此各项指标权重相对较高。从现实情况分析，影响与效果能够在很大程度上反映"双高"建设院校绩效水平，也确实是反映"双高"建设院校成效的关键性指标。而三级指标,协同育人机制权重相对较低,可能是由于协同育人机制评价相对困难,且判断标准不统一,因此认同度受到了一定影响。"专利及转让"维度相对其他维度而言,权重偏低。通过2021年各省份高职院校专利成果转化统计表5-18,可以发现即使是我国排在前十位的省份,其所属高职院校专利成果转化数量也呈现迅速下降趋势,专利成果转化严重不均衡。并且通过对排在首位的江苏省高职院校专利成果转化情况进行分析,可以发现平均每项专利成果转化额为1.89万元,创造的价值相对有限。正是因为高职院校专利成果发挥的社会效能有限,因此"专利及转让"维度尚未得到一致认可。此外,"留学生培养"维度权重也相对较低。同时相对留学生培养而言,本土学生培养可能受到了更多关注。

表5-18　2021年各省份高职院校专利成果转化统计

序号	省份	专利成果转化数量(项)	专利成果转化额(万元)
1	江苏	1042	1973
2	浙江	618	2147
3	广东	404	2190
4	山东	257	1868
5	安徽	164	360
6	江西	109	993
7	重庆	100	1523
8	福建	93	227
9	河北	87	951
10	河南	85	1141

在"双高"建设评价指标体系的"社会服务"维度中,职业培训、技术研发与服务这些反映社会服务水平的指标权重相对较高,是因为这与国家《深化新时代教育评价改革总体方案》明确要求适度提高职业培训和服务区域及产业行业的权重一致,是能够反映高职院校与地方企业合作及产教融合持续深入的关键指标,得到了专家学者的普遍认可。此外,数字化教学资源指标权重相对

较高，这与数字化线上教学和数字校园建设密切相关。同时，充分利用现代教育技术，结合人工智能技术，持续推进高职院校信息化建设的重要性得到了专家学者的一致认可。同时，国际交流与合作平台指标权重在"国际交流与合作"维度里也相对较高，这与高职教育持续推进国际化建设与发展，不断提升国际影响力相关，也证明若想提升高职院校国际交流与合作水平，建立和完善相应的国际交流与合作平台可起到关键性的作用。

  由于条件所限，不能对所有"双高"建设院校展开全面调查，故而获取的数据可能存在一定偏差。因此，不断拓展调研范围，结合层次分析法、基于德尔菲法的专家主观权重确立指标进行综合分析计算，是后续研究重点关注的内容。

第四节
基于层次分析法的"双高"建设专业评估与监测体系指标设计

当前,高职教育专业建设日益受到国家和地方政府的重视,高职专业建设经历了骨干示范专业建设、教改试点专业、重点优势专业建设等。2006年国家示范性高职院校建设提出了专业群建设的概念,以促进不同专业发展和专业融通共享。以群促建,进一步提升校企合作、产教融合的实效。之后,骨干专业、精品专业和特色专业等作为办学特色和办学水平的重要表征被提出并启动建设。2020年12月"双高计划"绩效管理办法发布,并于2022年对相关院校开展自评和中期检查,中期检查主要依托省级主管部门,依据相关数据采集表展开测评。由于相关数据采集表较为笼统概括,缺乏详细具体的评估监测指标,因此容易造成评价标准不一、具体监测点缺少科学依据、评价结果失真等问题。鉴于此,本书通过实证研究方法,以国家相关数据采集表的三级指标为基准,科学论证,进一步拓展相关领域的研究。

通过"双高"建设内涵解读,充分考量"双高"建设专业评估与监测体系的设计依据,以保障指标设计的科学合理及权威性。在此基础上通过分析指标体系的设计要点、理论基础及基本思路,科学设定高职高水平专业建设评估与监测初始指标体系。同时,依据相关文件精神和已有研究,结合专业评价内涵及层次分析法,充分运用德尔菲法,对初始指标进行科学遴选和赋权,形成相对完善的评估与监测指标体系。按照误差理论"严格评价"原则,运用3δ法确定一级指标各组指数的临界点,形成专业建设组指数预警区间。以相关院校为研究对象,用采集的实证验证该指标体系,同时也能够真实有效地评估和监测相关院校专业建设质量,并提供不同等级的预警,为后续研究提供可借鉴的方法与原理。

一、"双高"专业建设内在逻辑解读

(一)相关概念诠释

专业评估是指由特定评定机构和人员按照相关规定和特定标准,运用科学方法、原则和程序,依据科学评估指标体系对专业建设进行内部或外部评估与监测的过程。

(二)"双高"建设应以专业建设为根基

"双高"建设以资助专业建设为基础,通过高水平专业建设带动高水平学校建设,相对于以前国家示范性高职院校建设资助政策有明显不同。高水平高职院校对国家经济社会发展具有重要意义,高水平高职院校必然要有高水平专业做支撑。高水平院校和高水平专业联系紧密,有了高水平专业才可能造就高水平院校。因此,高水平专业建设是高水平院校建设的根基,"双高"建设的起点是建设高水平专业,有了高水平专业做保障,形成高水平专业群,方能在此基础上实现高水平高职院校建设。

(三)"双高"专业建设需要高水平评估与监测

社会服务和人才培养职能作为高职院校的核心职能应该成为高水平专业建设的逻辑起点。高职院校专业建设应重点服务于产业转型升级和高新技术发展支撑,服务于国家"一带一路"倡议和《中国制造2025》战略,服务于乡村振兴和区域建设,并充分利用人工智能和互联网技术促进产业、行业发展。人才培养应以促进人的全面发展为宗旨,加强学生的思想政治教育、专业理论知识与实践技能培养,培养学生的工匠精神,通过提升思想素质激发其不断进取的动力。这些核心素质的培养,需要通过高水平的评估与监测机制予以保障,以把握办学方向,强化办学质量,促进师生的专业发展,提升社会服务质量。[①]

二、"双高"建设专业评估与监测体系设计依据

(一)新时代高职专业评估的实践进展

当前,国家和各省市相关部门对高职专业发展的评估越来越重视,教育管理部门,出台过多个类型的高职专业评审标准,用于专业建设立项和验收评审。尤其是2004年和2008年开展的两轮高职院校水平评估,对专业评价进行了重点设计,包含了专业评价条目,同时设有专业剖析指标体系,要求评审专家抽取被评学校的两个专业进行重点剖析。之前的专业评价,从评价宗旨来看属于等级评价或审核评价。虽然后续评估倡导做诊断性评价,但从评价性质来看仍然属于终结性评价,主要是进行监测和要求整改。

(二)专业评估与监测的政策依据

项目组通过查阅和分析已有相关政策文件,开展集体研讨,并依据《国家职业教育改革实施方案》、《关于实施中国特色高水平高职学校和专业建设计划的意见》和后续出台的《管理办法》以及《绩效管理办法》,同时以《高水平专业(群)建设数据采集表》为基点,结合《职业教育提质培优行动计划(2020—2023年)》等文件要求及基本设计理念,以顶层设计为指引,深入研究项目背景、内容、标准、指标等信息,为专业评估与监测体系设计奠定扎实的基础。此外,项目组以国家相关政策规定为依据,以高职院校专业建设绩效评价为重点进行指标设计。项目组通过科学实证,在完成专业绩效评估与监测指标设计后,结合"双高"建设专业评价指标所需证据、来源等信息,选取典型院校进行相应证据收集,进而对专业评估与监测指标进行科学验证。

---

① 张新民,吴敏良.双高背景下高职高专教育专业评价指标研究[J].职教论坛,2018(9):22-27.

（三）专业评估与监测指标体系设计的现实依据

要充分挖掘专业绩效评估与监测的理论基础，需从政策文件中探寻专业评估设计指标。因此，依据"双高"建设《高水平专业（群）建设数据采集表》的基本框架，进行扩展研究与设计。本指标设计遵循理论与实践有机结合的原则，提升指标体系设计的理论性、客观性、科学性和可操作性。同时，运用德尔菲法邀请相关领域的科研和管理专家、评估专家及主管领导，通过盲测进行指标体系筛选，经过几轮函询调查、商议和辩论，最后达成一致意见。在初步验证与测评达到预期效果后，我们确定了高职教育专业指标体系评估与监测的具体设定。

三、"双高"建设专业评估与监测指标体系设计

（一）设计要点

以高职教育《高水平专业（群）建设数据采集表》为基础，打破唯论文、唯帽子、唯分数、唯升学的顽瘴痼疾，提炼能够反映专业主要内涵和特征的基本要素，真实全面地反映专业的基本属性和整体水平。按照系统论的观点，将表征专业内涵和特征的全部要素视为信息或资源，并将其划分为输入的信息或资源、输出的信息或资源和专业自身具有的信息或资源[1]。通过分析《高水平专业（群）建设数据采集表》发现，其中产出指标既包含了输入信息，也包含了输出信息，并且该指标本质上也是对专业自身信息的数据采集。

输入的信息（资源）主要包括人才培养模式、课程教学资源、教材与教法、师资、实践教学基地、技术技能平台、优势与特色专业等；输出的信息（资源）主要包括社会服务、社会发展贡献度、人才培养贡献度、国际交流与合作、政策、制度、标准贡献度等，这些内容是衡量专业质量的主要要素。专业自身具有的信息或资源往往是经过历史的积淀所形成的独特优势要素。专业经过长期积累形成的信息（资源）既能体现现有水平，又影响着其是否可实现可持续发展。专业自身信息（资源）和输入信息（资源）质量决定了输出信息（资源）质量。输

---

[1] 刘经兰,刘松林.影响高职专业评价真实性的因素及对策[J].职教论坛,2010(7):42-46.

入信息(资源)中的人才培养模式、师资、教材与教法需要从创新的角度去考量,可参考使用教育部出台的系列专业教学标准等来验证课程教学资源建设的达标情况及其特色优势。实践教学基地及技术技能平台的建设,可参考教育部出台的顶岗实习标准、专业仪器设备装备规范等。

高职专业评价指标体系的设计,能在引领专业群高水平建设的基础上,推动高水平学校建设,并树立新时代教育教学评价质量观。在国家战略指引下,该指标体系旨在促使高职教育调整专业结构,顺应区域产业发展,放眼国际视野,不断加强交流与合作。它能打破"五唯"顽疾,促进教师教学质量水平的持续提升,培养适应产业和经济发展的高技能人才,促进学生的成才与自我实现。[①]

(二)专业测评指标体系的构建

1.高职院校专业评估与监测体系构建的理论依据

本书充分结合管理学的"项目管理法"和经济学的"利益相关者理论"进行高职院校专业评估体系研究,将其作为一个系统工程进行过程管理。通过运用"利益相关者理论"分析高职院校不同利益相关者的需求与责任,从而为高职专业评估体系的构建提供理论支撑。

项目管理法是依据项目实施方法为完成确定的专业评价目标而采用的技术方法。该方法通过专家咨询和经验判断等,借助专业软件分析调研数据的信度与效度,确保数据能够真实反映专业评价的本体特征。同时它还运用因子分析和层次分析法确定评估指标及其权重,将专业评估与监测指标体系划分成目标层、中间层和基层。目标层为高职专业建设绩效评估管理机制,中间层主要为机制要素,基层为具体举措,三者共同对专业评估体系进行完善的项目管理。

利益相关者理论在组织评价中适用于评价对象和主体,高职院校专业建设涉及政府、学校、企业、事业单位及第三方评价组织等利益相关者。高职院校专业建设是产业、行业与教育系统在人才培养、技术研发等方面进行的合

---

① 张新民,吴敏良.双高背景下高职高专教育专业评价指标研究[J].职教论坛,2018(9):22-27.

作,是系统内外利益相关方为了更好地共同进步而开展的交流与互动。这种交流互动往往通过制度约束保障其活动的常态化,并通过明晰各自的责任和义务促使各方利益诉求的实现。利益诉求的满足是各方可持续融合的关键动力,利用该理论分析各利益相关者的评估指标,能够为构建职业教育专业评价体系提供必要的支撑。

2.高职院校专业评价体系构建的基本程序

首先,利用米切尔评分法,从合法性、紧急性和权力性视角考量专业评价各利益相关者,利益相关者包含产业、行业与教育系统的各相关方。在专业建设过程中,我们以产教融合为核心,与这些利益相关方共筑协同发展共同体。"双高计划"从技能人才培养和国家战略及区域发展、产业升级的高度提出建设计划,而完成如此宏伟的计划,需要各利益相关方的深度融合。只有充分尊重和平衡各方的诉求,合作才能可持续,各方才能发展,才能有效促进"双高"专业建设目标的实现。结合"双高计划"专业建设相关政策文本,本书分析已有文献,梳理专业建设各利益相关者在资源融合、制度融合、专业和专业群建设等任务中的权责,提取专业建设评价体系构成要素,进而对其进行科学性考量和分析。

其次,通过德尔菲法,结合国家相关数据采集表,对数据进行科学实证,遴选核心评价指标。为避免评价体系构成要素交叉重叠,分专业教学、社会服务、国际交流等不同层面,结合数量、质量、效益、满意度等因素,对体系构成要素进行综合评价。其中效益和满意度是对专业建设关键领域的贡献和各利益相关方满意度的调研。

最后,在构建完善的评价指标体系的基础上,选取典型院校进行科学验证分析。遵循统计学误差理论的"严格评价"原则,本书选择了一所"双高"建设院校,对指标进行科学预警验证。通过运用3δ法,我们确定了高职"双高"专业建设各组指数的临界点和预警区间,采集了"双高"院校专业建设现实数据,以此来验证高职"双高"专业建设成效。

3."双高"建设高水平专业指标体系设计

从高职院校专业教学视角分析,学校为教学主体,企事业单位和政府对教学资源的供给、技术的支持和人员的配备等是专业教学持续发展进步的源泉。以利益相关方共同发展为指引,借助企业及科研部门的优势力量,共同组建教学创新团队,推进教材与教法改革,旨在满足不同利益相关方的需求,进而丰富课程教学资源建设。从学生实践视角分析,更应以人才培养模式创新为导向,促进各利益相关方融合发展的创新模式,推动高职院校和各利益相关方形成命运共同体。以融合作为实践教学的核心要素,反映在实践教学基地的资金、设备及人员等资源的融合上。资源的优化配置及融合的效果将直接影响各利益相关者持续合作的动力。此外,作为高职人才培养关键指标的技术技能平台建设,也需要各利益相关方的共同参与,唯有如些才能更加有效地促进学生技术技能水平的不断提升。

通过利益相关者理论分析发现,高职院校无论是从其培养的职业人才视角出发,还是其自身视角来看,它可持续发展的根本动因都是服务社会。从高职院校社会服务视角分析,"双高"建设要求职业教育服务国家战略,专业设置和建设紧密对接区域经济与社会发展以及产业转型升级,通过专业间及专业群与产业链的融合发展,提升职业教育服务社会发展的能力。高职教育专业建设首先要服务于国家战略,需要按照国家战略要求适时调整和优化,专业设置应紧密对接区域经济与社会发展需求。技能人才对区域产业的供给及贡献代表着高职教育服务区域产业的成效,专业设置和区域产业的匹配度,则是关乎区域产业能否顺利转型升级的关键指标。教学和培训面向社会的开放度等指标是体现高职院校社会服务功能的关键环节,需要各利益相关方的共同投入与合作。

国际交流与合作体现了开放办学和专业建设的国际化进程。从高职院校国际交流视角分析,高水平专业(群)建设需要放眼全球,涉及更多的利益相关方,包括外来留学生、境外人员、中资企业海外员工、参与互动交流的师生等群体,国际培训、境外办学、国际化二级学院、被境外采用的教学标准、承办的国际学术及技能交流大会和参与的相关大会、大赛及主要贡献等,以及建设的国际鲁班工坊、组织的国际化产教及职教联盟活动等。[1]

通过理论分析,并结合《绩效管理办法》,我们将教育部、财政部下发的《高水平专业(群)建设数据采集表》的三级指标作为本书二级指标设计的基础,并

---

[1] 刘斌,邹吉权."双高计划"绩效评价指标体系内涵分析与权重确定[J].中国高教研究,2021(4):100.

进行逐级扩充。同时本书还结合《第五轮学科评估工作方案》等专业评估指标体系，咨询相关专家及部门，对指标进行充分论证。本书依据相关文件及要求，借鉴以往学科评估参考指标，分析已有关键文献的基础上，初步选取了相对全面的"双高"建设专业评估指标，然后通过德尔菲法，邀请专家函询打分，最终确定高职教育高水平专业建设评估监测指标体系。应用德尔菲法的基本过程如下：第一轮专家调查不作任何限制，由专家对给定的专业评估指标进行打分，专家可提出增或删的建议。然后对第一轮的打分进行专业化的处理分析，将分析结果提供给各位专家，结合专家反馈意见，针对高水平专业建设评估与监测指标的构建思路及指标间重叠部分如何处理进行详细阐释，接着进行专家的第二轮打分。之后利用专业软件对数据进行统计分析，求出各级指标变异系数和肯德尔协调系数[①]，最终确定高水平专业建设的评估监测指标，形成高职高水平专业建设评估监测指标体系（如表5-19所示）。

表5-19　高职高水平专业建设评估监测指标体系

一级指标	二级指标	三级指标	权重
专业教学 46	人才培养模式创新 5	订单式培养	1.0
		现代学徒制	1.0
		集团化培养	1.0
		混合所有制	1.0
		其他可借鉴模式	1.0
	课程教学资源建设 7	自编纸质精品教学资源	2.3
		开发优质视频教学资源	2.2
		应用优质教学资源	0.8
		校企合作优质课程教学资源	1.7
	教材与教法改革 7	与职业标准对接	1.8
		与区域产业对接	3.2
		教材与教法创新	2.0

---

① 刘斌,邹吉权."双高计划"绩效评价指标体系内涵分析与权重确定[J].中国高教研究,2021(4)：96-102.

续表

一级指标	二级指标	三级指标	权重
专业教学 46	教学创新团队 6	双师型教学创新团队	1.9
		创新型大国工匠团队	2.2
		理论实践教学创新团队	1.1
		课程思政教学创新团队	0.8
	实践教学基地 4	高水平校企共建实践教学基地	1.1
		高水平校内实训基地	0.9
		高水平企业实训基地	0.9
		虚拟仿真实训基地	1.1
	技术技能平台 7	产教融合创新平台	2.3
		产业学院平台	0.9
		技术技能研发平台	2.0
		技术技能服务平台	1.8
	优势及特色专业 6	服务国家战略优势及特色专业	2.1
		对接区域发展优势及特色专业	2.2
		其他优势及特色专业	1.7
	专业优势领域 4	参与国家专业教学标准	1.8
		参与"1+X"标准	0.9
		标志性成果及可持续影响时间	1.3
社会服务 25	职业培训 5	校内职业培训	2.4
		校外职业培训	2.6
	校企政合作 4	产业及企业服务	2.1
		政务及民间服务	1.9
	职业鉴定 4	专业职业鉴定	2.2
		新职业鉴定	1.8

续表

一级指标	二级指标	三级指标	权重
社会服务 25	专利及转让 6	发明专利	2.9
		实用新型专利	1.9
		外观设计专利	1.2
	技术研发与服务 6	高新技术研发及服务	3.2
		技术改进研发及服务	2.8
国际交流与合作 8	国际培训 2	服务外籍人员项目	0.9
		服务境外中方人员项目	1.1
	国际交流推广 2	国际合作项目	1.1
		中外合作办学	0.9
	留学生培养 2	境外留学生培养	1.3
		境内学生留学深造	0.7
	国际合作平台 2	对外引智基地	0.8
		国际交流与合作平台	1.2
效能与满意度 21	时效 4	任务完成进度	2.2
		资金使用进度	1.8
	社会效益 8	引领职教改革发展和人才培养贡献度	2.9
		支撑国家战略和区域经济社会发展贡献度	2.8
		有效支撑职教高质量发展的政策、制度、标准贡献度	2.3
	满意度 9	在校生满意度(%)	1.3
		毕业生满意度(%)	1.6
		教职工满意度(%)	1.4
		用人单位满意度(%)	1.7
		产教融合企业满意度(%)	1.7
		家长满意度(%)	1.3

注:权重的数值均为百分比,满分为100%。

第一轮德尔菲法调研数据分析。使用SPSS软件统计分析各级指标最大值、最小值、均值、中位数、标准差、变异系数和肯德尔协调系数,结果表明各级指标变异系数绝大多数位于0.2~0.6之间。一级指标的肯德尔协调系数为0.921;二级指标的肯德尔协调系数为0.914,协调程度很好;三级指标的肯德尔协调系数为0.809,协调程度较好。通过卡方检验,P值均小于0.05,符合统计学显著性要求。将第一轮统计分析结果反馈给专家,开始第二轮测评。对第二轮打分结果进行统计分析,六项一级指标变异系数分别为:0.08、0.15、0.17、0.21、0.19、0.11,二级指标变异系数均在0.35以下,三级指标变异系数90%位于0.4以下,集中程度相较第一轮有了明显的提升。再次计算各级指标的肯德尔系数,并进行卡方检验。分析结果显示,各级指标肯德尔系数如表5-20所示,各级指标协调系数均大于0.800,经卡方检验,P值均小于0.01,显著性符合要求。通过分析第二轮专家的调查结果,得到本轮数据集中度高,协调度具有一定的统计学意义,因此可以据此遴选高水平专业评估与监测的指标体系。该指标体系共设置专业教学、社会服务、国际交流与合作、效能与满意度4个一级指标;二级指标共计20个,其中专业教学下设8个二级指标,社会服务下设5个二级指标,国际交流与合作下设4个二级指标,效能与满意度指标下设3个二级指标;三级指标共计60个。二级指标相较《高水平专业(群)建设数据采集表》增加了优势及特色专业和专业优势领域指标,能更加全面地反映学科教学的特色及优势。在满意度指标之下,增加了产教融合企业满意度指标,旨在督促"双高"建设各利益相关方能够重视企业在高职教育中发挥作用,并推动多方互利共赢机制的完善。三级指标结合以往研究和各类学科及专业评估指标体系,在专家集体评议的基础上遴选最具代表性的指标构成。

表5-20 各级指标的肯德尔协调系数

分类	一级指标	二级指标	三级指标
肯德尔协调系数	0.955	0.931	0.828
卡方	31.452	72.581	195.375
渐进显著性	0.000	0.000	0.000

4.指标权重确定

依据《深化新时代教育评价改革总体方案》,本书加大职业培训、服务区域和行业的评价权重,并参照《中国特色高水平高职学校和专业建设计划绩效管理暂行办法》及其附件数据采集表,结合专业评价内涵,运用层次分析法,利用yaahp层次分析法软件,构建了各级指标结构体系[1]。首先基于层次结构模型,将专业评价同级指标按目标、策略和方法分为最高层、中间层和基层,通过判断矩阵(1),对各级指标循环对比确定其重要性,采用规范列平均法求出判断矩阵的权重,然后对各级指标进行权重排序;最后用公式 $CI=(\lambda_{max}-n)/(n-1)$ 和 $CR=CI/RI$ 进行一致性检验。[2]

$$a_{ij}=1/a_{ji}$$

$$A=(a_{ij})_{n \times n}=\begin{vmatrix} A_{11} & A_{12} & \cdots & A_{1n} \\ B_{21} & B_{22} & \cdots & B_{2n} \\ C_{n1} & C_{n2} & \cdots & C_{nn} \end{vmatrix} \quad (1)$$

通过层次分析法将整体指标转化为多层次单目标问题,对比层间或同层元素和因子关系,利用判断矩阵进行数学运算。对系统中各项因子进行赋权,从而对无结构系统进行清晰明确化处理。在遴选确定高水平专业评价与监测指标体系后,通过德尔菲法,邀请专家对最终确定的高水平专业评估与监测指标进行第三轮测评。通过判断矩阵,对各级指标两两比较确定其重要性,并采用规范列平均法求出判断矩阵权重。根据专家打分确定每一层次内指标权重,在通过基本一致性检测的前提下,对每位专家打分的权重进行迭代计算,求得一、二级指标对于决策目标高水平专业建设评估与监测的赋权,然后将这些权重通过四舍五入化为整数,得出该指标的最终权重,三级指标保留小数位一位。各级指标权重如表5-19所示。

通过科学设定和测评高职高水平专业建设评估与监测初始指标体系,结合专业评价内涵及层次分析法,充分运用德尔菲法,对初选指标进行科学遴选和赋权,从而构建科学的评估与监测指标体系。

---

[1] 葛晓波."双高"院校建设绩效评价指标体系构建研究[J].教育与职业,2021(5):64.
[2] 吕路平,童国通."双高计划"背景下高职院校产教融合质量评价体系研究[J].职业技术教育,2020,41(30):34.

第六章 "双高"建设背景下高职院校评价体系优化设计

破解高职院校高水平建设质量评价中存在的问题，需要立足高等职业教育高质量发展的瓶颈，针对标准体系和一些现实问题，分析高等职业教育高水平建设评价的指导原则，并通过实证监测分析，提出高职院校高水平建设评价的路径，以推动高职教育高质量发展，破解相关难题，提出优化设计策略。

第一节 "双高"建设评价体系优化设计指导原则

一、以"双高计划"为支撑进行模块化设计

"双高计划"是国家示范引领、重点扶持高等职业教育发展策略的拓展,通过重点扶持,提升院校高质量发展水平,深化高职教育改革试点,以点带面,促进高职院校整体建设水平的提升。"双高计划"以立德树人为宗旨,以提升高等职业教育质量为核心,通过专项资金配置,动态竞争调整,先行示范,多维度提高高职教育建设质量[1]。依据"双高"建设绩效目标设定,综合考虑高职教育高质量发展中的制约因素(如多元主体的协同),结合人才培养、校本建设、社会服务、国际合作、影响与效果等指标,可以分析高职教育高水平建设的评价标准(涉及院校治理、人才培养、产教融合、校本建设、国际交流与合作等)。高职院校高水平建设评价体系优化设计,应主要从三个维度展开。一是进行模块化设计,并使模块有机组合,避免交叉与重叠,同时尽量避免漏项;二是国际化发展要充分彰显中国特色,通过彰显中国特色,达到国际先进水平;三是以"双高计划"为支撑,立德树人,以人才培养为主线,不断提升社会服务水平和对国家以及区域经济发展的贡献度,真正实现高职教育整体建设水平的提升。

---

[1] 李鹏."双高计划"的治理逻辑、问题争论与行动路径[J].高等工程教育研究,2020(3):126.

二、动态分类进行有针对性设计

"双高"建设以持续改进为原则,按周期、分阶段进行规划和建设,分成不同级别和等次,实行动态管理机制,确保持续竞争,实现优胜劣汰。以学校整体水平和专业集群建设质量作为院校建设和专业建设评价的标准。根据"双高"建设目标和宗旨,持续优化评价指标,科学赋予各项指标权重,不断提升评价的效度和信度,真正发挥辨别优劣的职能,优胜劣汰。从分层评价的视角,确定"双高"建设的最低评价标准,达不到最低要求的"双高"建设院校将会被限期整改,如果在规定期限内整改仍不合格,将会被淘汰。从分类评价的视角,根据不同院校属性和专业群特色进行分类评价。相同属性的院校可以依据相同的指标与权重进行评价,以免影响评价的效度和信度。在具体评价实践中,第一,面对不同等级的"双高计划"高职院校,采用不同层级的验收标准,采用定量与定性相结合的评价方式,科学评价。此过程中,要看到院校间的横向差距,更要关注院校自身纵向的发展进步,依据评价结果有效配置有限资源,为不同层级院校的可持续改进提供有效激励。第二,鼓励特色发展,利用鲜明的院校特色和专业特色,推进产教融合,提高人才培养的效能,形成独具特色的发展建设经验,发挥辐射带动作用。"双高"建设主体在一定的发展建设周期,完成预定的高水平建设目标,在提升自身发展水平的同时,带动兄弟院校协同共进。[①]

三、引入第三方专业评价组织开展更加科学的评价

"双高"建设应注重发挥社会服务功能,高职院校要通过与企业的密切合作,了解企业需求以及企业转型升级的现实需要,科学发展自身服务企业、服务社会的能力。高等职业教育要创新服务社会的模式,精准对接产业人才需求,为产业发展提供源源不绝的动能,提升服务产业转型升级的能力,推动产教深度融合,为加快建设现代产业体系,促进产业高质量发展,增强产业核心

---

① 李鹏."双高计划"的治理逻辑、问题争论与行动路径[J].高等工程教育研究,2020(3):130.

竞争力提供有力支撑[①]。目前,第三方专业评价组织日益受到高职院校的青睐,因为其评价的专业性,以及作为第三方的独立公正性,能为高职院校高水平建设发挥重要的作用。第三方评价机构的参与,可进一步健全多方参与、多元评价的综合体系,发挥各方优势。实践中,由第三方专业评价组织对各方评价结果的有效性进行科学验证,给出具有一定说服力的评价结果,高职院校根据评价结果,发现自身存在的不足以及改进的方向,并在第三方评价组织的扶持下,提出具有针对性的改进策略。这种评价机制有利于高职院校全面客观地根据评价结果进行发展规划,明确改革发展的主要方向,实现高水平建设和高质量发展。参与高职教育质量评价的第三方主体要发挥阶段评价与重点监控相结合的作用,把握评价的关键点,找出制约高职院校高水平建设的着力点,运用科学的评价标准和程序,依托评估大数据进行对比研究,发现差距和不足,科学采集数据,进行实证分析,做出科学的论断。第三方评价组织要不断优化和完善评价指标体系,持续提升评价效能。同时,对于产教融合的关键环节,要力争各利益相关方的支持,以便获取更加真实有效的定性指标参数,为最终的评价结果提供有力支撑。[②]

[①] 李玮炜,贺定修."双高计划"背景下高职深化产教融合建设研究[J].南方职业教育学刊,2019,9(5):1.
[②] 牛彦飞,吴洁,李洁."双高"院校建设质量评价的关键点、难点及着力点[J].石家庄职业技术学院学报,2021,33(3):13.

第二节 "双高"建设评价体系实证监测分析

高职院校高水平建设监测评估以科学的评估监测指标体系和数据为依据,指标体系中一级指标组指数及预警区间可用于高职院校高水平建设指数测度,高职院校高水平建设预警采用灯号法进行标识,该呈现方式可以直观地反映高职院校高水平建设的预警情况。

一、"双高"院校监测数据采集与测评

本书选取A高职院校("双高"建设院校)的六个工学院系:智能制造学院、材料工程系、环境工程系、汽车工程系、建筑工程系、计算机系作为监测对象。该校工学专业具有一定优势,学校也因此被评定为"双高"建设高校(B档)。

通过计算各组指数的算术平均值E和标准差δ(如表6-1所示),进而用3δ法确定临界点,计算出A学校高水平建设预警区间值(如表6-2所示)。

表6-1　A学校高水平建设组指数预警临界值

预警临界值	人才培养	校本建设	社会服务	国际交流与合作	时效与满意度	效益	总指数
E	84.97	86.24	71.20	60.20	86.44	77.30	78.70
δ	4.27	2.88	7.57	6.32	2.83	3.38	4.13

续表

预警临界值	人才培养	校本建设	社会服务	国际交流与合作	时效与满意度	效益	总指数
$E-\delta$	80.69	83.36	63.64	53.88	83.61	73.92	74.57
$E-2\delta$	76.42	80.49	56.07	47.56	80.77	70.54	70.44

表6-2 A学校高水平建设组指数预警区间值

预警区间	人才培养	校本建设	社会服务	国际交流与合作	时效与满意度	效益	总指数
无预警	(84.97, +∞)	(86.24, +∞)	(71.20, +∞)	(60.20, +∞)	(86.44, +∞)	(77.30, +∞)	(78.70, +∞)
轻度预警	[80.69, 84.97)	[83.36, 86.24)	[63.64, 71.20)	[53.88, 60.20)	[83.61, 86.44)	[73.92, 77.30)	[74.57, 78.70)
中度预警	[76.42, 80.69)	[80.49, 83.36)	[56.07, 63.64)	[47.56, 53.88)	[80.77, 83.61)	[70.54, 73.92)	[70.44, 74.57)
重度预警	(-∞, 76.42)	(-∞, 80.49)	(-∞, 56.07)	(-∞, 47.56)	(-∞, 80.77)	(-∞, 70.54)	(-∞, 70.44)

二、实证结果分析

通过对该校各院系建设组指数及预警临界值和预警区间值的计算和判断,可以看出该校各院系人才培养与校本建设、时效与满意度指标总体水平较高,且标准差δ值相对其他指标处于低位,证明各院系在这三个方面总体水平较高,且各院系间差距较小。各院系间社会服务指标方差最大,证明院系间社会服务质量及数量不均衡。各院系国际交流与合作指标均值最小,且方差较大,证明此项发展欠佳,且院系间发展不均衡,因此各院系有待进一步拓展国际交流与合作,促进彼此沟通与合作,实现院系间均衡发展。另外,效益指标作为评价过程中重点关注领域,尚存较大提升空间,各院系应引起足够重视,尤其是在改革发展、区域贡献和支撑国家层面的职教高质量发展政策、制度、标准等方面,均有待进一步提升。

在院校建设监测预警系统中,高职院校高水平建设若出现重度预警用深红灯表示,中度预警用红灯表示,轻度预警用黄灯表示,无预警用绿灯表示。通过整理表6-3可以发现,该校计算机系、智能制造学院总体建设水平相对较好,均为绿灯,未出现预警;建筑工程系虽然有五盏黄灯,但总指数为绿灯,这是因为黄灯的各项指标均临近无预警区域,所以总指数尚可,为绿灯,处于无预警区间。汽车工程系虽然各项分指标仅有两盏黄灯,但总指数依然为黄灯,这是由于其两盏黄灯的分指标人才培养和社会服务指标权重占比相对较大,所以其总指数为黄灯,出现轻度预警。排在最后的环境工程系出现五盏红灯和一盏黄灯,总指数为红灯,出现中度预警,证明其各项指标及总体发展水平均靠后,有待加强监督管理和建设,以使其能及时补足短板,赶上其他院系的总体发展水平。实证验证的结果与该校各院系总体发展水平存在强相关性,能够客观地反映各院系建设评价与监测的真实情况。智能制造依托计算机科学与人工智能技术的支撑,因此二者密切相关,且该校相关专业为国家"双高计划"高水平专业群和国家优质校重点建设专业。

表6-3 A学校高水平建设评估监测指数及预警灯号

专业	人才培养	校本建设	社会服务	国际交流与合作	时效与满意度	效益	总指数
智能制造学院	87.15/绿灯	88.31/绿灯	78.54/绿灯	65.37/绿灯	90.10/绿灯	81.26/绿灯	82.73/绿灯
汽车工程系	83.29/黄灯	87.82/绿灯	66.52/黄灯	60.68/绿灯	88.27/绿灯	79.64/绿灯	78.01/黄灯
计算机系	91.57/绿灯	90.13/绿灯	79.35/绿灯	69.46/绿灯	87.34/绿灯	78.89/绿灯	84.04/绿灯
环境工程系	78.90/红灯	81.57/红灯	57.72/红灯	55.74/黄灯	80.96/红灯	70.85/红灯	71.26/红灯
材料工程系	81.23/黄灯	83.85/黄灯	75.37/绿灯	49.85/红灯	85.67/黄灯	77.66/绿灯	77.40/黄灯
建筑工程系	87.69/绿灯	85.76/黄灯	69.71/黄灯	60.11/黄灯	86.31/黄灯	75.53/黄灯	78.76/绿灯

注:绿灯为无预警,黄灯为轻度预警,红灯为中度预警,深红为重度预警。

通过对A学校工科六个院系的评估监测比较，可以发现相对人才培养、校本建设、时效与满意度指标而言，社会服务、国际交流与合作均需加强，尤其是国际交流与合作，总体发展水平相对较低，提升空间较大。就效益指标而言，发展水平不容乐观，有待进一步面向社会开放办学，加强职教改革，支撑国家战略和区域经济社会发展，在政策、制度、标准方面不断提升，有效支撑国家层面职教高质量发展。院系建设各项指标存在较大差异，部分院系各组指数证明其发展水平较高，能够做到人才培养与校本建设、社会服务、国际交流、合作及效益、时效与满意度的整体优势发展，例如计算机系和智能制造学院；部分院系各项指数严重失衡，例如汽车工程系，权重相对较高的人才培养与社会服务两项指标出现轻度预警，虽然其他指标发展较好，依然导致总指数呈现轻度预警，有待其补齐短板，协同并进；尤其是排在最后的环境工程系出现中度预警，且各项指标除国际交流与合作指标为轻度预警外，均为中度预警，有待其借鉴其他院系发展经验，快速提升各项功能的发展水平。

三、高职专业群建设监测数据采集与测评

专业高水平建设离不开科学的预测与诊断，为了更好地进行专业监测预警，本书参考其他学者学科组指数计算方法，利用三级指标测算汇总各组值，通过差距率进行专业指数测度。采用公式（1）求指标对最小值的差距率Y_i'。通过公式（2）对Y_i'进行[60,100]线性放缩归一化处理，最后结果Z_i即为组指数。[①]

$$Y_i = \frac{X_i - X_{\min}}{X_{\max} - X_{\min}} \qquad X_i 为正向变量 \qquad (1)$$

式中，X_i为某专业某指标的实际值；$X_{\max}$为专业数据中的最大值；$X_{\min}$为专业数据中的最小值。

$$Z_i = 60 + 40Y_i' \qquad (2)$$
$$(i = 1, \cdots, n) \qquad n 为专业数$$

[①] 陈雯雯,朱永东,杜娟."双一流"背景下学科监测评估的实践与探索[J].黑龙江高教研究,2022(3)：126–132.

(一)样本选取

本书选取C高职院校("双高"建设院校)的工学门类机电一体化技术、电气自动化技术、智能建造工程、数控技术、汽车工程技术、汽车检修技术、机械制造及自动化七个专业作为监测对象,该校为工学专业具有一定优势的"双一流"建设高校(B档),专业整体水平较强,具有一定代表性。

(二)临界点及区间设计

专业监测评估以科学的评估监测指标体系和数据为依据,通过上述严格论证,专业建设评估与监测一级指标组指数及预警区间可应用于本书专业指数测度,专业预警采用灯号法来进行标识,重度预警用深红色灯表示,中度预警用红色灯表示,轻度预警用黄色灯表示,无预警用绿色灯表示,该呈现方式可以直观地提供具体专业的预警信息。按照误差理论"严格评价"原则,先计算各组指数的算术平均值E和标准差δ(如表6-4所示),进而用3δ法比较标准差不同等级的临界点,计算出预警区间值(如表6-5所示)。

表6-4 C学校专业建设组指数预警临界值

预警临界值	专业教学	社会服务	国际交流与合作	时效	社会效益	满意度	总指数
E	85.44	69.19	57.63	87.35	76.61	88.60	78.81
δ	4.27	7.67	10.16	3.50	6.59	2.44	5.03
$E-\delta$	81.17	61.52	47.47	83.85	70.02	86.16	73.78
$E-2\delta$	76.90	53.85	37.31	80.35	63.43	83.72	68.75

表6-5 C学校专业建设组指数预警区间值

预警区间	专业教学	社会服务	国际交流与合作	时效	社会效益	满意度	总指数
无预警	(85.44, +∞)	(69.19, +∞)	(57.63, +∞)	(87.35, +∞)	(76.61, +∞)	(88.60, +∞)	(78.81, +∞)
轻度预警	[81.17, 85.44)	[61.52, 69.19)	[47.47, 57.63)	[83.85, 87.35)	[70.02, 76.61)	[86.16, 88.60)	[73.78, 78.81)

续表

预警区间	专业教学	社会服务	国际交流与合作	时效	社会效益	满意度	总指数
中度预警	[76.90, 81.17)	[53.85, 61.52)	[37.31, 47.47)	[80.35, 83.85)	[63.43, 70.02)	[83.72, 86.16)	[68.75, 73.78)
重度预警	(-∞, 76.90)	(-∞, 53.85)	(-∞, 37.31)	(-∞, 80.35)	(-∞, 63.43)	(-∞, 83.72)	(-∞, 68.75)

(三)专业预警分析

通过对上述实证的验证分析,该校专业教学、时效和满意度指标的总体水平较高,且标准差相对较小,证明各专业在这三个方面发展较好。国际交流与合作各专业方差最大,证明专业间发展不均衡,且各专业此项均值最小,有待进一步的拓展。社会效益指标,作为国家重点关注领域,相对其他指数而言存在较大提升空间,要求各学科专业引起足够重视,例如在技术研发及成果转化、专利技术及成果转化和职业培训等领域可以进一步加强。

通过表6-6首先可以发现,该校电气自动化技术和机电一体化技术专业建设水平相对较好,各指标均为绿灯,未出现预警;其次是数控技术专业,仅有一盏黄灯,其余均为绿灯;再次,是机械制造及自动化和汽车检修技术专业,虽然二者各组指数均为两盏黄灯,但汽车检修技术专业总指数为黄灯,专业总体质量水平出现预警;从次,智能建造工程专业虽然各组指数出现三盏红灯,但是由于总体水平尚可,所以总指数为黄灯轻度预警;最后,汽车工程技术专业各组指标出现五盏红灯和一盏黄灯,均出现预警,且总指数为红灯中度预警。通过实证验证,能够发现其结果与该院校专业总体发展水平存在强相关性,客观地反映出该校专业建设评估与监测预警情况。该校电气自动化技术、机电一体化技术、机械制造及自动化专业为国家"双高计划"高水平专业群;电气自动化技术、机电一体化技术、数控技术专业为国家优质校重点建设专业;电气自动化技术和汽车检修技术为创新发展行动计划(2015—2018年)国家骨干专业。

表6-6 C学校专业建设评估监测指数及预警灯号

专业	专业教学	社会服务	国际交流与合作	时效	社会效益	满意度	总指数
机电一体化技术	88.65/绿灯	79.37/绿灯	63.62/绿灯	89.35/绿灯	79.64/绿灯	89.91/绿灯	83.75/绿灯
汽车检修技术	85.47/绿灯	65.59/黄灯	61.14/黄灯	89.87/绿灯	76.69/绿灯	90.50/绿灯	78.48/黄灯
电气自动化技术	91.54/绿灯	74.16/绿灯	65.38/绿灯	91.55/绿灯	85.37/绿灯	90.14/绿灯	84.48/绿灯
机械制造及自动化	86.11/绿灯	71.29/绿灯	60.17/绿灯	85.20/黄灯	71.25/黄灯	89.78/绿灯	79.43/绿灯
汽车工程技术	79.51/红灯	55.12/红灯	50.03/黄灯	81.29/红灯	65.33/红灯	85.20/红灯	70.50/红灯
智能建造工程	80.40/红灯	67.26/黄灯	37.89/红灯	88.54/绿灯	77.06/绿灯	84.89/红灯	74.18/黄灯
数控技术	86.37/绿灯	71.56/绿灯	65.21/绿灯	85.66/黄灯	80.94/绿灯	89.78/绿灯	80.82/绿灯

注：绿灯为无预警，黄灯为轻度预警，红灯为中度预警，深红为重度预警。

通过对C院校工科门类七个专业评估监测比较，可以发现相对专业教学而言，社会服务和国际交流与合作均需加强，尤其是在国际交流与合作领域，尚有较大拓展空间。就时效、社会效益和满意度指标而言，社会效益指标尚待提升，应进一步开放办学，加强学校服务本地经济与社会的职能。专业建设内部各项指标存在较大差异，部分专业各组指数呈现较强的发展态势，能够做到专业教学、社会服务、国际交流与合作良性发展，例如电气自动化技术和机电一体化技术专业；部分专业各项指标严重失衡，例如智能建造工程专业，仅时效和社会效益指标相对较好，其他指数均出现轻度预警和中度预警，有待加强建设；尤其是排在最后的汽车工程技术专业出现中度预警，且各项指数均出现预警，有待借鉴其他专业的发展经验，争取迎头赶上。

伴随现代人工智能等信息技术的飞速发展，充分运用学科与专业建设所依托的大数据平台，整合各类数据采集系统，可实现专业建设在线实时数据采集，同时运用此方法对专业建设数据进行科学运算，可以在更大范围内对专业建设进行及时测评和预警，实现常态化动态管理。通过深度挖掘数据，结合不同专业学科的特色和实际需求，进行专业建设的精准诊断与预警指数序列的智能分析，可实现人—机协同干预，为基于大数据的专业建设评估与监测提供支撑。通过统一的数据采集与标准在智能化数据平台中融通，可以在全国范围内自动测算各项指数的总体水平，并设置相应的预警区间，既能实现对全国高职院校专业建设总体水平的智能分析，同时也能对处于不同发展水平的学校进行聚类，针对不同院校进行智能干预。在全量精细化数据分析的基础上，发现个性问题，对个体进行精准干预。这也是实现专业预警与淘汰的重要依据，能够促进各高职院校紧跟产业发展步伐，与区域经济和社会发展同频共进，增强社会服务效能。通过该研究方法与人工智能的有效结合，对专业教学、社会服务、国际交流与合作以及时效、社会效益、满意度等方面进行实时常态化和动态化监测，实现一定周期内"双高"建设院校和专业的更新迭代，精准淘汰与选拔，促进高职院校不断提质培优，可持续、高质量发展。

第三节
"双高"建设评价体系优化路径

加强评价的引导职能,促进高职院校高水平建设。充分发挥以评促建的作用,持续完善评价机制,优化评价指标,完善评价体系。通过评价,推动人才培养质量的提升;通过评价,促进实践和应用性研究,加强成果转化;通过评价,充分发挥高职院校的社会化服务职能。

一、以立德树人教育评价导向为指引,强化学生综合素质和技能培养

以立德树人为导向建立发展性的综合评价制度。以大国工匠精神为激励,坚持正确的立德树人导向,重视职业教育学生的综合实践能力考核,关注学生技能水平的提升。实践技能既可以在实训室考核,也可以利用虚拟仿真实验室进行考核,考核以企业岗位的实际任务为基准,争取完全契合企业生产需求。若要提升职业教育的评价效度就必须采用科学的评价方法。理论考核应密切联系实践,考核过后给学生及时反馈,以便学生知道自己的缺陷与不足,便于学生及时改进与提升。重视学生的综合能力和可持续发展的职业技能,培养学生对未来职业的规划能力。

职业教育的类型、地位需要特色发展和聚类发展予以保障,构建完善的高职教育质量评价体系是新时代职业教育评价改革的召唤,也是持续提升高职

教育水平的必然选择。评价理念以提高人才培养质量,支撑区域经济发展,服务国家政策,增强国际竞争力为导向。高职教育评价应牢牢把握职业人才培养方向,强化产教融合,提升育人水平,立德树人,破除"五唯"顽疾,树立科学发展的质量观,满足社会,尤其是地方企业和产业对人才需求的预期,顺应产业升级的需要。完善高职教育评价指标,指标体系关注学生、家长、社会的认可程度,重视高职院校对地方发展的贡献度。[①]

重视职业院校与经济社会发展相互促进的成效,在高质量发展理念的引导下,将技术创新、产教融合、国际化发展等纳入高职院校评价指标体系,理顺高职院校对接区域产业发展逻辑,支持区域技术研发尤其是高新技术研发,发挥高职教育在产业升级、技术改进等领域的积极作用。融入企业和社会评价,综合运用各种评价手段,以科学的评价机制推动形成各利益相关方共同参与促进融合发展的高职教育质量管理体系,营造持续改进、不断发展的高职教育高质量办学新气象。

二、完善高等职业教育评价工作机制

(一)深入推进高等职业教育评价调查研究

围绕区域经济发展和高职院校高水平建设目标,以高职院校高水平建设与区域产业发展契合度为切入点,通过召开各利益相关方的调研会,推进相关实证调查研究,充分利用人工智能和现代教育技术手段,建立和完善数据采集和分析系统,在各方的通力配合下,统计分析就业质量、示范性建设、各类奖项及成果、团队建设、学生规模、生师比、对接区域产业专业数量、专业群建设、实践基地与平台建设、各类创新服务平台建设、信息化资源建设、治理机制与体系、职业培训、职业鉴定、政企服务、专利及技术研发、国际交流与合作、社会效益、时效、满意度指标等相关数据。重点研究人才培养情况,产业发展对高职院校人才培养的需求情况及二者的匹配度,调研清楚基本数据,为进一步决策

---

① 中共中央、国务院印发《深化新时代教育评价改革总体方案》[EB/OL].(2020-10-13)[2023-10-11]. http://www.gov.cn/zhengce/2020/content_5554488.htm.

提供科学依据。

(二)建立和完善高职院校建设评价机制

进一步深化"管办评"分离机制。引入第三方评价机构,联合科研部门,研制构建高职院校分类建设评价指标体系,提高评价指标的适切性,制定高职院校分类建设评价手册,明确分类建设评价的方法与路径,重点突出高水平院校建设指标,为"双高"建设评价提供科学、可靠的评价依据。此外,进一步完善评价的诊断与改进工作机制。加强高职院校以评促建的职能,通过职业院校自评自建、诊断改进,在专业的第三方测评基础上,进一步整改完善,同时发挥专家团队的引领、诊断职能,促进高职院校高水平建设,促进高职院校引领职教改革发展,提升人才培养贡献度,充分发挥支撑国家战略和区域经济社会发展的职能。同时,多出一些标志性成果,出台一些有效支撑国家层面职教高质量发展的政策、制度、标准等,延长可持续发展的时间。

(三)完善评价运行机制与管理

1.加强专家库遴选与管理

完善高职教育评价专家遴选标准和机制。教育行政部门、高等职业院校为了更好地实施评价,应充分发挥相关研究机构和第三方专业评价组织的职能,在专家遴选标准和遴选机制以及人员持续更新方面制定出完善、具体的标准和机制,并在日常评价工作中,根据专家的水平和作用进行及时调整和替换。根据优中选优的原则,建立高职院校评价专家库,专家库成员不仅仅是高等教育系统和科研机构人员,还应充分吸纳行业企业、第三方组织及利益相关方中具有一定评价经验的专家,实现不同领域专家优势互补、彼此交流、共同进步、持续提升的良好局面。同时,完善专家库动态管理机制,加强专家考评,动态调整,通过定期培训,持续提升专家专业评价技能,及时掌握国家及地方相关政策以及评估、评价要求,紧跟时代步伐。

2.完善高职院校评价全流程操控

完善高职院校评价协调机制。高职院校若要实现高质量发展,就必须先从自身建设与监控评价做起,持续完善内部质量保障机制,通过内部以评促建、以评促改,发现薄弱环节,持续改进。在自评改进的基础上,充分发挥第三方评价组织的作用,通过更加专业的评价与监测,及时为高职教育发展把脉诊断,通过内外部评价协调运行,促进高职院校建设水平的不断提升,为高职教育高质量发展保驾护航。校内评价机构负责本校专项评价和全面评价工作,及时采集评价数据并不断完善评价数据平台建设,充分利用现代化教育技术评价手段,不断提升评价的科学有效性,对评价全流程负责,并监督整改,将评价结果落到实处。第三方评价组织受教育行政部门委托,可以联合相关研究部门研制高职院校高水平建设评价指标体系和开发评价工具,遴选评价专家,提升企业和产业专家占比,引入行业企业评价机制与标准,充分与高职院校对接。每次针对评价对象的特点,组织优势互补的评价专家团队,评价前开展系统有序的评价培训,发挥专业评价职能。为确保评价的科学、有效、公平、公正,保障评价流程的规范化运作,对现场评价过程和评议流程必须进行有效监控和引导,设置专人负责,防止暗箱操作及走过场。科学设计评议流程,丰富评议方式和手段,确保评价结果的真实有效。及时沟通反馈,帮助高职院校持续改进提高。高职院校高水平建设评价与监测要求评价组织机构及时反馈评价结果,帮助高职院校持续改进高水平建设体制机制。高职院校根据反馈结果,完善、整改、优化追踪机制。高职院校应动态调整院校建设与发展的评价与反馈机制,建立定期复评、公示与汇报制度,对于存在的问题限期整改,对于整改不到位或应付了事的应给予一定的限制与惩罚措施,促进高职院校高水平建设评价与监测效能的充分发挥。[①]

三、发挥以评促建的作用

(一)通过评价促进专业对接产业

通过评价,促进高职院校的专业设置与区域产业发展对接。通过评价,可以发现高职院校与产业发展契合的程度,及彼此供需的偏差。专业的设置关

---

① 沈军.职业院校专业建设CIPP评价模式实践研究[D].重庆:西南大学,2016:103-104.

系人才培养是否符合产业的现实需求,也关系人才培养方案设置是否合理。首先,高职院校要去人才市场进行调研,了解企业及产业人才需求动向,明确人才需求的领域与标准,结合调研数据,优化和更新自己的专业目录,借此完善人才培养方案。其次,高职院校专业设置要与企业和行业的发展情况密切相关,要具有支撑区域经济发展的职能,符合区域产业发展特色与发展方向。因此,高职院校专业链应与区域的产业链对接,高职院校专业建设应符合企业生产需求,更好地促进校企双方的供需有效对接。最后,高职院校应及时更新专业设置,及时调整和淘汰不适合产业需求的专业,随时跟踪产业的发展动态。尽量多开发一些适应高新技术发展的专业和课程,整合专业群,发挥专业建设的合力。

(二)通过评价促进课程对接岗位

通过评价,促进高职院校的课程与企业岗位有效对接。高职院校的人才培养计划修订应有相关企业和产业集团的参与,以便培养出的人才能够更好地与企业岗位进行对接。邀请企业专家和技能高手到高职院校进行岗位技能培训和经验交流,将企业的岗位要求、标准与学校的人才培养标准对接,并将这些岗位要求和标准转换为相应的理论与实践课程,让学生通过理论学习和生产实训能够达到企业岗位需求标准,并且可以给通过企业的岗位培训考核合格者颁发企业认可的相应资质证书。同时,需要将岗位技能与专业技能的标准进行整合,更加有效地提高课程对于产业升级和人才培养的社会适应性,并将其转换为具有一定针对性的课程体系。课程教学要充分体现工学结合,教学内容力求满足岗位需求。高职院校与生产岗位对接的过程中,可以获取本专业适应岗位的实践教学资源,并针对岗位要求和标准持续改进课程;也可以根据企业一线生产员工的经验进行归纳总结,形成具有一定学术价值的文本和教材。此类教材贴近岗位生产实际,富含生动案例和个案研究,能更好地服务于学生的生产实践需求。

(三)通过评价促进教学对接生产

通过评价,促进高职院校教学与生产对接。即通过评价促进校企深度合作,产教深度融合。高职院校应给予学生更多接触产业生产实践的机会,通过见习、实习、实训等方式,促进教学与生产的对接。尤其是发挥校内实训基地和实训室的功能,使学生能充分对接生产环节,无缝对接生产实践。也可通过虚拟仿真实训室,以电子信息模拟实训平台为载体,让学校教学与企业真实生产场景对接,实现智能化模拟操作,提升教学与生产实践对接的便利性,从理念、方法和实践上,运用全新的生产教学新模式,通过虚拟仿真,产教融合,促进学生生产实践技能的持续提升。同时,可在虚拟仿真实训平台系统里,加入生产职业能力素质训练与考核、生产规程与流程训练与考核、生产标准及管理流程训练与考核以及职业资质标准训练与考核等全流程考核评价职能,构建能实现随时随地不受时空限制,集实时交互、全程跟踪、指导反馈于一体的满足高等职业院校个性化需求的综合评价体系。[1]

四、转变认识 强化实训 加强监管

要实现高职院校高水平建设,高职院校必须通过评价引领观念的转变,跳出重学术轻技能的固有理念,真正以培养应用技能型人才为己任,大胆改革,勇于实践,积极探索应用技能型人才培养的创新路径,为社会发展提供急需的应用技能型专业人才。领导班子、战略规划、院校研究、执行力、文化构建相互作用,共同促进高职院校高质量发展,是高职院校走应用技术型高校之路,实现成功转型的出路所在。

微观层面,尤其是在课程开发与设置方面,应注重应用技术型课程开发,联合企业专家和相关研究人员,会同高职院校,一起开发应用技术型课程,使课程内容更加贴近生产实际,让学生接触更多企业实践知识,并通过实习实训进行巩固强化。同时,要加强基础设施建设,尤其是实习实训基地和校内实训室建设,让学生在足不出户的情况下即可获得应用技能的提升。对于实习实训培养环节,应制定符合本校实际的实习实训标准,并作为院校和专业考核的重要指标,出台一些针对不达标者的限制性措施。同时要加强经费监管,提升经费使用效能。针对调查中学生对娱乐设施满意度较低的问题,应该加大娱

---

[1] 姜晓雷."1+X证书"制度下高职院校人才培养质量评价研究[D].沈阳:沈阳师范大学,2021:62.

乐设施和体育设施的投入,尤其是能够将娱乐与技能学习和训练进行整合的设施,以增加学生幸福感,使学生在愉悦的状态下完成理论学习和技能训练。针对调查中对教师实践教学技能满意度低的问题,要积极开展"双师型"师资培训,除了利用校内实践基地和实训室对青年教师进行有意义的培训以外,还要增加企业实践技能训练环节,严格执行专业课教师下企业挂职锻炼制度,并将其挂职锻炼的结果作为业绩考评指标,以促进专业教师实践技能的提升。尤其是在专业教师评聘环节,加大应用技能性指标的考核,多措并举,有效提升专业教师实践教学水平。

为了更好地促进教师和学生的实践技能提升,必须加强校内实训室和实践基地建设。伴随职业教育的不断发展,高职院校实训室和校内实践基地除了要承担实训教学课程的任务,还要满足各类技能等级证书考试的要求,学校应结合实践教学改革对其做好相应的调整,包括实训软硬件设备及实训课程安排的及时更新,使其符合现实要求。通过人才培养计划、课程安排以及教学手段等的更新,制定出新的实践教学标准。按照专业知识和综合能力、职业标准、职业素养和职业技能要求,不断完善实践教学标准和体系。

随着高职院校持续扩招,学生数量大幅增加。因此,实训基地建设更加重要,势在必行。尤其是充分利用现代教育技术手段结合人工智能技术构建虚拟实训室,充分利用大数据,用科学的方法和手段来提高虚拟培训室的利用效率,让每个学生不受时间和空间限制,畅享实训技能的学习和训练,更好地促进学生实践技能的提升。同时,将大数据与人工智能等技术与学生实习实训相结合,开发集实训室设备监管、实训课程安排、实训信息发布于一体的智能化管理系统。为了应对资源短缺问题,各高职院校必须加强实习实训基地和实训室的共建共享,尤其是虚拟实训室的共建共享,提升实训资源的利用效率,发挥资源的最大效能,为更多教师和学生带来技能技术上的便利。

五、完善高职院校实践技能培养评价主体

(一)引入第三方专业评价组织,充分发挥第三方评价职能

1.充分发挥第三方评价组织的作用

管评办分离的政策机制,就是倡导评价组织的独立职能,不受其他方干扰,保证评价的公平公正。第三方组织职能的真正发挥,需要政府职能部门的赋权,也需要高职院校的配合与信任,更需要第三方评价组织专业评价能力的持续提升,此外,还需要学校与企业行业的共同参与,学校与第三方评价组织密切配合,深入推进院校建设和专业建设的有效评价与改进。当然,第三方评价组织也要持续提高自身影响力,通过自身实力的不断提升获取更多高职院校的认可,让更多院校能够主动与其合作。同时,应建立第三方评价组织的准入制度,对第三方评价组织的进入设置基本的标准,并保证标准具有一定高度,真正发挥评价的效能。第三方评价组织要达到独立公正科学有效运作的目标,就需要提高自身可持续发展能力。首先,第三方评价组织要完善人员的配置,聘请高职院校及相关的研究学者专家,资深的评价专家,龙头企业的专家以及教改专家、资深的专业教师组成专业的评价考核队伍,提升第三方评价组织的专业化水平。评价过程中的标准与程序,评价结果的公示与监督都需要政府相关部门的规范和自身的有效约束,以提高第三方评估组织的效能。其次,第三方评估组织要秉承客观与公正的理念,提高评价质量,增强评价的信度与效度,让高职院校真正体会到第三方评估组织评价所起到的实效。最后,及时将评价结果向社会公布,接受社会大众的监督,共同督促学校持续改进,发挥以评促改、以评促建的作用。通过上述措施,让第三方评价组织真正被各利益相关方信赖,得出让各方信服的评价结果和改进措施。

2.加强第三方评价组织的监督,提高评价的科学可靠性

应用技能型人才培养质量是衡量高职院校教育质量的关键指标,因此应结合人才培养质量对相关院校发展效能进行综合评价,并根据评价结果分配资源。此外,要持续完善质量评价和督导评估制度,除了在顶层设计健全政府

层面的行为监督机制、政绩评价机制等,还需对高职院校的建设质量和发展效能及时进行监督和评价。高职院校监督与评价因涉及主体较多,工作量较大,为了保障评价的公平公正,可以通过引入独立的第三方评价组织,进行专业的监督与评价;也可以通过行业协会等较权威、有良好公信力的第三方评价机构开展高职院校的评价工作,以行业协会为引领,进一步完善校企及研究机构和其他相关利益方共同参与的评价体系,提高评价的有效性,发挥以评促建的职能。

近年来,21世纪教育研究院、国家职业教育研究院以及麦可思研究院等民间教育研究机构作为就业的调研组织,发布的相关年度就业报告,为职业教育机构日后发展提供了专业的服务。报告可以清晰反映高等职业教育就业的发展态势和走向,并通过反馈机制,为学校根据市场的动态变化及时调整专业结构提供必要参考。这些通过充分调研和分析发布的职业教育质量评价报告,具有很强的针对性,并与历史数据进行比较,可以清晰反映各方面发展态势。高职院校可以通过专业设置动态调整机制,建立科学有效的专业预警方案,解决就业结构性矛盾的相关问题。

(二)完善"双师型"师资评价体系

完善"双师型"教师的认定标准,先要从"双师型"教师认定标准的维度和各级指标入手,深入探究"双师型"教师的内涵与特征。"双师型"教师除了要具有丰富的理论知识,同时要兼具技术、技能和研发的深厚底蕴和能力[1]。所以,"双师型"教师的认定标准应着重体现三个方面:理论与实践教学能力、实践操作能力与创新性思维。"双师型"教师需要在本专业领域里有一定成绩,同时符合在企业进行顶岗实践或企业内部专业人员的要求。因此,"双师型"教师的认定标准应是理论与实践相结合,科研成果更倾向于企业生产实践,并能够实现现实转化,体现生产价值。在此基础上,应体现"双师型"教师认定标准的高阶性。对"双师型"教师提出符合实际、不同于理论教学教师的高阶性要求,要求"双师型"教师进行更为专业化的提升与发展,突出"双师型"教师在专业化水平上的独有特色。因此,可以借鉴国际发达国家先进经验,严格职业教育教

---

[1] 孙冠男,太淑玲.高职院校"双师型"队伍建设探析[J].成人教育,2012(9):60.

师准入制度,从入口把关,保障职业教育教师的教育教学水平。同时,加强新入职教师培训,培训结束后,由培训部门和教育行政机构、学校进行联合评估,评估合格后,经过特定的考试方可取得职业教育教师资格。此外,进行必要的岗前实训实践,积累相关的工作经验,达标后方可从事"双师型"教师工作。[1]根据这些相关要求与实践,不断丰富和完善"双师型"教师认定标准,提升"双师型"教师教育教学水平,以促进学生职业教育理论水平与实践能力的持续提升。

持续提升"双师型"教师综合素养。"双师型"教师综合素质的提升,除了需要培训的助力,还需要教师在日常工作中持续地学习和自我提高,更需要同行同伴的助力,以及专家的引领指导等,通过综合途径持续改进和提升教师综合素质。培训除了校内培训以外,可以适度增加校外培训和出国培训的机会,尤其是新入职教师可以进行岗前培训和挂职去企业锻炼,增加企业实践经验。在企业的助力下,成立"双师型"教师培训中心,聘请一定比例的企业专家前来任教,真正发挥培训中心实践技能培训的作用。同时,对教师参与企业技术研发实践给予物质、精神上的奖励和时间上的帮助,让教师能够安心从事相关研发工作,更好地促进自身综合素养的提升。教育部和财政部联合发布了《关于实施职业院校教师素质提高计划的意见》,对"双师型"教师综合能力的提升进行了部署,增加了专项投资比例,建议采取多种途径和措施,提升教师综合素质,优化职业教育师资结构,从职业教育教师培养与培训入手,促进"双师型"教师队伍建设。

六、加强实践和应用型研究,促进研究成果的应用与转化

通过评价促进高职院校的实践和应用型技术研发,加强校企合作,吸纳行业、企业各界精英及科研人员共同参与,精准定位企业发展需求,不断将技术研发成果转化为现实生产力,促进企业转型升级,增强行业和企业的核心竞争力,进而提高高职教育链与企业生产链的密切程度,促进彼此合作。校企双方在互利共赢的基础上,开展深度合作,在政府的引领和帮扶下实现无缝对接,

---

[1] 孙冠男,太淑玲.高职院校"双师型"队伍建设探析[J].成人教育,2012(9):60.

通过政策激励和资源供给,激发校企科研合作的积极性,双方在有效对接、共同努力的前提下,缩短应用性研究及成果转化的周期。同时,把校企科研合作作为双方业绩评价的一项重要指标,并逐步提高其评价权重,作为对其综合考核奖惩评价的重要依据。

政府通过评价方式和手段,促进产教深度融合,积极引导高职院校参与企业生产实践和应用型研究,使其加强与企业、行业的联系,让技术研发与企业技术进步和产业升级发展保持同频。政府可以通过共享信息,为校企之间搭建畅通的沟通渠道;也可以通过政府联合企业与相关产业组建技术研发基地的形式,组织各利益相关方充分利用政府搭建的生产技术研发平台,深化彼此间的合作。

七、通过评价,推进高等应用技术教育社会化进程

统筹协调社会各方力量,凝聚高等职业教育合力。欧美发达国家生产实践证明,制造业强国,在以培养应用技能型人才为主的高等职业教育的发展方面往往也处于领先地位。高等职业技术教育在这些国家的发展壮大中扮演着重要角色,高等职业技术教育的科学发展已提升到国家战略层面。高职院校作为应用技能型人才培养的主体,必须开门办学,充分利用社会力量和市场调节机制,充分把握人才市场格局的变化,培养符合市场预期的应用技能型人才。因此,要统筹协调好社会各方力量,充分调动各方积极性,凝聚各方优势,发挥更大的效能。此外,需要建立动态协调机制,促进高等职业教育的社会化进程,持续提升高等职业教育社会化服务水平。高等职业教育发展对区域发展能起到人才供给的关键作用,因此,高等职业教育必须关注产业的变化趋势,保持敏锐的洞察力,及时更新专业。

八、加强标准体系建设及认证工作

(一)专业教学标准

加强专业教学标准的规范性、科学性、严谨性。首先,提升高职院校各专业教学标准的规范性,将高职院校划分为本科和专科两个层面,分别制定本科和专科的标准框架,对于特殊专业经过充分论证可以设计专用的标准框架。其次,在严谨性、科学性方面,以现有的相对规范、严谨、科学、翔实的专业教学标准为基准,进一步进行充实完善和改进,提升高等职业教育专业教学标准的科学严谨性。对于核心课程,必须明确界定所属专业,并以核心课程为重点进行完善。最后,对表述不清、详略不当的专业教学标准限期整改。

(二)工程教育认证标准

高职院校对标工程教育认证标准发展提升,相关院校在"毕业要求"一项中,在基本要求的基础之上,应将应用技能达标作为毕业条件,对于特色鲜明、创新能力突出的院校可适当放宽条件,鼓励特色培养,避免与高职院校同质化倾向。中国工程教育认证标准应鼓励相关专业灵活、自由地开展工程教育教学改革和实践,有效调动院校的积极性,让院校大胆创新,进行改革发展。相关院校若能重视认证标准的前瞻与导向作用,将经济社会发展和社会对工程人才培养的变化要求及时反馈到认证标准中,对工程类高等职业本科院校学科发展将起到积极的促进作用。此外,处于转型发展期的职业本科院校,应在工程教育认证标准相关要求的基础上,结合自身人才培养目标,有效进行融合教学。

第四节
"双高"建设与监测优化策略

  伴随"双高"建设的推进,相关的现实问题日益突出。本科职业院校的兴起对于专业学位制度的改革与发展也提供了重要契机,以往的学术型学位教育已不能适应新时期的现实变革需求,高职教育未来发展应以专科为主,将职业本科、研究生层次(专业硕士、专业博士)统筹到专业学位体系,以应用技能和技术研发为定位,构建完善的职业人才培养体系。推行本硕博专业学位制度建设对于提高专业学位教育质量,完善人才培养模式,调整学位结构等都具有重大现实意义。通过高端人才培养,不断提升职业教育的社会认可度和影响力。同时,继续坚定不移地走产学研结合的办学道路,根据产业需求及时调整专业,制定科学规划,完善实践教学的课程体系,满足高新技术需求,激发高等职业教育院校应有的活力。这些微观层面的具体问题有待日后我们进一步探索,不断改进与完善,以便为我国职业院校健康可持续发展提供必要的理论与实践支撑。

  宏观层面,伴随职业教育和产业发展,针对现实问题,补充、完善《中华人民共和国职业教育法》等国家法律。通过法律确立企业职业教育的权责,确定企业职业教育的地位和义务。通过给予行业组织权限,认定高职院校和企业培训资质。企业和高等职业院校培训资质不搞终身制,而是定期考核复审,辅以必要责罚和清退机制。同时,通过政府的各种激励和保障政策,给予相关企业财政、金融和税收减免等优惠,保障企业参与职业教育的权益。制定企业实习岗位制度,通过政府和院校的共同投入,保障高职院校能够参与企业实习实训。

一、确定合理学校规模及生师比,发挥优质教育资源辐射作用

在高等教育日益普及的今天,高职院校的规模扩张已成为常态。然而,规模的盲目扩大可能会带来教育质量的下降,影响人才培养效果。因此,制定科学合理的规模标准及生师比,发挥出优质教育资源的辐射作用,对于高职院校的持续健康发展至关重要。通过年鉴数据第一基本发展因子,即规模及教研因子指标中因子载荷绝对值排在前三位的是校均规模、生师比、在校生数。因此校均规模、生师比、在校生数也是影响第一基本发展因子的关键因素,应成为我们重点关注的对象。

学校规模和在校生人数密切相关,生师比则是需要根据学校规模和在校生人数来确定合理的比例,三者环环相扣,彼此关联,必须统筹考虑,因此,通过对高职院校标准体系进行研究后可提出以下建议。

第一,根据高职院校整体办学规模重新划定高职院校办学规模标准,并构建较为完善的管理机制和评估体系。若按在校生人数划分为三个层次,中等规模人数选取六千为宜。另外,三个层级之间的差值必须根据现有高职院校在校生人数设置合理的区间,确立合理的划分标准。对于本科层次职业学校办学规模,可以根据在校生总体人数单独划分标准,既体现总体性,又体现差别性。为了确保重新划定的办学规模标准能够得到有效实施,学校还需要建立完善的管理机制和评估体系。学校应制定科学合理的管理制度,明确各部门的职责和权限,确保资源的合理配置和有效利用。同时,学校还需要建立完善的评估体系,对办学规模、教育质量、学科发展等方面进行全面评估,若发现问题,及时调整和完善。

第二,通过有效途径调整生师比。针对高职院校学校规模较小的问题,政府部门应合理规划学校规模,适度扩大优质高职院校的招生规模,同时支持有条件的高职院校进行资源整合,提高办学效益。此外,学校也应根据自身发展规划,合理调整在校生规模,以实现可持续发展。为降低生师比,高职院校应

加大师资队伍建设力度。加强教师招聘工作，提高教师队伍的整体素质；加大对在职教师的培训力度，提高教师的教育教学水平；合理调整教师的工作任务，确保教师有充沛的精力投入到教育教学工作中。

第三，坚持质量优先原则。在扩大规模的同时，注重教育质量的提升，确保人才培养效果。根据学校实际情况，合理配置教育资源，提高教育资源利用效率。优秀的教师是教育质量的重要保障，因此，学校应加大投入，吸引和培养一批高水平的教师，并提高教师待遇，鼓励教师进行教学和科研创新，提高教师的专业素养和教育水平。同时，学校还应加强对教师的培训和考核，确保教师具备足够的能力和素质，能满足教育质量提升的要求。加强校企间的沟通与协作，为学生提供更多的实践机会和发展空间，实现校企共赢，提高毕业生就业质量。

第四，制定科学合理的规模标准，并完善监测评价体系。根据国家政策和区域经济发展需求，制定符合高职院校发展实际的规模标准。具体而言，学校应根据自身的办学条件、师资力量、实践教学能力等制定招生规模标准，确保教育质量的稳定和提高。同时，学校还应根据地区经济发展需求和产业结构特点，合理规划专业设置和学科布局，以培养能适应市场需求的高素质人才。建立完善的监测评价体系，对高职院校规模发展进行动态监控，确保规模与质量的协调发展。监测评价体系的构建应包括对学校办学条件、教育教学质量、学生发展等方面的全面评估。发现问题及时采取措施进行整改和完善，确保教育质量的持续提升。同时，学校还应加强与社会的联系和交流，接受社会的监督和评价，不断改进和优化人才培养模式。

第五，完善高职院校资源共享机制，加强校际合作。整体思路是加强政策法规建设，为资源共享提供制度保障；增强高职院校资源共享意识，推动校际合作；加大信息化建设投入，优化资源共享的硬件条件；加强师资队伍建设，提升教育教学质量；优化教育资源配置，提高资源使用效率。例如，地方根据当地产业园区发展，为了当地院校的共同发展，完全有必要设置高等职业教育园区，优化公共教学设施，将优质教学资源在高等职业教育园区共享，提高资源的利用效率。高职院校可将园区内相同的专业群进行兼并重组布局，公共文化基础课可以采取联合培养的方式,集中到园区中心教学楼进行教学,实现资源的最大利用效率。同时,建设园区大型公共礼堂、体育馆、运动场等设施,减少重复建设,提高固定资产的利用效率。

第六,发挥优质教育资源的辐射作用,提高高职院校的区域社会服务能力。优质教育资源是发挥辐射作用的基础,因此,学校应加大投入,提高教育资源的整体水平。具体而言,学校可以引进高水平的师资队伍,提高教师的专业素养和教育水平;丰富实践教学环节,提高学生的实践能力和创新精神;加强学科建设和课程开发,完善课程体系和教学内容。高职院校应建立资源共享平台,通过建立资源共享平台,可以将自身的优质教育资源与其他学校共享,提高资源利用效率。资源共享平台还可以促进学校之间的交流与合作,推动教育教学的改革和创新。例如,高职院校可以共享实践教学基地、图书馆资源、网络课程等,实现资源的最大化利用。高职院校应积极参与区域经济发展,结合地方经济发展需求,积极参与产学研合作项目,推动科技成果的转化和应用。通过与企业合作,开展实践教学和校企合作活动,为学生提供更多的实践机会和发展空间。同时,高职院校还可以为地方经济发展提供人才支持和智力保障,推动区域经济的持续发展。高职院校应加强与社会各界的联系与合作,通过与社会各界的联系与合作,可以更好地了解社会需求和反馈意见,及时调整和优化人才培养模式。此外,与社会各界合作还可以为学校提供更多的资源和支持,促进学校的持续发展。

二、提升技能、合理定位、技术支撑

通过年鉴数据可以发现第二基本发展因子,即投入与产出因子在就业率、学校数、教职工数三项指标因子载荷绝对值排在前三位。因此就业率、学校数、教职工数也是影响第二基本发展因子的关键因素,应成为我们重点关注的对象。学校数、教职工数与学校规模密切相关,教职工数则要根据合理的生师比来确定,因此,学校数、教职工数可通过学校规模和生师比来进行统筹安排。下文是通过问卷和访谈等调研方式发现高职院校存在的问题后,针对院校发展定位、教师评聘、学生就业方面提出的建议。

明确高职院校发展定位。学校应充分了解社会需求,制定符合市场需求的专业设置和人才培养方案,明确自身办学定位,坚定人才培养目标,确保办学方向的正确性。并根据国家战略需求和行业发展趋势,合理调整专业设置,实现学科交叉与融合,提高人才培养的适应性。高职院校,尤其是新转型发展的本科层次职业学校在院校定位上必须摆脱原有发展模式的束缚,以应用技能型人才培养为己任,加强实习、实训方面的培养,不断提升学生适应企业需求的职业技能。在行业竞争日趋激烈的大背景下,高职院校必须彻底转变原有发展模式,确定正确的发展定位,并按照正确的发展定位坚定地执行下去,确保学生技能水平和综合素质的全面提升。同时,学生自身必须充分利用学校提供的发展平台,积极进取,不断提升自身技能水平。

优化教师评聘制度。政府部门应充分征求基层意见,制定更加贴近高职院校实际需求的教师评聘政策。高职院校应建立多元化评价体系,完善评聘标准,突出实践能力,充分考虑教学成果、实践能力等难以量化的指标,制定科学、合理的教师评聘标准,既要关注教师的学术成果,也要重视教育教学质量和实践能力,使评价更加全面、客观。高职院校必须转变以往以学历学位、教学能力和科研能力为主的评聘方式,转向为以专业职务和一线工作经验、实际技能和任职资格等能够体现高职院校高水平建设的特色指标为主。关于教师考核评价指标,也应转向为应用技能、社会服务等能够反映高职院校高水平特色的指标,对实习实训等在高职院校中具有重要辨识度的关键技能指标给予充分的重视,不断提升教师的实践指导水平。在此基础上,引导教师关注自身发展,全面提升自己的综合素质。完善教师评聘程序,确保评聘过程透明、公正,严厉打击学术不端、教学态度不端等现象。同时,重视评审结果的公示,提高教师的知情权,以消除教师对评聘工作的疑虑。高职院校应调整激励政策,使评聘成功与实际待遇相结合,让教师在评聘过程中感受到实实在在的收获。同时,加强对评聘失败教师的关怀,为其提供成长空间和发展机会。加强教师队伍建设,提高教师综合素质,引导教师树立正确的评聘观念。

强化信息和技术对学生就业的支撑,明确信息和技术支撑在就业服务中的战略地位。高职院校要不断提升学生就业水平,就必须在人才培养上下功夫。社会各界在大国工匠、工业4.0等理念的引领下,对应用技能型人才的需求不断提升,对应用技能型人才的尊重也与日俱增,但应用技能型人才的薪酬和待遇水平尚有待提升。在社会对高水平应用技能型人才的需求提升的背景下,高职院校的学生必须增加就业的危机感,深刻理解专业知识,苦练基本功,积极参与企业实践,不断提升自身技能水平和综合素质,在获得学历证书的同时,争取获得相应的职业资格证书,才能拥有更好的就业前景。并且,学生应该客观地评估自身实力,从基础工作做起,通过在基层岗位锻炼提升自身价值。加大投入,确保信息化建设所需资金和人力资源,学校应建立完善的毕业生就业信息库,相关利益方应向学生全方位提供用人单位信息,让学生根据就业信息找到更加适合自己的岗位,包括企事业单位招聘信息、行业动态、就业政策等,通过线上线下多种渠道及时发布更新就业信息。同时,搭建就业信息查询平台,便于学生随时随地查询合适的工作岗位。完善体制机制,推动信息和技术支撑在就业服务中的广泛应用,强化队伍建设,提高就业服务人员的信息化素养。充分利用现代信息技术手段,为学生提供个性化、智能化的就业指导服务。政府和高校应做好学生职业能力规划和就业技能技巧的专项培训,对就业困难学生进行特定帮扶,并加强对学生的就业心理辅导工作,全方位促进学生的高质量就业。同时可以聘请企业专家现场指导或进行求职前的岗位培训,针对岗位生产实际,对学生开展岗前就业培训,让学生持续提升岗位技能,更好地对接职业需求。不仅如此,学校还应加强对就业指导教师的培训,提高其业务水平,增强其服务意识。针对学生的个性化需求,提供职业规划、简历撰写、面试技巧等方面的辅导,帮助学生提升就业竞争力。学校可与企业建立长期合作关系,了解企业用人需求,为学生提供更多实习实训机会。此外,学校还可与企业共同开展科研项目,促进资源共享,提高学生就业质量。学校应建立健全就业跟踪服务体系,关注毕业生就业后的发展情况,及时了解其在工作中遇到的困难和问题,提供持续的就业指导和帮助。通过毕业生反馈,不断优化就业服务内容,提升服务质量。

要进一步完善以"大数据"为支撑的就业服务信息一体化平台。伴随信息技术的跨越式发展,以"大数据"为支撑的就业服务信息平台逐步建立起来,推动政府和高职院校在促进大学生高质量就业的支撑体系上不断改进,然而在高职院校就业服务分类的专业性、信息资源分类与整合、信息构建科学合理性等方面依然有较大改进空间。政府相关部门可以以完善基于电子政务的公共就业服务体系为突破口,不断完善针对不同层次、不同类别高职院校的信息服务平台,依托前沿信息技术,打造高智能的政府就业服务体系。通过就业信息数据库,将各类高职院校毕业生就业数据进行科学分类和整合,扩展信息共享途径和范围。尤其是相同层级和类别的高职院校,就业领域存在一定的相关性,更应建立和开放信息共享机制,这就需要政府部门的统筹协调,为建立高职院校就业信息联盟提供监督和保障。

三、加强条件保障,提升学生应用技能素养

培养条件既包括制度和经费的保障,也包括资源、设施等条件的保障,可通过建立校内实训或企业实践基地,为学生技能培养提供充分的保障。从年鉴数据分析来看,随着高等职业教育院校规模的扩张,学生就业存在一定压力,教职工及专任教师的科研经费和国家财政性教育经费未能伴随高等职业教育院校规模的扩张同步增长,因此,这也是今后我们国家需要努力提升的方向,以保障高职院校高质量健康可持续发展。

(一)加强制度和经费保障,提高资源利用效率

中央财政应不断创新高职院校投、融资渠道,改进财政年度预算方式。深化高职院校的管理体制创新,明确政府的角色定位,形成各级政府分工协作、责任共担的职能体系。同时,可以利用地缘优势,在政府相关部门的统筹安排下,整合实训基地,提高资源和设施设备的利用效率。

1.发挥政府资金导向功能,促进高职院校科学发展

高职院校高水平建设,政府导向是关键,政府应充分发挥公共财政资金导向职能。高职院校相关政策由各利益相关方协同制定,对各方均具有约束和规范的作用。因此应强化政策组织,突出政府主导作用,尤其是在资金投入方面,发挥公共财政资金导向功能。中央财政采取以奖代补方式引导地方对高

职院校发展建设提供资助,突出院校的示范引领作用。通过高端引领与短板补齐的交互作用,促进高职院校高水平建设。设置国家级及地方示范性项目,统筹优化资源配置,保障教师培养、培训计划有序推进、有效实施。相关培训经费应以政府投入为主,并逐步提高投入标准。明确培训经费投入目标,厘清各方责任。中央财政要有专项预算和转移支付专项资金,帮扶困难地区和弱势群体,促进职业教育培训的均衡发展。强化省级统筹实施机制,提高本地区职业教育的专项投入。健全"双师型"教师培训经费投入长效机制,应用"互联网+"技术创新"双师型"教师教育方式[①]。

2.优化经费支出结构,促进教育均衡发展

相比欧美发达国家,我国教育相关投入比例严重不足。可借鉴国外经验,优化教育投入的客观评估环节,细化相关工作流程,加大对弱势群体的帮扶力度,针对实际需求设计相应的服务程序。加强教育投入的软硬件设施建设,尤其要加强实训基地建设。要不断拓宽经费筹措渠道,可以利用校企合作的机会,以企业现有基地或企业帮扶组建基地的方式开发投资渠道。同时,改进财政年度预算方式,细化经费支出,突出公共财政对教育投入的引领作用。要不断创新思路,从社会各界多方筹资,互利共赢、共同发展。针对基层发展的薄弱环节,加大基层建设的投入力度,完善基层公共培训服务平台。建立多部门共同参与的教育工作联席会议制度,在中央政府引领下积极发挥市场资源配置的决定性作用,对财政投入方向、领域、结构进行引导和规划,对教育投入执行效果进行监测,并对可能出现的为实现短期经济利益而放弃产出较慢教育投入的问题及时予以更正,促进教育协调发展。中央政府应该对此做出详细部署,发挥引领职能,根据地方政府的财力水平匹配制定其投入标准,而不应该实行"一刀切"政策。对于因财力有限而投入不足的地区适当予以财政倾斜,以促进不同地区教育的均衡发展。

3.完善多方投入激励机制,发挥市场调节作用

中央政府要发挥好科学规划、指导和监管职能,对于经费投入,要通过全方位考察进行科学合理的预算和分配。按照"简政放权、创新管理"的要求,明

---

① 教育部教师工作司.统筹资源配置破解职教师资难题[N].中国教育报,2016-11-16(3).

晰各级权责。同时,加强对民办高职院校的监督和引导,保障民办教育的合法权益,促进教育事业的良性发展。通过引入公立和民办教育竞争机制,促使公立院校自主探索出路,完善应对市场竞争的机制,大胆创新,在中央政府的引领下,实现自主发展。

在稳步推进教育公共财政投入的基础上,发挥教育投、融资的作用,丰富资金来源渠道。提升民间投资比例,通过政府综合运用补贴、补助、奖励、税费减免等激励措施,激发民间资本投资高等职业教育的积极性。通过政府引导,吸引各类资本以合资、股份制等形式进行高等职业教育多元化办学。

(二)加强校企合作

1.建立和完善相关法律,提升法律保障水平

为缓解校企合作经费不足问题,可以通过法律法规来确定各级政府的相关责任。政府强调校企合作,但缺乏一定的法律依据。因此政府应从立法入手,通过建立完备的法律法规体系和实施细则,保障校企合作的有效进行。我国校企合作相关的法规应以双元制模式为基础,以史为鉴,批判地借鉴发达国家先进经验,结合我国国情,不断完善以法律为保障的校企合作模式。此模式可以称为法理模式。

法理模式是以国家法律为准绳,校企双方按照法律要求签约进行合作,按照相应的标准培养符合企业预期的应用技能型人才。通过立法和签约保障校企双方长期合作以及持续深化合作,理论与专业实践教学同步进行,让学生通过实践及时消化理论知识,而不是像以往单纯集中实习、实践。在这个过程中,让学生不断拓展实践领域,在学好本专业理论知识的基础上,掌握相关专业技能。

法理模式通过校企签约,保障学生的理论和实践学习权益,增加学生企业实习实训机会,提升应用技能型人才培养质量。让企业参与应用技能教育的管理与考核,提升其参与的广度和深度,具体包括:参与学校专业设置调整、教材开发、课程设计、教学、论文辅导、实习实训指导以及职业教育考评等过程。同时,通过立法推行职业资格证书制度,严格职业准入制度,提升就业水平。

构建校企合作促进条例，促使校企合作规范、有序、高效。在校企合作促进条例中，应规范校企合作合同，合同内容应包括企业、学校、培训师、受训者的责任和权利，同时应设置合作专项基金并限定专款专用。通过条例，规定县级以上行政单位建立校企合作协调委员会，规范其职责以及法律救济、考核、监管等程序。对企业参与培训的理论及实践课程制定统一的课程实施与考核评价标准，不断提升企业培训的水平，提高职业人才培养的综合素质。

2.充分发挥行业、企业和学校的高等应用技能教育和培训职能

高等应用技能教育改革要以产业需求为导向，赋予行业协会、学会、商会等社会组织参与技能教育的职权，并通过法规制度予以明确。伴随产业的快速发展，行业协会、学会、商会等行业组织已经成为高等技能教育培训的桥梁和纽带。法律层面，在相关立法中，应确立行业组织的重要地位，对其机构和人员资质均提出具体要求，以保障行业组织的有效运行。高等职业教育院校要在专业设置评议、人才培养方案制定、专业建设、教师队伍建设、质量评价等方面主动接受行业指导。通过充分授权，给予政策支持，切实保障行业组织职能的发挥。

高职教育高水平建设中，企业是各利益相关方中的重要主体，因为专业的应用技能型人才关系企业的核心竞争力和长远发展。因此，相关高校开展企业培训是解决应用技能型人才稀缺的问题最好、最直接的途径，也是技能培训社会化的重要组成部分。校企合作培训，不仅能够解决内部员工培训问题，也可以让学生参与到培训中来，让学生和学校及时掌握企业专业发展水平和现实需求，使学生和学校的发展更具有针对性。《国务院关于加快发展现代职业教育的决定》明确提出，企业是职业教育的重要办学主体，其价值和作用主要体现在用人需求、能力要求、岗位吸纳、薪酬支付、税收缴纳等方面，企业不仅在以上几方面拥有主导话语权，而且是实施和执行的主体。企业培训不但能够提升受教育者的职业素养和技能水平，对企业自身的发展也能够起到积极的促进作用。

高等职业院校开展职业教育与培训，既涉及校内师生的培训工作，也涉及对外培训工作，应针对产业需求及时进行相应的培训，避免形式主义和应付任

务的思想，切实提升师生的实践技能水平，达到实习实训的培养目标。同时，要及时洞察企业、行业的升级需求，不断更新知识结构和课程标准，加强专业群建设，更好地对接产业链的现实需求，并考虑未来发展需要。只有动态跟踪行业和企业的发展变化，才能真正实现应用技能型人才培养以及其与产业需求的对接。在培训方式方面，逐步增加案例分析、演习互动、企业实践导师授课、师徒式培训等模式占比，尤其让培训者进行现场观摩和实操，以及通过模拟训练和游戏竞赛的方式，增加培训的趣味性，以便培训取得预期效果。

3.充分发挥政府和企业在校企合作中的主体作用

加强校企合作，让企业以主体身份参与应用技能教育和培训。首先，创新应用技能教育和培训模式，改进产教融合生态系统，实现互利共赢，找准合作的契合点，统一标准。企业对人才培养实行过程监督与评价，使学生入职时专业水准达到企业用工需求的标准。优化课程标准和内容，完善教学体系，尤其是加强实践教学，由企业技术水平高的专家能手承担实践教学。其次，企业可发挥自身优势，开展双师教学，充分利用内部理论和实践水平俱佳人才的优势，不局限于企业内部技能教育，采取"走出去"的战略，走入校园，服务社会，并获取相应的报酬，同时缓解高等职业教育院校"双师型"人才紧缺的局面。最后，企业应充分利用实践经验丰富的优势带动相关院校实现生产实践创新创业教育。双方通过融合互动，取长补短，实现理论与实践完美结合，优化创新创业环境，以利于创新创业意识与能力在实践中得到发展。实践证明，在经济发展的新常态下，创新已成为引领发展的新动能。企业和相关院校应充分发挥各自优势，优化整合资源，引领行业和职业教育进入新的发展阶段。校企双方通过经费、经验等各方面的互补，将具有现实价值的项目相互推荐给对方，形成合作，以利于高质量完成项目任务。

政府部门可利用公共财政设置专项基金促进校企合作健康发展。通过中央和省级政府引导，设立校企合作专项基金，为校企合作搭建财政和软硬件服务平台。建立国家和省级层面的校企合作基地，加强重点培训项目建设，这主要由政府出资和社会捐资联合建设，为校企合作打下坚实的基础。除了完善硬件设施，为确保合作基地的师资和服务质量，还要在整合各院校和培训机构优秀人才的基础上,实行联合滚动式培训,并充分吸纳企业专家能手参与实践教学。对校企合作参与技术创新与改进、科技成果转化等给予资助和奖励,并对校企合作中业绩突出的单位和个人给予表彰和奖励。

高等职业教育院校技能培养涉及的主体不仅包括学校和行业、企业,还包括政府相关职能机构,这就需要在政府相关职能部门建立协调督导机构。协调督导委员会可以统筹协调校企合作,负责监管校企合作发展专项资金,发挥引领、监管与协调的作用;推进职业准入制度,为校企合作搭建服务平台,保障校企合作的顺利进行;利用政府提供的职业信息平台,为校企合作牵线搭桥,充分发挥政府的引导与协调职能。政府应积极引导高等职业教育院校加强就业技能的培训,密切与企业、行业的联系,通过开展订单式培训服务,促进交流合作,提升技能培训的实效性。高等职业教育院校应时时关注企业动态,使人才培养与产业发展同频。

4.出台激励政策,提升企业合作积极性

政府应出台校企合作激励政策,制定各项合作的优惠条款,并监督保障各项优惠政策的实施。通过相关政策吸引社会力量为校企合作提供经费支持。对企业,尤其是中小企业与职业院校合作建设实习实训基地、实验室和生产车间提供一定的信贷支持;对企业与职业院校合作开发新产品、新技术、新工艺等提供一定的信贷支持[1]。

学校与企业的合作需建立在利益共享的基础上,并通过政府的协调密切彼此的合作。高职院校可以主动上门为企业提供培训服务。双方本着互利互惠的原则实现合作共赢,共同发展。政府可以为企业与学校合作提供诸如减免税费、无息贷款、科技创新与成果转化奖励、实习实训成本分担、工伤保险等项目经费的优惠条件等,以提高企业与学校合作的积极性。同时,要不断优化管理体制,强化地市级政府的统筹协调能力,有效整合企业与学校资源,提高资源利用效率,避免重复建设,提升企业与学校合作的水平。此外,采用评价考核奖惩等手段,让各利益相关方有一定的危机感,激发多方主动合作的积极性。

---

[1] 姜群英,雷世平.职业教育校企合作立法的具体问题探究[J].职教通讯,2011(5):7.

5.转变机制,精细管理

根据调研结果,学校应该发挥在校企合作中的积极作用,积极作为,发挥核心枢纽作用,持续提升自身能力。同时,加强与政府和企业的联系,提高社会服务能力,通过产学研合作,为企业生产和培训提供支持。作为企业,应该提升管理水平,尤其是人员的管理,让生产一线的技能工人端正态度,充分发挥其实习导师的职能,通过精心辅导,促进学生生产技能水平的提升。为了做好学生的实习实训工作,校企应该联合做好学生的安全教育工作,加强安全防范和保护措施,有条件的学校可以为学生投生产意外伤害保险。另外,做好学生的顶岗实习工作,给予学生充分的顶岗实习时长,保障学生岗位实践能力和技术水平的有效提高。就高职院校而言,应不断加强教师综合素质培养,尤其是企业生产实践技能的培养,提升"双师型"教师的综合技能水平,出台激励措施以发挥教师在校企合作中的引领作用。此外,学生可以充分利用校内实训室和实习基地进行实操训练,让自己尽早掌握企业生产技术技能,更好地适应未来岗位需要。

四、完善高职教育产教融合保障机制

(一)产教生态链保障:基于供需导向的产教生态链保障机制

专业建设是人才培养规划的实施环节,高职院校的专业建设应紧密对接区域产业需求,顺应产业更新升级需要,根据产业集聚发展对专业技能人才的系统性要求,明确专业服务指向,提升高职院校顺应产业发展变化的人才培养能力。[1]形成专业建设与区域产业发展的融会贯通和一体化培养。同时,高职院校教育评价、专业设置、课程内容等的设置和更新均要以产业技能人才需求为导向。新时代教育改革方案对职业教育人才标准提出了新要求,现代社会生产和技术的综合化需求也产生了诸多不确定因素,职业教育应该侧重于培养学生的可迁移技能以适应瞬息万变的科技发展,通过技能迁移提升综合的知识与技能水平。成立产教联盟集团,吸纳行业、企业专家进入专业规

---

① 和震,李玉珠,魏明,等.职业教育产教融合制度创新[M].北京:科学出版社,2018:87.

划建设组织,精准对接市场、企业需求,及时调整专业建设规划及人才培养方案,选定与产业前沿技术相配套的课程标准及内容。[1]紧密对接产业未来发展需求,建立专业预警机制。通过信息共享、企业调研及行业发展预测精准对接产业发展需求,对于不能顺应产业发展趋势及满足更新换代需求的专业,及时预警,做出相应的调整与更新,以增强专业特色。同时,充分利用社会资源,发挥企业导师和"双师型"教师作用,强化学生以实践技能培养为中心的综合素质,让他们能够真正学以致用,减少结构性失业。

(二)校企生态链保障:基于校企合作的产学研生态链保障机制

校企合作、产教融合的深度是由多元因素决定的,但互利共赢是内因,是其可持续发展的动能。高职院校应以企业需求为导向,拓展合作领域;以企业项目为依托或结合企业优势领域,进行技术研发,借此提升企业科技创新能力。双方在互利共赢的原则下,集成各自优质资源,实现共享融通,促进双向交流互动,同时也能够提升师生的技术创新及研发水平,并将研发成果应用于企业生产实践,进而反哺企业的付出。而企业要根据政府规定的职业教育责任,承担应有职责,积极介入高职教育全过程培养链,尤其是实践教学链的融入,充分行使岗位实习实训和生产实践技术技能培养的使命。

校企通过产学研融合发展,构建多元、开放的实践育人体系。具体措施可以通过校企共建教学资源库,实现产教的全过程融通,让学生可以随着课程的进展及时参与实践生产环节,以工学交替的培养模式促进理论与实践的同步发展与融合。加强校企合作协同育人,企业导师可按照课时安排定期来校任教,学校教师则定期去企业挂职锻炼,了解企业发展最新动态及专业人才需求,实现结合生产实际融合教学的目标。通过打造校企产学研一体化链条,引企入校,形成产教深度融合的生态体系。产教融合的深度决定了其生存发展的高度,因此应通过建立仲裁、协调、评价机构,监督协调产教融合的实施效果。

---

[1] 王泳涛.高职院校深化产教融合的内涵认知与机制创新[J].职业技术教育,2019(28):33.

(三)政校生态链保障:基于政校联动的促融合生态链保障机制

政府从产业发展战略层面出发,基于系统观、整体观和传统产与教二元关系为产教融合一体化发展,重构高职教育与产业一体化发展机制,实现一体化协同育人与科技研发及转化融合。因此必须完善相关法律法规及实施细则,强化监督与激励约束机制,提升高职教育和产业一体化规范化运作水平。政府应设立产教融合监管协调机构,发挥引领、监督、协调职能,促进产教融合的深度推进。建立行会制度,行会以第三方身份协管产教融合事务,发挥其监管的主体功能,这同样需要政府的充分赋权。

此外,多元投融资体制是保障产教融合持续进行的基础,建立以政府投入为主,民间资本为辅的高职教育投资体制,民办院校在国家规定的限度内可以适当获取收益。同时,鼓励企业行业办学,企业行业既可以是办学主体,也可以采用股份制、混合所有制等方式办学。政府要以产教融合的质量为核心,通过专项资金和项目管理等方式,促进产教融合发展,通过政府及第三方的督导与评价,根据产教融合绩效考核与评价结果,进行各方合作主体的利益分配。[1]

政府实施产教融合型企业认证制度,形成各级产教融合型企业,并按照校企合作效果,经评估后给予土地、信用、财政、金融等综合激励,并给予一定的税收优惠及附加费减免政策。通过向行业企业购买服务、荣誉表彰和企业优先进校遴选优秀毕业生等手段,激发企业参与产教融合的热情。[2]就高职院校而言,政府应健全相关经费投入机制。对于产教融合表现突出的院校,按其成果,通过专业的评价,根据评价结果以奖代补,[3]促进产教融合发展的实效。

(四)教育生态链保障:基于院校间协同的发展生态链保障机制

高校间协同发展生态链的协同共进以自身所处生态位为基础,各类院校要保持自身特色与所处的层级,这主要取决于其在教育结构中的科学定位,同时与自身教育及历史文化积淀和所在区位环境有关,只有基于科学的定位方

---

[1] 曹大辉.比较视阈下高职教育产教融合保障体系研究[J].宁波大学学报(教育科学版),2016,38(1):86.
[2] 丁天明.产教融合集团(联盟):江苏高职教育发展新的突破口[J].教育与职业,2019(3):34.
[3] 朱爱青.高职院校人才培养体系构建与长效机制研究——基于产教融合视角[J].职教论坛,2019(3):157.

能避免趋同化发展。依托区域经济产业结构调整及行业发展趋势,打造特色专业,增强自身生态位特征,持续凸显自身教育生态位,确保生态位顺应区域产业发展潮流[①]。

高校间的协同发展,既包含高职院校间的协同,又包含高职院校与普通本科院校及科研院所之间的协同。高校间的协同发展以优势互补、资源共享为基础,通过彼此协作持续优化高等职业教育生态圈。高职院校间可以通过共享课程、师资、场地、实习实训基地及设备等方式实现全方位的协同发展。高职院校与本科院校间可以通过理论与实践的优势互补,加强协作共享,促进彼此在人、财、物方面的沟通和交流。高职院校与科研院所间的协同发展则可以通过研发互补推动协作,高职院校在应用技术研发方面占有一定的优势,科研院所则在理论和科技创新方面占有一定的优势,因此双方存在协同发展的互补空间,可以通过技术开发、研究中心等协同创新工作机构实现融合发展。综上所述,不同生态位的院校间存在物质、能量和信息的交流与共享诉求,高职院校只有内部系统优良、外部系统和谐,才能产生优质生态效益,并达到整个系统的平衡运作。因此,院校间只有协同发展,才能提升生态优化效能。

当前,我国高等职业教育处于加速发展的关键期,产教融合是顺应时代新发展,破解人才培养和企业发展困境的重要举措。产教融合的深度、广度和力度取决于高职教育生态系统的优化程度,因此,有效解决制约其发展的生态问题,利用生态调节机制提升各融合因子协同合作水平,持续改善高职教育产教融合生态状况,对于校企双方科学高效发展均具有重大现实意义。

五、"双高"建设融合体系优化策略

(一)动态调整专业群体系,为专业群与产业链有效对接提供保障

国家政策和政府的进一步推动,为高职院校深化产教融合、校企合作提供了契机,也为企业获取应用技能型人才提供了便利,为高职教育的产出与企业

---

① 董彦宗,刘澍,潘新民.混合所有制视域下高职教育生态因子解析[J].教育与职业,2019(14):48-49.

需求架起了畅通渠道。"双高计划"实施背景下，推动高职专业群与产业群有效对接，是推动校企合作持续深入的有效方式。因此，要通过"双高"建设推动专业群发展，充分研判产业需求，实现专业群与产业的无缝对接。

我国不同地区的发展重点不同，因此形成了不同产业。专业群与产业群的有效对接，需要高职院校进行充分调研，对地方产业发展进行全方位分析，依据区域产业发展需求进行专业群部署。高职院校高水平专业群，要充分体现区域特色，做精做强，而不是贪大贪全，要充分研究高职教育专业链与产业链融合对接的方式，通过引企入校、工学结合，加强彼此连接的契合度。按照深度聚焦、突出特色的原则，研判产业岗位群与专业群互联互通的模式，为专业群科学高效发展奠定良好基础。同时，进一步明确院校的办学定位和人才培养目标，优化专业群结构，确定不同专业群对接产业和生产岗位的目标。有效发挥专业建设高质量发展的作用，为学生未来职业发展奠定良好基础。

当前正值信息技术飞速发展的关键时期，我国产业发展也在持续升级、不断进步之中。高职院校若要实现专业群与产业链无缝对接，需要建立专业群动态调整机制，实时跟踪产业发展变化，做出及时的调整与更新。同时，可通过专家研讨，邀请企业专家共同探寻专业发展建设与产业发展对接的着力点，根据产业需求动态调整专业群建设。对专业更新与淘汰、应用技能型人才培养的目标与规格，以及课程与教材以及实习实训的内容都必须做出严格的判定和分析论证，并充分考虑未来发展需求，进行科学的发展与调整。此外，建立各利益相关方共同参与、协同发展的院校联盟和专业联盟，不但要重视企业和产业相关人员的加入，也要重视同类院校的联盟，通过资源共享、风险共担，实现利益的均衡配置。专业群协同共建，及时动态调整，充分发挥院校联盟和专业联盟的作用，为高等职业院校高质量发展提供充分的保障。

（二）加强多方协同，助力专业群生态系统良性发展

良好的高职专业群生态系统是一个处于动态平衡的专业群生态系统，专业群系统从外部生态环境系统通过互利共赢获取自身所需各类资源，同时向系统内的其他组织输出能量，实现能量的交互，进而促进系统的整体协

同进化。高职专业群生态系统具有交互性的特性,能够通过专业群生态系统的持续优化促进专业群整体持续发展进步。同时,高职专业群生态系统也呈现一定的稳定性特征,能够通过对专业群生态系统稳定因素的持续改进,进一步优化高职专业群建设,实现资源共建共享,优化资源配置。并且还可通过持续优化内部治理结构,凝练办学特色,吸引更多利益相关方加入高职专业群建设。通过不断完善高职专业群生态体系,形成良性循环的社会组织体系,凝聚各利益相关方力量,通过专业群生态系统改进提升职业院校的整体服务水平。

我国高等职业院校高质量发展从示范性高职院校建设到高职骨干特色学校建设,再到"双高"建设,经历了一系列的变迁,高职院校提质培优建设逐步深入,而专业群的优化建设正是高职院校高水平建设的核心所在。通过专业群的资源共建共享、专业群整体结构优化、院校内部治理等手段,可促进专业群生态系统的不断完善。能够顺应产业发展需求的高职专业群布局与科学的发展规划,是"双高计划"取得成功的关键所在。为了加速高职教育内涵式与特色发展,专业群的布局和特色发展以及内部治理成效是实现高质量发展目标的重要因素。专业群和高职院校高质量发展与高水平建设,可以引领和推动高等职业教育在当前新时代教育改革背景下改革持续深化与推进,促进高等职业教育内涵建设,更好地服务于社会。

高等职业院校和专业群高质量发展,以中国发展的现实状况为依托,在此基础上进行谋划设计,方能实现"双高"建设确定的目标任务。高职专业群生态系统的优化需要遵循教育生态系统发展的总体规律,并充分结合高职专业群建设的特点,按照一定的行动逻辑优化生态系统的各项要素和环境,实现专业群生态系统的持续改进。高职专业群生态系统的治理是一项复杂且艰巨的系统性工程,专业群生态系统的协同进化除了要协调好各利益相关方的利益关系外,还应对生态系统发展进化中的不协调因素予以充分统筹规划与协调。在新的教育评价改革发展阶段,基于高职专业群生态系统的现实问题,必须加强各方协同,持续改进,采取得力措施,促进高职专业群生态系统的整体协同与优化。

1.协同互动促进高职专业群生态系统动态平衡运行

高职专业群生态体系的维持与更新需要专业群内部以及专业群之间的良性互动,专业群群落及其与外部系统的交流、交换能量是持续促进高职专业群成长的必要条件。专业群生态系统的各项因子从专业群的内部以及与其相关的外部系统中获得持续发展的能量。专业群系统在持续进化的过程中必须遵循相应的发展规律,尤其要遵循生产技能转化规律以及相关知识生成规律,符合时代发展和社会需求的变化,利用产业技术技能知识的产生、传播和应用的链条实现相关利益方的协同进化。高职专业群生态系统协同进化在反复失衡与平衡状态之间转换,当系统呈现失衡状态时,专业群生态系统就会向趋于平衡的状态转化。在这样反复转换的过程中,高职专业群生态系统就呈现出动态平衡状态。动态平衡状态指组织或系统在各要素相互制约、相互转化、交换补偿等作用下达到一种相对稳定和协调的状态。这种动态平衡状态是一种持续转化的过程,系统内部之间及其与外部系统之间持续进行着能量的交换与补给,在此交换过程中,高职专业群生态系统呈现出一种相对稳定的动态平衡状态。系统只有处于这种动态平衡状态中,才能够实现持续不断的发展与进化。

高职专业群生态系统的稳步向前,需要各利益相关方协同共进以维持不同时空下的动态平衡。高职专业群生态系统内要素的多样性和复杂性决定了其维持动态平衡的复杂程度,也是决定其生态系统最终所能达到的发展水平的关键所在。高职专业群生态系统在这种复杂的交互与竞合过程中,会受到诸多复杂因素的影响而呈现偏态运行状态,一旦出现偏态运行状态,系统内各因子为了共同的目标,会积极应对出现的各类状况,在多维要素的共同作用下,不断地进行动态调试,以维持高职专业群生态系统的动态平衡。

高等职业教育的生产实践性因素决定了其与相关外部生态因子联系的密切性。专业群生态系统与外部环境系统之间持续的能量交换不断促进了系统的动态平衡运行。专业群生态系统的动态平衡将受到政府、行业企业、各级各类院校、相关利益方的内外部主体影响。高职专业群生态系统需要从内外部环境系统中交换彼此所需要的能量和资源,逐步形成一个动态复杂的平衡系统,这既涉及人员、物质、技术的交换,也涉及一些无形的文化、关系、理念的交流与融通。高职专业群生态系统动态平衡内外部要素的调适,应该重点关注、调适和顺应社会环境、政治环境、经济环境、技术环境等大环境的影响因素。在适应各类外部环境的基础上,以满足区域发展需求为宗旨,持续提升高职专业群生态系统的优化程度。

高职专业群生态系统优化也涉及专业群内的专业间、专业群之间的交流互动。这样的交流互动也会直接影响高职专业群生态系统的动态平衡。因此,应伴随高职专业群生态系统的动态平衡来动态调控生态系统内的各项要素,只有这样才能根据时空和形势的变化及时进行动态调整。高职专业群生态系统内部各要素在交互过程中有其发展的内在规律,需要在长期运行中不断总结归纳这种内在规律,才能更好地按照规律去运行相关的要素。但专业群生态系统的动态平衡与协同演化也会受到内部偶然因素的影响,这些偶然因素往往是不可控因素,面对这些偶然因素,只有认真分析根源,才能有效破解相关问题。因此,为了保障高职专业群生态系统的动态平衡,应在遵循专业群生态系统内部各要素进化规律的基础上,进行科学有效的分析和探索,既要针对现存问题,也要积极探究潜在的问题,才能为更好地应对未来可能出现的问题做好充分的准备。

在处理好高职专业群生态建设多维要素协同共进问题的同时,高质量专业群生态系统动态平衡必须以区域经济社会发展的现实需求为根基。通过顺应区域经济社会发展需求,更好地服务社会,保持良好的社会生态系统。专业群的建设必须以专业为基础,专业的发展都有其产生及发展的历史轨迹,这种轨迹遵循一定的历史规律。专业群的建设应根据所在区域的产业结构布局和发展特色,结合自身的优势,发展特色优势专业(群),通过深化产教融合,更好地对接产业发展,培养契合区域产业发展实际的应用技能型人才。同时,专业群建设在服务好区域产业发展时,必须以国家的发展战略为指引,把握好发展前进的方向。专业群建设只有在专业群生态系统协同进化的大生态系统环境中处理好与大背景的顺应与调试过程,才能够破茧成蝶,更好地实现自身的发展与提升。

高职专业群生态系统优化的影响因素虽然有很多,但其协同进化与动态平衡均遵循一定的协同进化机理。这种协同以各利益相关方互利共赢为基础,各利益相关方为了共同目标,化解彼此的冲突和矛盾,实现专业群系统内外部要素的交互和融合,在彼此交互和融合过程中趋向动态平衡,进而达成生态系统的既定目标,维护专业群生态系统的持续优化。高职专业群生态系统需要系统内专业群、种群与群落等生态因子发挥各自的优势,努力通过集群效应促进彼此的合作与优势互补,为专业群生态系统的协同进化与动态平衡发挥自己的潜能,使得系统能够发挥整体协同效应。高职专业群生态系统的优化离不开系统内各要素之间的交流与互动,更离不开彼此的融通与支撑,更与高职专业群系统的外部环境作用密切相关,系统内外部生态因子的融通与相互促进,对高职专业群生态系统的动态平衡起到了关键性作用。专业群生态系统的动态平衡是促进系统内各利益相关方持续合作的重要动能。特色优势专业群的持续优化,会不断推动专业群生态系统的协同演化与动态平衡,进而增强高职专业群生态系统的可持续发展动能。[①]

2.错位发展保障各专业群独特生态位

在竞合机制作用下,专业群存在同类型与异类型共同发展的局面。这种交叉与错位的关系存在于专业群协同发展生态圈,高等职业教育专业群生态系统的多样性与差异性,促进了专业群间的竞争与合作,在这种竞争与合作的利益驱动下,专业群生态系统体现出趋向平衡发展的持续状态。专业群生态系统的多样性与差异性,既是产业发展多样化的需求,也是人自由发展选择适合自己专业的需求,同时也与微观层面技术与理论的多样性息息相关。从学科系统内知识生产的本质及本源来看,高职专业群生态系统内的生产技能、技术类知识生产和加工,与研究型大学中按照"知识生产模式Ⅰ"进行的基础类软学科的知识生产形成鲜明的对比,其知识生产更接近"知识生产模式Ⅱ",即强调真实情境性、多专业整合为专业群,同时具有一定依据现实产业变化调整需求的迫切性。在部分专业群内技术类知识的加工甚至更接近"知识生产模

---

① 宋亚峰.高职专业群生态系统的协同进化研究[D].天津:天津大学,2021:218-219.

式Ⅲ"[①],也就是突出多元利益主体之间的协同合作与创新,通过多元整合与创新发展,实现生产技能知识的持续更新换代。高职专业群生态系统内技术类知识生产的持续更新与扩展,为高职教育多样化发展提供了动能,使得专业群的种类和数量不断增加。

高等职业教育专业群生态系统技术技能类知识生产的多样性,以及不同专业群发展和利用外部环境能力的差异性,使得专业群生态系统内部呈现出分级、分层、分类发展的特征。在高职专业群生态体系中,呈现出优势专业群、特色专业群、一般专业群、弱势专业群等分类,优势专业群又分为国家层面、省级层面、学校层面等不同级别。各类单纯量化的评估考核指标可能会异化或扭曲专业群生态系统的社会属性,忽视专业群系统的社会成长属性,影响高职专业群的平衡稳定发展。此外,专业群所在的群落不同,其成长进化的过程也不尽相同。应该针对其成长发展的规律,因地制宜地采取相应的发展策略,使高职院校专业群建设和发展中既有体现其优势特色的专业群,也有能够适应区域发展需求、实现生态系统互补功能的不具有典型特色的常规专业群和能适应尖端特殊发展需要的冷门专业群,从而有效保障专业群整体生态体系的错位发展,优势互补,彼此支撑,协同共进。

专业群生态系统中具有处于不同生态位的专业群,它们有着丰富多样的进化特征和各具特色的系统职能。高职专业群生态系统内的专业群落由于独特的系统定位,不会要求其像研究型大学一样应用和创新处于"波尔象限"和"皮特森象限"的纯硬知识或者纯软知识,而与其相适应的是处于"巴斯德象限"和"爱迪生象限"的应用型软硬知识。此类知识顺应国家重大战略需求和社会经济发展的生产实际需要,具有较强的现实应用价值,并具有一定的前瞻性。因此,高职专业群生态系统的优化需要结合当前外部环境的发展变化,立足本地、放眼未来,满足国家大局的需要,并具有世界领先的水平。高职院校要充分探索和开发各个专业群的特色和优势,也应系统地统筹各专业群之间、专业群与其他主体间的关系,相互补充完善,促进彼此和谐共生,在一个日益优化的生态系统中不断探索各专业群的发展潜能,发挥个体和系统的集成效

---

① 武学超.模式3知识生产的理论阐释——内涵、情境、特质与大学向度[J].科学学研究,2014,32(9):1297-1305.

应，取得更大的发展效能。

此外，应科学规划专业群整体布局，使得生态系统内不同专业群能够发挥各自的专长和优势，实现系统内优势互补，并带动系统内其他生态因子的持续改进。对系统内专业群进行合理规划，不但可以避免重复建设，也可以有效避免一些因热门专业的过度生长，而造成的相对冷门专业以及社会紧缺人才对应专业的缺失，通过系统统筹规划和协调运行，促进高职专业群生态系统的平衡稳态运行。高职专业群生态系统内外部环境的复杂性，使得高职专业群的技术技能知识来源广泛，对技术技能知识掌握需要一定的特定培训程序。技术知识类型的多元，以及知识生产方式的复杂化都使得高职专业群生态系统的协同进化呈现螺旋上升的态势。从教育部官网高等职业教育专科专业简介2022年的更新数据来看，我国高职专业分类目录共计19个专业大类，下设小类将近100个。类型丰富的专业体系为专业群集群和专业群类型的多样化奠定了基础。由于"双高"建设院校具有独特的发展优势，通常设置较多的专业，平均在50个左右，丰富多样的专业为相关专业的集群发展奠定了基础。在大力发展优势特色专业的同时，不断地淘汰不能适应现实发展需求、跟不上产业更新步伐的专业。这样做既是现实的需要，也是专业生态系统内部持续推陈出新的需要。但如果仅仅是为了集中优势资源办优势特色专业，而忽视一般专业的发展，往往会得不偿失，出现个别专业人才供给过剩和个别专业人才紧缺的结构性失衡。高质量特色专业群生态发展，应该是以普适专业为基础，充分考量各专业群之间的关系，对于异质生态位的专业，应鼓励其在各自生态位上办出特色，并充分结合外部环境系统需求科学规划、合理布局，促进高职专业群生态系统的可持续良性发展。

高职专业群系统的竞争性会导致专业群合作受阻的情况发生。这些情况的发生，必然会影响专业群生态系统的有序运行，导致专业群生态系统整体效能受到严重影响。高职专业群生态系统各专业群能动性发挥的水平高低取决于各专业群的利益分配是否均衡，同时，各专业群如果能在合作中获取自己生存发展所需要的资源也是专业群间持续合作的长效动能。只有这样，方可有效发挥系统的协同效应，化解专业群之间的矛盾与冲突，使之为了共同的发展目标,不断深化合作的深度与广度,进而促进专业群生态系统整体协同效能的持续提升。在保障高职专业群生态系统错位发展、科学布局的基础上,各高职院校还应为专业群生态系统的优化提供必要的制度环境,破除部门之间、学院之间、专业之间的壁垒,建立促进彼此融合发展的保障机制,进一步激发各发展因子的潜能,使专业群生态体系朝着更加健康和充满活力的方向发展。首先,应建立与高职专业群生态系统发展相适应的学校发展内部治理体系,并把专业群建设放在重要的位置,统筹规划,以新型产业学院建设为契机,促进专业集群式发展。其次,通过构建和完善相关的测评体系,对高职专业群生态系统内专业群调整进行有效的测评,在充分论证的基础上持续完善专业群建设生态体系。最后,各高职院校还应对专业群生态系统的运行状况进行定期诊断,发现问题应马上查找原因,并持续改进。通过多措并举,持续提升高职专业群生态系统运行的科学高效性,更好地维护各利益相关方的权益。

3. 以特色为突破口优化专业群发展

高职专业群生态系统只有保障优势特色专业群发展,才能保证良好的生态位分布,有效避免重复建设。高职专业群若想在激烈竞争过程中处于不败之地,必须深挖特色内涵式发展。特色优势专业群是高职专业群发展的根基,也是保证专业群间异质性的重要保障。其成长进化的可持续性将影响高职专业群生态系统保持良性发展的动能。因此,高职专业群生态系统发展阻滞的困境需要特色优势专业群的开发与进化来破解,即培育和打造优势特色专业群。高职专业群生态系统的实践样态显示出不同专业群生态系统中专业群个体的数量各异,但其特色优势专业群是高职生态系统协同进化的关键性保障。

特色优势专业群是高职专业群生态系统持续优化的重要突破口,特色专业群的建设是高职院校凝练办学特色的重要指标,同时能彰显高职教育生态位的类型特色。特色优势专业群的开发与建设除了上级规划外,高职院校自身也应该努力突破发展瓶颈,面对瞬息万变的产业世界,及时发现专业改革的突破口,在遵循职业教育真实情境性发展内在需求的基础上,通过生态系统内各方主体的共同作用,建设能够彰显学校发展特征的专业群。通过打造高等职业教育特色优势专业群,进一步促进高职院校优化办学定位、体现办学特色和发展优势,最终形成具有一定生态位特征的特色区位,为高职院校特色化发展持续提供动能。

相同或相近专业的整合与重组是突破专业群发展建设瓶颈的关键所在。为更科学地组建专业群,高职专业群的特色建设应根据专业群对接特色产业链,科学选取组群专业,实现优势特色专业集群式发展,既可以是跨校协作,也可以是跨区域协作,以便能够更好地应对现实发展问题,并且能够实现专业群内部协同共进、彼此支撑、优势互补,产生持续增加合作效能的协同效应。高水平专业群不但要体现特色发展,也要能够助力国家战略和区域支柱产业转型升级。要联合各利益相关方持续提升技能人才培养水平,不断完善技术技能创新服务平台,形成具有自身特色的发展模式,发挥"双高"建设的示范引领作用。以邢台职业技术学院高水平建设汽车检测与维修技术专业群为例,可归纳以下几点关键性的实践做法。

一是动态布局,精准对接产业高端发展需求。找准产业的对接点,结合专业群自身优势与特色深化对接。紧跟产业高端发展趋势,对接关键技术环节及职业岗位群,动态调整群内专业设置,提升专业群对接产业链的耦合度。健全对接产业、动态调整、自我完善的专业群可持续发展机制,完善专业群"规划、建设、评价、调整"的制度。

二是分流分类,精准培养产业高素质复合型人才。专业群为区域产业走向全国乃至全球产业中高端提供高素质应用技能型人才,因此必须创新不同类型的人才培养模式,精准契合产业人才需求。深化分流培养、分类成才培养模式改革,为学生提供不同的成长路径,量身定制对于他们来说"适合的教育"。

例如,该校依托创新工作室、品牌培训中心、开放型实训基地等实践载体,实施现代学徒制、高端定制等多种协同育人模式,保障分流培养;打造"模块化、递升型"课程集群,使学生的创新能力、职业能力得到逐级提升,保障分类教学改革;创新推进"1+X"育训结合,制定融入X证书的专业人才培养方案,创新半工半读、选课制、证书培训制等灵活多样的学历教育模式,培育行业企业急需的复合型人才。

三是融合共生，精准服务区域产业转型升级。积极融入区域创新生态系统，打造产业技术技能积累中心，服务企业技术进步与创新高地，例如政校行企多方共建兼具科技攻关、英才培养、创新创业、技术咨询等功能的产教融合平台，助推区域产业转型升级。

深化产教融合，促进产学研"同频共振"，依托应用技术协同创新中心、技能大师工作室等，推动产品研发、成果转化、技术推广、大师培育等服务重点行业和支柱产业发展，同时高质量"反哺"专业教学，实现以研促教、研学共振。

聚焦行业市场需求，实现人才培养与培训服务一体化。服务中小企业人力资源开发，打造行业培训品牌，整合行业企业技能培训资源，建设紧缺人才培训中心，共建共管企业职工培训中心，创新高交互型培训模式，形成"一站式"培训服务体系，满足高水平技能人才培训需求。

四是开放办学，精准提升国际化办学水平。"国际可交流"已成为高水平专业群的重要标志之一，要加强中外合作办学，校校、校企合作研制国际水平专业教学标准和课程标准，推出具有国际影响的教学资源，形成专业群职业教育中国方案。

搭建"一带一路"职业教育国际合作平台，丰富留学生培养模式，开展境外学生短期技能培训和应用技术创新项目，培养国际化技术技能人才，促进中外人文交流。要提升服务中国企业参与国际竞争的能力，通过境内和境外两种渠道、线上和线下两个方式、学历教育与职业技能培训两个维度、人力资源与技术服务两种支撑，服务"走出去"企业国际合作项目。联合"走出去"企业建设海外分校、鲁班工坊，建立海外人才技术服务基地等，培育当地急需的产业人才，加强对企业海外技术服务的支撑。[1]

在科学组建专业群的基础上，要抓住优势特色专业群建设的核心要素。其中，专业载体的优化与提升是关键，应科学选取特定专业群建设所需要的理论与实践内容，形成系统的理论与实践知识体系。这样的知识体系是动态不断完善的，并能根据不同阶段学生掌握知识的情况及时做出调整，以更好地提升教学效果。在教材体系的呈现形式上，加强多形态教材体系建设，为不同类

---

[1] 这所"双高"校这样打造高水平专业群[EB/OL].(2019-11-25)[2024-03-09].https://www.szai.edu.cn/cjb/info/1053/1479.htm.

型的专业群打造不同的教材体系。例如,对于应用情境性强且动态因素多的专业群可以开发活页式、便携式和立体化的教材,以便能够更好地服务于学生综合素养的培育。同时,专业群教材教法也不是一成不变的,应该不断将新工艺、新技术和新规范在教材中体现出来。在建好教材体系的基础上,持续优化课程体系。课程体系的建设应对标规划好的理论与实践知识体系,通过静态加工和动态编组持续优化专业群课程体系。专业群课程的发展建设,应以工作成果所承载的职业能力设置相应的课程单元,[1]依据学生职业技能培养目标科学合理地设置课程内容,科学构建以职业技能培养为核心的专业群课程体系,为了让学生在学好专业知识的同时,能够更加便捷地获取相应的职业证书,必须强化书证融通的课程体系建设。建立培训与教学一体化的课程体系,不断提升学生的职业能力。同时,进一步加强教学资源库和案例库等的建设,充分利用现代科学技术手段,持续优化在线精品课程的数量和质量,持续丰富有利于高职专业群生态系统优化的课程体系建设。

此外,应通过密切与各相关利益方的合作,加强专业群实践教学基地、产教融合平台、技术协同创新中心等实践与技能平台的建设。通过积极融合专业群建设的内外部要素,促进特色优势专业群的持续发展,持续增强高职专业群生态系统内外部协同进化的内生动力。通过内外联动和机制改革,例如企业与学校联合办学、股份制、校中厂、厂中校等形式,促进优质特色专业群的发展建设。

特色优势专业群是高职院校生存发展的根基,是专业群生态系统协同进化的关键指向。特色优势专业群的建立与规模化发展,既能起到群体带动效应,也能突破自身发展的缺陷与不足,完善协同推进的治理体系。优势特色专业群的打造,将成为高职协同发展生态圈持续优化的引领指标,也是体现高职院校区位特征的关键要素,有利于发挥高职院校在区位建设中的引领及辐射作用,建立以专业群发展为核心的对接相关生态链整体协调发展的生态系统,推动高职院校发展旗帜鲜明的中国特色,从而为走出去战略的实施提供有力支撑。通过高水平专业群辐射效应,对高职专业群生态系统内其他专业和专

---

[1] 徐国庆.职业教育课程论[M].2版.上海:华东师范大学出版社,2015:243.

业群产生辐射带动作用,促进高职院校专业群建设的整体平衡发展,与时俱进,紧跟时代步伐。

4.科学高效地进行高职专业群的政策规划与实施

高职专业群生态系统的成长进化既反映在微观层面的专业群个体之间,也反映在中观层面的专业群种群之间以及宏观层面的专业群群落之间的协同共生与竞争合作关系上,反映出高职专业群系统各个维度的因子间为了共同发展目标所采取的动态组织形式。高职专业群生态系统中的各个因子相互交叉,彼此互动,形成紧密合作的发展共同体,这种体系具有其独特的生态特征,并体现出一定的多样性与复杂性。这为高职专业群生态系统各项因子彼此依存、功能互补提供了必要条件。只有高职专业群系统各项因子间实现良性互动和高水平耦合,才能持续优化专业群整体生态系统。

高职专业群生态系统整体高效协同进化需要运用科学手段,做好系统内的制度设计,营造良好的内外部发展环境。专业群生态系统的持续优化需要科学谋划、精准施策,把握好发展的大局。在国家层面,根据现实发展的变化,及时调整高等职业教育专业类别,做好顶层设计,促进专业群生态体系与其他相关体系的融合互动。从政策制定的各个环节入手,针对高职专业群建设形成科学高效的制度体系。在政策制定环节,应科学制定,多方借鉴,不断完善各项详细规则。应针对专业群建设涉及的利益相关方,展开大规模的调研,既要发现高职专业群建设面临的现实问题,也要对其涉及的前瞻性问题展开充分的探讨。专业群生态系统是多因子联合互动的开放性复杂系统,需要多元主体的共同参与,在彼此互动中针对问题逐步探究根源,并探索出持续发展的优化路径。在此基础上,应充分学习与借鉴国内外成功的经验,提升政策制定的科学性和有效性,在借鉴他人经验过程中,搞清楚所要借鉴对象的背景、环境、特征、内容等的独特性,并能够识别自身与对方存在的差异,批判性地继承与发扬对方的优势。因此,应在借鉴的基础上,针对自身的发展独特性,精准预判,做出科学合理的论证。

在科学高效地进行政策规划的基础上,政策的执行显得尤为关键。再好的政策也都必须在有效执行的基础上发挥真正的作用,体现其独特的价值。若要在真实的生产情境下推进与落实高职专业群生态系统的优化与建设,就既要注意政策本身在执行过程中的不到位或出现偏差问题,也要注意政策执行主体存在的"选择性执行"问题[1],这也是高职专业群建设政策执行的难点所在。高职专业群政策在实施的过程中出现的政策执行不到位、应付了事、浮于表面等情况,导致专业群建设政策不能有效地实施,削弱了政策目标应达到的效果。因此,应在保证高职专业群政策自身的科学有效性基础上,加大政策实施的力度,提高政策落地的有效性。同时,协调多方利益相关者,保障政策的制定与实施能够充分考虑各利益相关方应得的权益。政策的贯彻落实离不开多方主体的共同参与,由于不同主体在政策执行过程中会出现趋利避害的情况,政策执行时可能会被人为更改。所以有效协调各方权益,实现利益均衡,并根据贡献度给予一定的补偿方能真正提高政策的执行效率。

高职专业群政策在执行过程中,难免会遇到一些不能很好适应现实状况的情况,因此在政策执行过程中要时时监测,对政策进行及时评估和修订。高职专业群建设政策在随时监控、评估和修订的基础上,可以加大实施力度,政策的实施会存在政策产出,"政策产出"一般不采用有无判断,而是通过质与量的差异进行判断。[2]对高职专业群建设政策质量进行分析评估,即政策评估。高职专业群政策在实施过程中会产生一定的效果,即政策产出,根据高职专业群建设的政策目标和内容,采用科学的方法对高职专业群建设政策产出进行分类评价,并对不同政策产出效果进行事实描述和价值判断,作为评价政策实施效果的重要方法,能够发现政策执行过程中相应的问题。并针对问题,结合政策目标,对政策文件实施存在偏差以及执行效果差的部分进行重点分析和评价,并予以修正和改进。通过政策的执行与评价,基于政策系统运转状况对相关政策进行更新升级,从而促进高职专业群生态体系的优化与改进,促进政策的有效运行与实施。同时,也要发挥不同政策制定与实施的主体作用,优化相关主体间的协商机制。教育部作为高职专业群建设主责部门,应履行好协调财政部、国家发改委、人社部等不同政策主体的责任,推动相关主体的协同

---

[1] 陈家建,边慧敏,邓湘树.科层结构与政策执行[J].社会学研究,2013,28(6):1-20.
[2] 宋亚峰.高等职业教育产教融合政策的实践样态与优化逻辑[J].职业技术教育,2020,41(7):11.

与合作,促进高职专业群建设体系的持续优化与完善。

除国家层面的政策制定、产出的评估与协调外,在区域层面,各级各类政策制定主体应立足区域发展特点和现实需求,对区域内高职专业群建设进行统筹规划,使院校间能够优势互补、错位发展,为区域内院校间彼此良性竞争与合作提供制度保障。各级院校应在国家和区域政策的基础上,建立科学有效的专业群建设与调整的动态机制,详细规划本校的专业群建设实施细则,并根据产业发展变化,进行及时修订与补充,为持续维护良好的专业群建设生态提供具体的制度保障。通过国家、地区、院校等各级部门的联合互动,促进高职专业群生态环境持续优化,使制度和政策的制定和实施更加科学有效,从而有效保障高职专业群建设生态体系的完善和持续优化。

(三)强化课程资源建设,保障课程体系与技术链的有效对接

课程是专业建设的依托,因此,通过深化产教融合,校企共建课程资源,研究技术链需求,可以提升课程教学与技术链对接的适切度。推动产教融合,是促进高职院校专业建设和院校建设高质量发展的重要环节。

第一,明确校企协同共建专业课程的基本路径。根据区域发展的关键技术群和产业链,探索校企协同共建专业课程的基本路径,关键是将产业发展和企业生产的关键技术融入高职院校理论与实践课程。高职专业课程体系对接技术链,需要具有一定实践经验的专家学者共同研发课程体系。这些专家学者对于产业动态、关键技术、职业素养、岗位特性等具有专业的理解和深入的探究,同时能够将产业的这些要素与高职院校的人才培养定位、专业发展、课程建设有机结合。因此,若想实现专业课程与产业技术链、生产链有效对接,充分的研究考察和专业的建设人员是必要条件,并同时通过制度和规范的约束,促进彼此协同的常态化。

第二,促进相同或相近的专业联合共建具有一定发展特色的专业群,以此为基础协同建设课程体系。要体现专业发展的优越性,就要遵循职业技术的改进规律。因此,在基础能力培养的基础上,要提升学生的岗位核心竞争力和职业迁移能力。突出职业综合素养与专业综合能力对于企业技术改进的作用,探索彼此的融合对接方式。通过基础理论学习,在实践中探索专业

群建设联盟促进产业升级和技术革新的路径,实现课程建设与技术链的有效对接融合。[1]

(四)深化产教融合,充分发挥双主体育人职能

"双高计划"对校企产教融合做出了明确部署,要求创新产教融合新形式,持续深化产教融合。高职院校应主动对接行业企业,通过上级协助或自身开拓,开创产教融合新局面,提升与企业产业合作的深度和持久度,持续完善校企双主体育人机制,让双方都能从中获益,为培养高素质应用技能型人才协同助力。校企协同育人的双主体,既可以是以学校为主,主动谋求企业合作;也可以是以企业为主,发展企业办学;还可以是双方以股份制开展联合办学。通过多种形式的合作模式,校企不断提升合作的水平,促进产教的深度融合,为区域产业经济发展贡献自己的力量。

加强专业群与产业链的有效衔接。产教深度融合,需要产业链与专业群的协同共进,高等职业院校应根据时空的变化,及时洞察国家政策的变化,时时关注区域企业和产业的发展动向,在实证调研、多方座谈的基础上,研究动态的专业群建设机制和退出机制,并根据现实的发展变化,及时做出合理的调整。由于以往的专业建设存在滞后于产业发展,或者是固守传统专业,不能及时做出调整的情况,因此,新时代"双高"建设背景下的高等职业院校专业群建设必须充分考虑未来发展需要,提前布局,紧跟时代步伐。同时,专业设置还应结合高职院校自身特色,充分发挥自身优势,系统有序地进行专业的动态调整,以便充分对接产业链的发展。

加强资源共享,促进彼此融合发展。"双高计划"对校企合作育人平台也提出了明确要求。若想建好合作育人平台,就必须强化彼此的资源共享,通过互通有无,实现资源的最大化利用,有效避免闲置浪费。育人平台既是专业群建设的需要,也是实现高职院校高质量发展的重要载体。高水平校企融合平台兼具人才培养、校本建设、社会服务、助力地区产业经济、促进产教融合等多重功效,可以提高人才培养水平,并实现校企人力资源共享,更好地服务于企业

---

[1] 周香,闫文平."双高计划"实施背景下高职专业群与产业群的协同机理、价值及路径分析[J].实验技术与管理,2022,39(2):219.

生产实践。同时,通过物质资源、产业信息和收益的共享,合作各方均能受益,并促进彼此深度融合。高职院校应甄选优质企业,通过制度和规范约束,形成常态化的共享机制,实现校企合作的有机运行,从全方位、多层面促进彼此互联互通,真正实现产业链与高职教育链的有效充分对接。

完善校企协同育人培养机制。校企协同育人并不是一蹴而就的,需要在长期磨合过程中,不断地探索彼此利益的增长点,找到彼此合作的关键。校企合作育人应合理配置人力物力、知识信息、专利技术、生产与研发、教学与实践等各类资源,最大限度地利用各自的优质资源并探寻能获取更大效能和利益的合作方式,根据企业生产标准建立各类实训室和学生实践基地,以便学生能更好地适应生产岗位的需求。促进应用技能型人才的互动交流,为合作企业输送优质的人力资源,可通过订单式培养,加强彼此合作,共同促进专业人才培养水平的提高。最终形成工学结合、产教融通、模式灵活的双主体协同育人机制,不断促进校企合作水平的提升。

加强校企联合师资培养,促进教师理论与实践教学水平的同步提升。高职院校高水平建设逐步深入,以及高职院校的持续扩招,都需要更多理论与实践教学水平高的"双师型"教师。高职院校高水平建设,体现在培养更多高素质应用技能型人才,而高素质应用技能型人才的培养需要有丰富实践经验的教师。这样的教师既可以来自高职院校,也可以来自企业。同时,高职院校高水平建设更需要高职院校与企业联合培养高水平的"双师型"教师队伍。除了加强引入经验丰富的"双师型"教师,更应该建立完善的校企合作培养机制,通过双方共同努力,促进现有教师的成长,同时不断发现具有一定潜能的专业人才,通过帮扶与培养,促进其不断提高专业水平至能够胜任"双师型"教师工作。此外,要不断地健全"双师型"教师培养体系,鼓励高等职业院校教师到企业挂职锻炼,同时激励有才干的企业专家能手到高职院校来兼职任教,为"双师型"教师的培养和成才提供专业化、多元化的发展渠道,充分利用校企双方现有人力资源,促进"双师型"教师队伍的持续发展壮大。

加强多组织研发联盟,助力产业转型升级。加强多组织研发联盟,尤其是促进各利益相关方的有效融入,使多方联动协同发展,是联盟体"生态"建设朝着健康有序方向发展演进的重要保障。联盟体的组建需要有牵头单位,牵头单位既可以是政府的相关部门,也可以是高职院校,还可以是企业根据生产以及研发的需要,主动组建的队伍。通过跨组织多方联盟,实现多方资源共享,充分发挥各联盟组织的优势,发挥联合体的最大效益,促进生产效能和技术研发的持续进步,从而更加有效地密切彼此的关系。组建多方研发联盟,应有效调和各方的价值冲突和利益诉求,通过协议和制度规范约束,促进联盟的有序和高效运作。良好的组织联盟生态有助于高等职业院校研发机构明确战略目标,并进行有效的运行检视,以研促学,充分激发各方研究潜能,实现校企各方深度合作。联盟组织通过一定的研究议程,集体商讨,能直接反映联盟成员的价值诉求[1],形成研究、开发、应用与教育教学的有机融合,使校企各方相得益彰,促进各环节持续有序运转,形成全方位、全要素、多层次有效协同运行的产教研发联盟共同体。

高职院校与企业联合办学或者企业办学是推进校企合作、深化产教融合的重要路径,也是校企实现协同育人的重要方式。企业办学可以采用集团化办学的形式,教育集团可隶属于大型企业,由企业成立高职教育集团;也可以由企业直接办一所高职院校,采用股份制或混合所有制。此外,可以通过行业组织或政府相关部门引领,实现企业和高职院校的合作,使双方优势互补,互利共赢,共同搭建发展平台,联合制定人才培养方案,密切彼此需求,实现无缝对接。同时,高职院校可以与企业共同建立符合企业需求的专业类二级学院,在高职院校与企业供需密切的专业领域,探索高职院校与企业对接联合建设二级学院的新模式。学院里的学生可以在企业边工作边学习,真正实现工学密切结合;校企可以共同研发企业真正需要的课程,双方互派人员担任二级学院的相关领导,共同开发人才培养方案,推动产教融合,其中,不只是人员的融合,也包括课程、实践、资金、设备、物资等全方位的融合;可以共建企业课堂或开设校内工厂、实训室,真正实现校企深度合作、产教融合,让

---

① Lee KJ. Development of boundary-spanning organizations in Japanese universities for different types of university‐industry collaborations:a resource dependence perspective[J]. Asian Journal of Technology Innovation,2014,22(2):204-218.

学生真正融入企业实践,并创造一定的产能价值。如此,企业可以将岗位真正对接人才培养,实现人才培养的无缝对接。同时,校企还可以通过联合技术研发、产能升级实现校企双方互利共赢。

六、提升高职院校高水平治理能力,构建多元共生的发展格局

高职院校由于培养人才的专业性,形成了各类利益相关者共生的格局,其跨界属性决定了各方主体必须协同治理,共同促进应用技能型人才培养水平的提升。高职院校的利益相关者既包括以教师、学生为主体的各类群体,也包括企业、社区、行业等组织机构为代表的相关利益主体[1]。高等职业院校应持续深化多元共治的治理理念,充分发挥各方治理能力,协同共进,促进院校发展水平的持续提升。

更新治理理念是提升高职院校治理能力的关键。首先,要树立以师生为本的理念,关注师生的需求,把师生的利益放在首位,充分发挥师生的主体作用。例如,在制定学校发展战略时,应广泛征求师生的意见和建议,注重师生的参与和决策。其次,要树立开放合作的理念,加强与政府、企业、社会等各方面的合作与交流,充分利用外部资源,推动学校的改革与发展。例如,学校可以与企业合作建设实践教学基地,为学生提供更多的实践机会和就业渠道。最后,要树立科学管理的理念,注重管理的科学性和规范性,提高管理效率和管理水平。例如,学校可以采用信息化手段提高管理效率,建立数字化校园管理系统、教学管理系统等,实现资源的优化配置和高效利用。更新治理理念,可以使高职院校的治理更加科学、民主和高效,以此推动学校的可持续发展。

整章建制,持续完善制度建设。首先,要建立健全的制度体系,包括人事管理制度、财务管理制度、教学管理制度等,确保各项工作的规范化和科学化。例如,人事管理制度可以规范教师的招聘、考核、晋升等,财务管理制度可以规范学校的经费使用和管理等。其次,要加强制度的执行和监督,建立健全的监督机制,确保制度的有效执行和落地生根。高职院校要完善院校决策、执行和监督机制,充分发挥民主监督的作用,优化各层级共同参与的治理体系。通过

---

[1] 孙长坪.高职院校治理能力建设的运行机制建设路径[J].教育理论与实践,2019(15):25.

研究制约院校发展的关键点,持续完善制度体系,通过规范的制度和有效的解决措施,打通堵点、痛点,助力院校高质量发展。注重制度建设的全面合理有效性,形成清单制度,包括正面清单、负面清单,更好地规范各方运行的机制。为更好地达到高水平治理的目标,高等职业院校除了要加强内部监督机制的建设,还应该聘请专业的第三方评价机构进行全方位评价监督,以便更好地发现问题,采取改进措施。此外要充分发挥政府、企业、社会多元评价的作用,通过多方合力,为院校高水平建设出谋划策;并通过常态化的运行,形成评价主体多元、评价信度效度高的全方位评价监督体制机制。同时,要积极探索制度创新,不断优化制度体系,提升治理水平。例如,学校可以进一步完善教学评估制度,对教学质量进行定期评估和反馈,促进教学质量的不断提高。最后,要加强制度文化建设,通过制度文化的熏陶,让学校的治理理念深入人心,持续推进依法治校进程。

持续推进内部机构治理。第一,要明确学校党委和行政的职责权限,建立健全的议事规则和决策程序,形成科学高效的运行机制。例如,在决策过程中,应加强党委与行政之间的沟通与协调,确保决策的科学性和有效性。第二,高职院校要通过积极的内部治理做好顶层设计,主动协调好内部各方利益和权益,激发成员为了实现院校高水平建设目标而持续奋斗的动力。为实现高水平教育教学目标,应有效治理影响专业群发展建设的机构和组织,从内部机构入手,突破高水平建设的瓶颈。第三,还应以多元合作共治的现代化治理理念为指导,健全组织机构,发挥组织效能。建立健全高职院校高水平建设管理委员会,充分发挥其在决策咨询、监督评价等方面的作用,推动学校内部治理的民主化和科学化。例如,学术委员会可以负责学科建设、科研项目管理等方面的工作,教职工代表大会可以参与学校重大事项的决策和监督。管理委员会成员可吸纳各利益相关者,科学界定各组织机构的职权范围、责任义务等,使各组织机构职责明确,在独立运行的基础上,加强各组织机构的有效连接与合作。

提升组织运行效能,理顺各个组织机构的权责关系。处理好行政权力、学术权力、民主权力、监督权力的关系,充分发挥各自的职能,彼此协调、相互促进。同时,要处理好高职院校核心利益主体与各相关利益主体的关系,提升彼此协同运作的水平,不断提升组织运行效能。在处理学校与二级学院关系时,做到权责并举,充分调动各二级学院的积极性,既赋予二级学院更多的自主权,又加强对二级学院的绩效考核,促进二级学院持续改进提升,形成持续激励、共同进步的治理局面。此外,要保证意见表达机制的畅通,科学的决策离不开各方意见的收集,尤其是利益相关方意见的收集,只有尊重利益相关方的意见,才能更好地发挥各方协同合作的职能。畅通的意见表达对于制度的实施尤为关键,有利于营造全体成员对组织认同的氛围,同时,不同意见的交织碰撞有利于更优方案的形成和更为有效的措施落地。

"双高计划"虽然为高职院校高水平治理提供了新的契机,但也有挑战,高职院校必须大胆实践、创新发展,突破原有思维的桎梏,对标新时代教育评价改革的现实要求,从高质量发展、特色发展、协同发展等多维度破解高水平建设面临的困境,全方位提升治理能力。①

七、重视发展模式影响,促进学位教育与职业资格认证的一体化发展

高职院校发展模式涉及教学、实习实训、校企合作、项目导向、学位教育、职业资格认证等多个环节。教学、实习实训、校企合作、项目导向在上面的建议里均已提及,因此下文主要针对职业本科学士学位和职业资格认证制度提出一些相关建议。

(一)加强学位教育,适应产业需求

当前,我国已开展职业本科学士学位授予工作,但是与职业资格认证工作的同步一体化运作尚存空白。因此,应该把职业本科学士学位授予同职业资格认证统筹考虑,促进一体化进程,保障职业本科学生在获得学士学位的同时,通过特定职业资格考核程序,获取相应的职业资格。因此,要通过专家研

---

① 吴惠萍,孙长坪."双高计划"背景下高职院校治理:挑战、困境和路径[J].教育科学论坛,2021(24):13.

讨,科学论证探索职业本科学士学位教育与职业资格认证对接的机制,促进两者的一体化发展进程,从而减少人才培养和鉴定的流程,让学生通过专业的学习和培养获取必要的职业能力。首先,要推行课程与考核互通、互认和豁免的机制,这就需要课程真正与职业资格认证对接,学生通过学习相关课程,在考核合格后即可获取相应的执业资质。其次,要推行人员及经费有机整合的机制。在职业本科学士学位授予标准方面,融入职业资格认证标准,将职业资格认证标准作为学位授予的条件,促进二者的一体化发展进程。对于一些特定职业,技能要求较高、短期内很难掌握,可以适度延长相应的学习时间,保障学生职业能力达到标准要求。还可让职业教育院校优势专业进行一定区域内的职业资格认证。最后,要根据产业需求变化,及时更新理念,不断修订和完善职业资格认证的标准和内容体系,满足产业升级和企业转型发展的需要。

(二)实施职业资格认证制度,完善相关机制

建立完善的职业资格管理法律体系。利用法律的强制性保障我国职业资格认证与管理工作的有序进行,有效调整政府、职能部门在职业资格管理活动中的关系,明确职业资格种类、标准设置和组织监督实施的主体,改善中央、地方、协会等多方无序管理的现状。首先,出台职业资格认证基本法律,确定职业资格的法律地位、性质、主体、客体及基本内涵等,使职业资格认证工作真正做到有法可依。其次,完善相应的职业资格的行政法规。以相关法律为准绳,持续完善相应的职业资格行政法规,通过法规的细化,进一步明确职业资格的分类标准、种类、具体实施的主体,以及职业资格取得的基本条件及程序,职业资格监督的主体及基本程序等,使职业资格认证及其管理工作能够依法规范运行。

健全规范的职业资格认证体制。总结国内外学者的研究成果,可以得出一个共同的结论,在职业资格认证的管理过程中必须建立规范的职业资格体制,规范职业资格认证的各相关因素,实现管理的规范化、科学化。

建立统一的证书管理鉴定委员会。要规避社会中出现"证出多门"、多头管理的现象,就必须在全国范围内逐步统一发证机构,可以尝试建立证书管理鉴定委员会,各个部门和行业协会的职业资格证书统一由国家职业资格鉴定

委员会颁发，以统一证书管理。

建立契合产业发展和需求的职业资格鉴定体系。职业资格证书价值表现为技能在企业、产业中的实用性和可操作性，应充分体现应用性价值，建立以产业、企业需求为导向的职业资格鉴定标准和体系，以符合企业和产业发展的预期。

建立以实践操作能力为考核重点的职业资格证书考核标准。职业资格的认证目的是使持证者能够迅速适应职业和岗位的技能要求，其实践操作水平和能力决定了其走上工作岗位的适应能力，并在一定程度上决定了其未来发展水平。

建立职业资格互联体系。随着大数据和人工智能的发展，为了更好地为学员提供丰富的学习手段，和便捷的查询咨询方式，同时为了职业资格管理体系的互联互通，必须建立不同层级的互联互通职业资格体系，促进职业认证在不同区域的互认。这尤其需要发挥高等职业教育院校在互联体系中的教育职能。

强化职业资格考核环节的管理。职业资格认证考核环节是关键，职业技能鉴定的质量是职业资格证书制度的核心，也是提升职业资格证书认可度的关键所在，更是保障职业资格证书权威性的关键要素。职业资格考核环节，除了测试方式、方法、内容的遴选，也包含考核流程、程序及评分标准等内容。职业技能鉴定应严格执行国家职业标准，推动国家题库建设，在此基础上，不断丰富行业标准，依据专业的标准进行考核，保障考核公平，不断提升职业鉴定的科学有效性。坚持第三方认证制度。第三方认证制度推行职业认证与培训考试分离，以提高职业资格认证的效度。完善相关管理机制，完善考务及证书管理流程，提高各利益相关方的参与程度，并不断提高考评人员和鉴定管理人员的职业道德和业务素质，保障考核认证的公平公正。

（三）深化高职院校职业资格认证改革

劳动保障部门和教育部门要积极推动高职院校深化职业资格认证改革，高职院校在深化改革时可以从做好衔接、协调工作、加强建设、完善保障条件着手，持续优化职业资格认证与高职教育的有机融合。

做好"两个"衔接。一是高职院校专业设置与职业资格认证标准的衔接：高等职业教育院校专业设置，应保障专业学习有效融入职业资格认证标准，保证二者的同步进行，这既是推动我国高等职业教育院校"双证书"制度完善的需要，也是让学生能尽快提升岗位技能水平的需要。二是高职院校教学体系与职业资格证书制度的衔接：高职院校在推动职业资格证书制度与学历教育一体化的过程中，必须积极做出相应调整，改革相应的教学体系，将培养目标、课程内容、教学计划、教材开发、教学手段等与职业资格认证相融合，持续推动学历教育与职业资格认证一体化进程。

协调"两种"关系。一是理论教学与实践教学的关系：在教学过程中，要彻底改变以往重理论教学轻实践教学的做法，给学生尽可能多的实践机会，促进学生实践水平的持续提升。二是专业技能训练与职业能力培养的关系：专业技能训练与职业能力的培养要同步推进，均衡发展，既要重视学生应用技能的培养，使学生掌握必备的专业技能，也要重视学生职业能力的培养，促进学生不断成长进步。

加强"三项"建设。一是专业建设：专业的设置是企业、产业需求与职业教育相结合的关键，要不断提升人才培养与企业需求的契合度，就必须紧跟产业、企业的发展需求，以国家职业标准为基准，以市场需求为导向，科学合理地设置和调整专业，并及时更新专业目录，适时做出调整。同时，以市场需求为导向，按照社会职业分类标准科学设定培养目标和课程体系，增强专业设置的前瞻性，以满足企业和产业的未来发展需求。二是课程建设：课程设置与教学内容是学生取得学历证书的依据，也是鉴定学生职业技能水平的依据。课程设置和教学内容最能体现其与职业认证标准的对接程度。因此，在课程建设方面应该充分结合相应职业资格标准的规范要求设置。应该积极引入企业相关人员参与培养方案、教学大纲以及校本教材的建设，真正发挥课程满足职业认证需求的作用。三是教材建设：教材是取得学历证书和职业资格证书的重要载体，为了使学生获得学历证书的同时能够得到相应的职业资格认证，必须重视教材的选用和建设，尤其是校本教材的建设和使用。应根据职业资格认证考核要求编写和使用相应的职业技能培训教材。

完善"四个"条件。一是组织管理：要实现职业资格认证与高职教育一体化发展，高职院校领导必须高度认同该理念，并积极践行。在行动上以院系领导、教研室主任、指导教师等组成教育领导小组，完善相关的管理制度，增加能推动职业资格认证与高职教育一体化发展的相关内容。二是教学计划：教学计划必须有利于职业资格认证与学历教育的一体化发展。教学计划应充分体现对学生应用技能的培养，尤其是对其职业资格能力培养的重视，以相关内容培养为主线确立教学内容，以基本理论为基础，不断提升实践教学水平。三是实践基地：要持续提升学生的职业资格能力水平，就必须有完善的实习实训基地做保障。职业技能的教学依托于实践基地，学生可以通过学习后的反复操练，不断提升自身的技能水平。而当前我国高职院校在实习实训设备方面，很难适应职业资格认证的相关实践教学要求。因此，应加强政府支持，完善校内实践基地建设。同时，依托企业，打造技术先进的实训基地，为职业资格认证与学历教育的一体化发展保驾护航。四是指导教师：指导教师的水平高低是能否实现职业资格认证与学历教育一体化发展的关键因素，而当前制约职业资格认证与学历教育一体化发展的关键因素就是"双师型"教师的缺乏。要解决该问题可以通过内部和外部结合的方式促进"双师型"教师队伍的扩充。校内教师可以进企锻炼，也可以在校内实习基地培训，以提升技能教学水平；校外方面可以通过聘请企业技术能手和专家来校兼职任教，有针对性地提升与职业资格认证相关的教学水平。

总之，职业资格认证与高职教育一体化的推进，是一项系统工程，需要多方的共同努力，协同共进。高职院校肩负起相关工作的使命，应精心布局，积极建设，培养更多真正掌握先进技能技术、具有双证的应用技能型人才。

八、加强高职院校创新创业教育

(一)更新教育理念

教育理念是创新创业教育的核心，是指导教育实践的重要思想。高职院校应树立以创新精神和创业能力为核心的教育理念，将创新创业教育纳入人才培养的全过程。学校应注重培养学生的创新思维、创业意识和实践能力,通过开设相关课程、组织实践活动、开展创业培训等形式,营造良好的创新创业氛围,激发学生的学习热情和创新精神。

第一,打破传统教育模式,注重个性发展。传统的教育模式往往强调对学生进行知识的灌输和应试能力的培养,而忽略学生个性发展和实践能力方面的培养。因此,学校应打破这种传统模式,关注学生的兴趣和特长,尊重学生的个性差异,提供多元化的教育资源和培养方式,激发学生的创造力和想象力。

第二,倡导自主学习,培养独立思考能力。学校应积极倡导让学生自主学习和独立思考的教育理念,引导学生主动学习、发现问题、解决问题。通过设置开放性的课程任务和探究性的学习项目,鼓励学生自主探索、自主创新,培养其独立思考和解决问题的能力。

第三,加强创新思维训练,提升创新能力。创新思维是创新创业教育的核心要素。学校应开设专门的创新思维训练课程,通过案例分析、角色扮演、头脑风暴等教学方法,引导学生掌握调动创新思维的基本原理和方法,增强其创新能力和创新意识。

(二)加强创新创业教育服务平台建设

当前专业性产教融合服务平台少,尤其是校企合作模块尚不完善,导致高职教育产教融合开展不力。很多高校因为不重视创新创业教育的产教融合,导致学生创新创业实践能力不佳,进而影响了学生的培养质量。

第一,应该建立并完善从上到下的纵向创新创业公共技术服务平台,支持大型企业、龙头企业、科研院所进行高校创新创业教育的产教融合。大型企业、龙头企业、科研院所不仅拥有专业的技术,同时还能起到科技发展的引领作用,行业资源丰富,是进行创新创业教育产教融合的首选。具体来说,这个公共技术服务平台可以提供以下几方面的支持:一是技术支持与指导。大型企业、龙头企业和科研院所可以提供专业的技术知识和技术支持,帮助高校解决学生在创新创业过程中可能遇到的技术难题。同时,这些机构的专业人员可以作为导师,对学生的项目进行全程指导和评估,确保项目的技术可行性和创新性。二是行业资源支持。大型企业、龙头企业和科研院所拥有丰富的行业资源,包括供应链、销售渠道、合作伙伴等。通过与这些机构合作,高校可以获得更多的资源支持,帮助学生开阔视野、了解行业动态和趋势,为其创新创业提供有力支持。三是实践机会与平台。大型企业、龙头企业和科研院所可以为学生提供实践机会,让学生深入企业一线,了解实际的工作流程和运营情况。同时,这些机构还可以为学生提供创新创业的实践平台,让学生在实际操作中锻炼自己的创业能力。四是创新创业教育合作。高校可以与大型企业、龙头企业和科研院所共同开展创新创业教育课程和培训项目。通过合作,双方可以整合彼此的优势资源,开发更贴近实际需求的课程,提高创新创业教育的质量和效果。五是促进产教融合。通过建立公共技术服务平台,高校与大型企业、龙头企业和科研院所之间的合作将更加紧密。这种深度合作将促进产教融合,推动高校与企业之间知识、技术和资源的共享与交流,进一步提高学生的创新创业实践能力。

第二,搭建基础数据平台,为高校创新创业教育产教融合提供技术支撑,借助大数据和人工智能等先进技术手段,推动建立高校创新创业资源服务云平台,整合各方资源,加强共享共建,持续推进高校创新创业教育的产教深度融合发展。基础数据平台可以对高校创新创业教育产教融合的资源进行整合,通过收集和分析各方资源数据,了解高校、企业、行业等各方的需求和优势,从而更好地为各方匹配资源,提高资源利用效率。基础数据平台可以利用大数据和人工智能技术,对产教融合的过程进行监控和管理。通过对数据的实时监测和分析,可以及时发现产教融合过程中存在的问题,为改进和优化提供支持。基础数据平台还可以为创新创业教育提供个性化的支持,通过分析学生的兴趣、特长和需求等信息,为学生提供定制化的创新创业教育服务,帮助他们更好地激发自己的潜力。建立高校创新创业资源服务云平台是推进产教深度融合发展的重要手段。这个云平台可以整合各方资源,加强各方的共享共建,为学生和教师提供更加便捷和高效的服务。云平台可以涵盖创新创业教育课程、实践项目、导师团队、资金支持等多个方面内容,形成一个完整的创新创业生态系统。

第三,建设创新创业产教融合实训平台,这个平台的建设与完善,可以为学生提供更多的实践实训的机会。借助创新创业产教融合实训平台,学生不但可以培养自己的创新能力,还获得了创业实践经验,对于日后的创业起到至关重要的作用。高校打造创新创业产教融合实训平台除了要充分利用已有的大学科技园或大学生创业园区,更应该加强与企业的合作,由双方出资共同打造大学生创新创业教育实训基地,例如以让企业入驻各类创新创业孵化基地、创新创业产业园等方式,为大学生提供完善的、能够满足不同专业需求的实训平台。同时,要发挥政府部门的协调作用,为高校与产业协作搭建良好的沟通渠道,尤其是针对一些特殊专业的实训平台建设,应该让政府给予政策、资源的有效帮扶。各兄弟院校和科研院所也可以互相联合,取长补短,共享已有的实训平台,避免重复建设,不断提升创新创业教育产教融合实训平台的利用效率。通过以上多方主体的共同协作,保障学生创新创业实践能力的培养质量,持续提升学生的创新创业水平,为将来其服务社会奠定良好的基础。

(三)加强学生创新创业产教融合实践能力培养

创新创业教育产教融合的教育目标不仅是让学生掌握创新创业知识,更主要的目的是让学生通过产教融合参与实践训练活动。高校应该积极开展创新创业产教融合实践活动,给予学生更多锻炼的时间和机会。

第一,让学生利用校内外创业园实践基地,充分汲取相关有益经验,自主开办公司,并在指导教师的指引下,科学谋划,实现校内自主创业,从财务预算、结算到生产运营均自主设计和部署,了解企业的运作与管理,掌握企业维持生存和持续发展的基本技能。具体来讲,学校可以设立专门的创业园,为学生提供场地和设施,帮助学生解决创业初期可能遇到的问题。创业园可以模拟真实的企业环境,让学生在实际操作中学习企业的运营和管理。学校还可以安排指导教师,对学生的创业项目进行全程指导和支持。指导教师可以为学生提供市场分析、财务管理、团队建设等方面的专业指导,帮助学生解决创业过程中遇到的问题。在这个过程中,学生需要了解企业的财务管理知识,制定合理的财务预算和结算计划,掌握资金流向和成本控制的情况。同时,学生还需要了解企业的生产运营管理知识,包括生产计划、质量控制、供应链管理等各个方面以及一些基本技能,包括市场分析、产品定位、品牌推广、销售策略等。这些技能的培养能为学生未来的职业发展打下坚实的基础。

第二,积极打造校外学生创业实践基地,与企业开展校企合作,让学生从事岗位实习实践,切实感受企业运营,争取发现现实问题,探究获利方案,持续提升创业能力。学校可以选择一些有代表性的企业作为校外学生创业实践基地。这些企业可以是不同行业、不同规模的,以便学生能够了解不同类型企业的运营和管理模式。学校与企业建立合作关系后,可以安排学生进入企业进行实习实践,实地了解企业的运营流程和管理工作。在岗位上实习实践的过程中,学生可以亲身参与企业的日常运营和管理活动,了解企业的决策、生产、销售、财务等方面的实际情况。通过向企业的员工学习,学生可以深入了解企业的运营模式、管理方法以及市场环境等方面的知识。同时,学生还可以发现企业在运营中存在的问题和挑战,探究可行的解决方案,提升自己的创业实践能力。此外,企业实习实践还可以帮助学生建立与企业的联系,拓展学生的人脉资源。通过与企业人员的交流和合作,学生可以建立起自己的职业网络,了解行业的最新动态和发展趋势。这些经验和资源将对学生未来的创业实践和职业发展产生积极的影响。为了更好地开展校外学生创业实践基地的建设,学校和企业需要密切合作。学校需要与企业协商实习实践的具体安排和管理方式,确保学生的实习实践活动得到有效的指导和支持。同时,学校还需要与企业保持沟通与交流,及时了解企业需求和市场变化,优化实习实践的课程设置和教学内容。

第三,还应增加学生创业真实体验活动,可通过创业论坛、创业设计大赛、现场观摩、虚拟现实和模拟公司运营等,让学生切身参与创新创业活动,将创业融入实战场景中,激发学生的创造力和想象力,让他们能更好地为运营公司出谋划策,也为他们将来更好地进行创业实践奠定基础。[1]创业论坛可以邀请成功的创业者、投资人、行业专家等分享他们的创业经验和心得。学生可以通过与这些成功人士交流,了解创业的艰辛和喜悦,学习他们的成功之道,激发自己的创业热情,树立信心。创业设计大赛可以鼓励学生发挥自己的创意和

---

[1] 叶恬如.广西高校创新创业教育现状研究与探索[J].教育界,2018(31):117.

想象力,提出具有创新性和可行性的创业计划。通过参加比赛,学生可以锻炼自己的商业策划和团队协作能力,提高自己的创业实践能力。现场观摩可以让学生实地参观企业、了解企业的实际运营情况。通过观察企业的日常运营和管理活动,学生可以更深入地了解企业的运作模式和市场环境,为未来的创业实践提供有益的参考。虚拟现实和模拟公司运营等活动可以利用现代科技手段,为学生提供模拟的创业实战场景。通过虚拟现实技术,学生可以亲身体验创业的全过程。从市场分析、产品研发、生产制造到市场营销,各个环节都能设置模拟场景供学生体验。模拟公司运营可以让学生在实际操作中学习企业的运营和管理,提高自己的实践能力。通过这些创业真实体验活动,学生可以切身体验创业,将自己置于实践场景中。同时,这些活动经验也将为学生未来的创业实践奠定坚实的基础。为了更好地开展这些创业真实体验活动,学校需要制定详细的计划和方案,需要与企业、行业协会等组织合作,邀请成功人士参与活动,为学生提供有益的指导和支持。同时,学校还需要加强对活动的宣传和推广,鼓励更多的学生参与其中。

(四)结合产教融合强化创新创业师资建设

教师与产教融合相关的业务水平和创新能力直接决定着学生的产教融合、创新创业能力培养质量,影响着学生创新创业能力和素质的提升程度和效果。因此,教师的产教融合创新精神、创新能力和创业思维都应该持续提升,并达到一定的水准。为了不断强化高校创新创业产教融合的师资力量,可以采取如下措施。

第一,选拔优秀教师。高职院校还需加大创新创业专项师资的引进力度,完善"双师型"教师队伍,选拔具有创新精神和创业经历的教师负责创新创业课程的教学工作。这些教师不仅应具备丰富的理论知识,还应具备实际操作能力和创业经验。学科专业教师应注重在日常教学中培养学生的创新能力和创业意识,通过日常教学渗透,持续提升学生的创新创业产教融合能力,从而更好地指导学生进行创新创业实践。同时,学校还应注重对教师的专业背景和教学能力进行考察,确保教师具备足够高的教学水平和指导能力。

第二,培训与交流。针对已有教师队伍,高职院校应定期组织培训和交流活动,提高教师的专业素质和教学水平。培训内容可以涵盖创新思维、创业理论、实践技能等多个方面,帮助教师更新知识体系、提高教学能力。同时,学校可以通过组织校内外的学术交流和教学研讨活动,促进教师之间的合作与共同进步。

第三,建立激励机制。为了激发教师的积极性和创造力,高职院校应建立完善的激励机制。例如,可以设立教学成果奖、科研成果奖等,对在创新创业教育中表现突出的教师给予表彰和奖励。同时,可以将教师的创新创业指导成果纳入职称评定和绩效考核的指标体系中,提高教师参与创新创业教育的积极性。

第四,加强校企合作。高职院校应与企业建立紧密的合作关系,鼓励教师参与企业实践和项目研发,提高教师的实践能力,丰富其行业认知。通过与企业合作,教师可以了解最新的市场需求和技术发展趋势,并将行业资源引入教学中,为学生提供更加贴近实际的学习体验。

第五,引进外部专家。除了本校教师,高职院校还可以引进外部专家作为师资补充力量,这些专家可以包括成功创业者、投资人、行业领袖等。通过专家培训、讲座等形式和以老带新、科学示范等手段,持续进行创新创业产教融合师资队伍建设。学校还可从各行各业的优秀人才中聘请创业成功者、大国工匠、风险投资人等担任校外导师,与他们共同针对不同专业制定不同的创新创业产教融合教育目标,再依据教学目标科学制定教学计划和教学内容,持续提升创新创业产教融合教学质量。外部专家有丰富的实践经验和独特的行业视角,可为学生提供更加多元化的指导和启示。

(五)完善课程体系

完善课程体系是提高高职院校创新创业教育水平的关键环节。一个科学、合理、完善的课程体系能够为学生提供全面、系统的创新创业知识,培养学生的创新思维和创业能力。

第一,构建多元化课程体系。高职院校应结合自身专业特点和教学资源,构建多元化的课程体系,包括创新创业基础课程、专业创新课程、创业实践课程等。这些课程应涵盖创新思维、创业理论、创业实践等多个方面的知识,以满足不同学生的需求。

第二,加强实践课程建设。创新创业教育注重实践性和应用性。因此,高职院校应加强实践课程的建设,通过组织实践活动、实践课程等形式,提高学生的实践能力和创新能力。例如,可以开设创新设计、创业计划等实践课程,引导学生将理论知识应用于实际情境中,提高其解决实际问题的能力。

第三,引入跨学科课程。创新创业往往涉及多个学科领域的知识和技能,因此,高职院校应引入跨学科课程,促进不同学科之间的交叉融合,拓宽学生的知识面和视野。例如,可以开设科技、经济、管理、法律等方面的跨学科课程,帮助学生全面了解创新创业所需的综合知识和技能。

第四,建立课程评价体系。为了确保课程质量和教学效果,高职院校应建立科学的课程评价体系。通过学生反馈、课程评估等方式,对课程体系进行定期评估和调整,及时发现和解决其中存在的问题,不断完善课程体系。

第五,加强与企业合作。高职院校应加强与企业的合作,了解市场需求和行业发展趋势,将企业资源引入课程体系中,为学生提供更加贴近实际的学习体验。例如,可以邀请企业导师参与课程设计,组织学生参观企业,与企业合作开展实践教学项目等。

通过以上措施的实施,高职院校可以逐步完善课程体系,为学生提供更加全面、系统的创新创业教育。这将有助于培养学生的创新思维和创业能力,提高其综合素质和就业竞争力。

九、加强高职院校国际合作与交流

(一)积极开展有效的院校合作,精选国际合作伙伴

高职院校应优化国际合作与交流对象选择,根据自身特色和需求,选择具有互补性和共同发展前景的国际合作伙伴。首先要重点加强与发达国家和发展中国家的合作,借鉴先进的教育理念和实践经验,提升我国高职教育的整体水平。使课程体系与国际接轨,参照国际标准调整课程设置和教学内容,培养具有国际竞争力的专业人才。同时,引进国外优质教育资源,开展联合培训和

课程认证,提高教育教学质量。其次要进一步丰富国际合作与交流形式,积极探索多元化的国际合作与交流方式,如校际交流、学术研讨、产学研合作等,鼓励师生参与国际竞赛、交换项目等活动,提升国际交流的广度和深度。建立健全的国际合作与交流机制是开展有效院校合作的保障,高职院校应制定长期的国际合作发展规划,明确合作目标、任务和举措,建立健全合作评估和反馈机制,确保国际合作与交流工作的有效推进。最后要注重国际合作与交流的宣传推广,提升国内外社会对我国高职教育的认知度和认可度,可通过举办各类宣传活动,展示院校国际合作与交流的优秀成果,吸引更多的优质合作伙伴。

(二)大力加强教师队伍建设,奠定国际合作交流的基础

高职院校教师队伍建设是国际合作与交流的基础和关键。通过加强教师队伍国际化建设,推动教育教学改革,提升师生国际竞争力,高职院校能更好地融入全球教育体系,为我国培养更多具有国际视野的应用技能型人才。因此,要重视选拔与培养,选拔具有国际视野、跨文化沟通能力强的教师,并加强对在职教师的国际化培养,提升其教育教学水平。同时必须辅以政策支持,鼓励教师参与国际合作与交流项目,为教师提供海外学习、科研、实践等机会。此外,不断完善国际合作与交流机制,加强与海外优秀高职院校的合作,以共享教育资源,提升教师队伍的国际化水平。在此过程中,不断推动教育教学改革,引入国际先进教育理念和实践经验,培养具有国际竞争力的应用技能型人才。加强评价与激励政策,建立科学合理的教师评价体系,将国际化素养和教育教学成果纳入评价指标,激发教师提高国际化水平的积极性。搭建教师国际交流与合作平台,促进教师之间的交流与互动,让教师共享国际教育资源。

(三)重视学生交流,培养具有国际竞争力的专业人才

学生的交流是高职院校国际合作与交流中的关键环节,高职院校应该不断提高国际化水平,为培养具有国际竞争力的专业人才贡献力量。首先,高职院校应与海外优秀院校建立长期合作关系,共同开展项目合作,为学生提供更多交流学习的机会。通过交流与合作项目,学生可以赴海外学习,体验不同的教育理念,拓宽国际视野。同时,引进国际先进的教育资源和技术,可以促进

教育教学改革,提高教学质量。其次,制定国际化人才培养方案,培养具有国际竞争力的专业技能人才。该方案应以市场需求为导向,融合国内外教育优势,注重培养学生跨文化沟通能力。通过海外实习实训项目,学生可以在真实的工作环境中锻炼自己,提高实践能力。最后,建立健全学生海外交流资助政策,降低学生海外交流的经济门槛。加大对优秀学生的奖励力度,鼓励更多学生积极参与国际交流,加强对学生海外交流过程中的关怀与指导,确保学生在海外学习期间的安全与成效。

(四)建立完善的国际合作与交流评估体系,保障工作顺利进行

为了确保国际合作的深入和教育教学质量的提升,应探索建立符合高职院校发展需要的完善的国际合作与交流评估体系,对各类国际合作项目进行全方位、多角度的定期评估,以便及时发现潜在问题并解决。在评估过程中要重点关注项目的实施效果、合作伙伴的满意度以及教育教学成果等方面。基于评估结果,对存在的问题进行针对性的调整和改进,通过优化合作模式、丰富交流内容、提升教学质量等途径,不断提高高职院校在国际合作与交流中的地位和影响力。同时,也要积极借鉴国际先进经验,推动教育教学改革,为提升高职院校的教育质量和国际竞争力贡献力量。总之,建立完善的国际合作与交流评估体系,对国际合作项目和教育教学质量进行定期评估,并根据评估结果进行调整和改进,将有助于高职院校在国际合作与交流领域取得更为丰硕的成果。

十、"双高"建设背景下高职院校社会服务水平提升策略

高职教育高质量发展的最终目的是要服务社会,因此持续提升高职服务社会的水平是促进校企合作、产教融合的关键因素,这既是新时代教育评价改革的需要,也是建设人力资源大国,培育大国工匠的现实要求。社会服务水平的提升需要各利益相关方的通力合作,彼此支撑,优势互补,以便更好地服务社会。高职院校应端正服务理念,抓住关键要素,做好服务定位,并不断拓展服务的广度与深度,加强院校联盟,以提质培优为契机,持续提升自身服务社

会的能力与水平。

(一)做好社会服务定位及遵循相应的准则

"双高计划"的高职院校出现弱化社会服务职能的情况反映了相关院校社会服务理念与社会服务定位的偏差。因此,高职院校应该以新时代教育评价改革的理念为引领,在自身能力范围内持续提升服务社会的水平。以遵守社会伦理与法律规范为前提,立足本地,以本地的产业与企业需求为导向,提升自身服务水平。

1.高职社会服务应该具有一定的公益性质

根据相关定义,教育属于准公共产品,它介于纯公共产品和私人产品之间,是具有有限的非竞争性或有限的非排他性的公共产品。高职院校的社会服务因此具有准公共产品属性,在获取一定利益回报的同时,应具有公益性和普惠性社会价值。首先,高职院校进行公益性的社会服务活动有助于增进各利益相关方之间的关系,从而促进校企合作与产教融合的深入,促进高职教育应用技能型人才培养。由于高职院校与企业合作的内容涵盖技术、科研、生产等领域,尤其是技术研发具有一定的现实价值,会产生一定经济效益,同时生产实践项目的合作往往也会产生一定的经济效益,高职院校与企业存在一定的利益分配机制。但是作为准公共产品,高等职业教育应在为企业进行职业培训等领域体现其服务属性。若高职院校能够直接参与到政府主导的具有一定公益性质的社会服务项目将更能体现教育作为准公共产品的社会服务价值。尤其是在当前乡村振兴的大背景下,高职院校尤其是农业类高职院校,以及拥有涉农专业的高职院校,可利用自身在农业类技能知识方面的资源,更好地为乡村培养农业方面的应用技能型人才。由此可见,高等职业教育的公益性与营利性并不矛盾,二者是相辅相成、互相促进的,高职院校通过与企业合作具有一定营利性质的项目,从中获取公益性质服务项目所需的资金,能够更好地促进公益性质的服务项目有效开展。此外,高职院校进行公益性质的社会服务时可以与区域社会公益组织进行合作,以便更好地做好相关服务工作。其次,高职院校在当前布局以及均衡发展方面尚存一些问题,从而导致高职院校社会服务活动在大城市和东部地区相对农村以及西部偏远省份做得更好一些。因此,广大农村以及中西部地区需要政府宏观调控给予政策上的倾斜,或通过调动周边职业院校来进行相关的社会服务工作。最后,高职院校社会服务活动的普惠性是要尽可能惠及更多的人,保障职业教育和教育培训的公平,为广大人民群众提供终身职业教育,促进广大民众的职业素养持续提升,满足个体持续提升的需求。因此,政府应该提供政策和资金上的支持,保障职业教育公益性社会服务活动持续开展下去。

2.依据自身特色与实力做好社会服务定位

高职院校若要做好社会服务,就必须有明确的定位,且要依据自身实力和发展特色,确定相应的社会服务定位。高职院校更应充分结合自身办学实力,确定合理的服务目标,并在实现服务目标的过程中,不断提升服务能力。然而,高职院校在服务的过程中,由于受各种因素的影响,会出现偏离服务目标的情况。尤其是在一些欠发达地区,由于人力资源和技术的限制,部分企业发展受阻,因此渴望高职院校能够提供相应的人力和技术支持,但是高职院校受自身条件限制,其服务能力也相对有限,要达成社会服务目标,也存在困难。同时,也有部分高职院校盲目借鉴高水平高职院校社会服务定位,不顾自身实际能力水平,参与远远超出自己服务水平的社会服务项目,最终事与愿违,起了反作用,影响了相关项目的正常实施。因此,高职院校应充分结合所处地区产业发展特点,依据院校自身实力和优势确定合理的社会服务目标,根据产业的社会需求,为不同的产业提供不同层次和类型的社会服务。职业技术院校以应用技能型人才培养为目标,其社会服务具有典型的面向生产一线岗位需求的特征,因此其服务定位既要根据人才培养类型和特征,同时也要根据企业生产研发需求进行合理定位,以提供相应的技术支持或采取联合开发的模式持续深入地进行相应的服务。同时,可通过加强校企合作和产教融合为企业营收提供一定的支撑,尤其要竭力发挥高职院校在社会职业培训上的优势,为企业培训相关领域的技能人才。在评价高职院校的社会服务职能时,一定要充分考量各院校间的发展差异,在考量服务定位时,要能够辨别社会服务的差异,以便能做出更加公正客观的评价。因此,"双高计划"高职院校在确立社会服务定位时,应该结合自身的办学特色、办学条件、优势领域以及被服务群体与组织的特点确立科学合理的社会服务定位目标,使其社会服务目标完全符合其办学定位;还应不断提升自身发展的内生动力,通过内涵式发展持续提升自身服务社会的能力和水平。

3. 高职社会服务不应以利益获取为主

在校企合作、产教融合的大背景下,高职院校与社会各个利益相关组织或群体的交流、互动日益增多,知识、技术、设备、人力资源呈现交叉融合的态势,实现了互利共赢,共同发展。高职院校在服务社会与市场时虽然具有一定的公益性质,但是其各职能部门为了维持自身生存与发展,也需要获取一定的回报。高职院校是社会的重要组成部分,适度开展具有营利性质的社会服务活动是其实现持续发展的需求,但目前部分院校将社会服务作为创收的唯一渠道,从而异化了社会服务应有的价值取向。以是否营利作为社会服务成败的主要判断标准,势必会使作为事业单位的高职院校偏离社会服务功能之本意,会对高职院校可持续发展和校企合作造成负面影响。因此,"双高计划"高职院校在开展社会服务时必须先以服务为本,再兼顾一定服务成本。其一,高职院校作为技能知识传播的专门机构,在发挥其社会功用时必须坚持基本的学术标准和服务标准,以客观科学的标准评价自己的社会贡献度。其二,高职院校作为高等教育机构,必须为社会培养合格的高等教育人才,尤其是在应用技能型人才培养方面,必须充分结合相关理论知识做好生产实践急需人才的培养。高职院校的根本任务是立德树人,培养具有一定水准的大国工匠后备人才。若在院校自身实力有限的情况下,过度追求社会服务活动的高水平开展势必会对其所从事的主业造成一定冲击。尤其体现在为了提升社会服务成果数量,不考虑高职院校的教师的负荷能力,让教师将主要精力放在与社会服务相关的项目上,在利益追求下忽视了专业建设和教学能力的提升,造成应用技能型人才培养质量的降低,产生适得其反的效果。因此高职院校的社会服务职能必须建立在法律法规等相关制度约束的基础之上,以制度确定相关利益主体的权利、责任与利益分配方式。在此框架内,高职院校应合法合规地提高办学效益,促进院校发展。

(二)高职院校应加强服务社会的机制与能力建设

"双高计划"高职院校作为引领示范性院校应该在社会服务领域起到带头的作用,要针对社会服务领域进行具体的规划设计,尤其是要针对现实需求,抓好关键要素,不断提升教师的社会服务能力,加强统筹协调,以更好地服务社会。

1.加强统筹协调促进高职生态体系的一体化服务

高职院校社会服务的持续进行需要政府等相关部门的统筹协调,通过政府统筹协调,促进高职院校在社会服务管理、评价监督及反馈机制方面的不断完善。首先,在政府层面应该建立和完善高职教育服务社会的统筹及监管协调部门,负责本区域内高职院校社会服务的总体协调及监管工作。此外,高职院校自身也应该设立统筹全校的社会服务机构,将其定位为独立的建制部门开展专项工作,并加强其与上级和同级部门的协调,促进相关工作的有效开展。为保障相关工作的顺利进行,应配备优良、齐全熟悉相关业务的工作人员,并进行相关培训。然后应不断完善相关制度,通过健全的制度促进各项工作有条不紊地开展。其次,高职院校应加强社会服务绩效评价。不断完善相应的评价体系,将社会服务质量作为院校评价的重要指标。创新评价方式,在常规的评价基础上加强第三方专业评价和自我评价,发现存在的不足和偏差,并对照标准进行纠偏,及时改进提高,达到高职院校社会服务任务指标的要求。将高质量的社会服务作为高职院校职能的重要组成部分,落实社会服务在院校评价体系中关键要素的地位,借此促进校企合作与产教融合的进一步深化。最后,高职院校应该持续完善相应的监督反馈机制。在大数据、互联网以及移动社交媒体快速发展的时代,社会服务工作的舆论监督及反馈拥有更加便捷的途径。高职院校可利用教职工和广大学生,组建轮值式、动态化的社会服务执行监督团队,将监督手段不断下移,给予大众更加广泛的监督权利。同时,可通过校园官方网站、新媒体账号等互联网工具发布主要社会服务项目的推进流程、项目实施效果、校企合作服务进展等内容,并通过相关媒体渠道及时回应社会关注,以便更好地服务社会。针对各利益相关方的需求,按照学校的教学计划时间将社会服务安排在课程时间以外,进行有条不紊地部署与实施。

2.整合各类资源以促进高职院校更好地服务于社会

高职院校社会服务涉及各利益相关方,因此需要整合协调相关资源,更好地做好社会服务。高职院校在开展社会服务过程中会受到时间、空间、人力、财物等因素的制约。要破解现实条件的制约,必须充分调动各方资源,最大化整合现有环境中的可利用资源,以便创造更大的社会价值。应从内部资源整合做起,充分整合内部零散的资源,发挥集成效应,以取得更大的成效。然后,通过打通社会关系网,充分集合一切可以利用的社会资源,去打通筹集整合资源的路径。想要多方筹措与汇集资源,高职院校需要根据不同资源的特点采取相应的应对方法。第一,在财务方面,高职院校面临着外部投融资不足的问题。高职教育投融资总量不足,效率不高,投入不合理等问题伴随经济社会和高职教育的发展日益突出,严重影响我国地方高职教育规模、质量、结构、效益的协调发展。在我国以政府投资兴办高等职业教育为主的社会背景下,地方高等职业教育投融资创新是解决地方高职教育经费不足问题的重要途径。通过拓展地方高等职业教育投融资渠道,让市场机制发挥重要的资金投入调节作用。同时学校应增强成本效益意识和质量观念,联合各利益相关方,积极作为,主动摆脱现实资金困境。学校自觉降低成本,整合各方资源,能减轻政府负担,不断提升高等职业教育办学效益,保障地方高等职业教育的高效有序运转。第二,在政策资源方面,政府作为主导部门,应该发挥政策调控的主体作用。高职院校要积极主动利用政府提供的政策优势,积极参与到政府组织的公益活动中来,充分利用自身优势,提供相应的技术服务和产品服务。同时应配合政府部门做好相应的高等职业教育服务社会相关政策的科学设计,通过配套政策的科学合理设计推动高等职业教育社会服务质量的提升。第三,在专业资源方面,高职院校应该通过专业动态调整促进专业建设与产业发展,积极联合相关企业,给予企业充分的话语权,共同参与课程的修订和制定人才培养方案,以便高职的教学能够为相关企业直接服务。这可谓一举两得,既可以让课程贴近企业生产实际,让学生从中受益,又可以通过课程改革,持续修订课程方案和内容,让高职院校更好地为企业培训服务。在课程目标中还可以融入企业生产元素,强化提升课程建设的社会服务意识。第四,在人力资源方面,高职院校要充分利用一切可以利用的人力资源,做到人尽其才,才尽其用。不但要充分挖掘学校内部的人力资源,也要充分利用社会上可以利用的资源。尤其是优秀的校友资源,着力构建完备的校友关系网络,通过各种激励措施,让优秀的校友能够积极主动地参与院校的社会服务活动,这样既可以为社会创造价值,又可以不断提升校友的知名度,有利于校友的后续发展。通过不断拓展社会服务领域和渠道,可以有效解决学校社会服务面临的资源不足的问题;通过整合学校与社会的各类资源,高职院校可以筹集到服务社会所需资源,不断提升自己服务社会的水平。

3.加强师资建设与人才交流互动

高职院校持续增强社会服务功能需要高素质教师队伍作为支撑,应充分发挥其在人才培养、科技攻关与服务经济社会的作用。在高职院校师资队伍社会服务能力建设中,存在个人专业素质不佳,教师团队建设能力不足以及相应的考核、激励制度与措施缺失等问题。因此,就教师而言,由于个体间存在一定的差异,应该进行有针对性的能力提升工作。需要加快建立针对不同层次的专业能力发展方案,开展分层分类的师资培训,持续拓展师资培训途径。此外,高职院校要实现专任教师的专业实践能力培养和提升,需要和企业建立良好的人员交流互通机制,为青年教师专业实践能力提高,更好地服务社会提供重要保障。同时通过引进企业专家、行业能手、技能大师等企业内的专业人才,不断完善高职院校的"双师型"教师队伍建设,并通过企业相关专家的引领带动,进一步促进高职院校专职教师专业实践能力的发展。此外,可通过教师发展中心、教师培训基地以及企业实践基地等专业的组织和基地不断促进高职院校教师专业能力和专业综合素养的提升,尤其是企业生产实践能力的提升,这样不但可以提高其对学生的培养质量,也会持续增强教师的社会服务能力。就教师团队而言,可通过团队集体备课、示范教学等方式促进团队整体水平的提升。教师教学创新团队水平的提升同样离不开校企合作,只有持续深化产教融合,才能不断促进教师团队生产实践能力的整体提升,促进教师队伍结构的完善,尤其是"双师型"教师队伍的完善。应充分发挥教师团队带头人和骨干成员的引领作用,持续营造团队团结上进的集体氛围,以更好地带动教师团队持续上进。就教师评价和激励机制而言,高职院校教师的评价与激励机制应重点向产品研发和技术改造以及学生应用技能水平提高等应用实践技能领域倾斜,根据教师的实践应用能力水平建立起分层分类的考评激励制度,有效激发教师主动参与社会服务的积极性。"双高计划"高职院校可将企业社会实践经历、职业(执业)资格证书、企业(行业)专业技术资格证书等纳入教师的考核范围,同时将专业技术发明、实践应用成果等用来作为教师职称评聘、出国进修、学术交流等的重要指标和依据,有效激励教师积极参与实践应用领域的社会服务,并不断提升自身的综合素质。

(三)加强社会服务交流与借鉴,拓展服务的深度与广度

高职院校在"一带一路"的大背景下,不但要拓展国内的社会服务,也要顺应高等职业教育国际化的趋势,通过国际化服务获取更多收益。通过开发广泛的具有一定特色的社会服务项目,不断提升社会服务的广度和深度。同时优化院校相关社会服务项目的沟通交流机制,使各方取长补短,共同促进社会服务质量的持续提升。

1.拓宽服务视野,促进国际交流与合作

在全球化发展的背景下,中国的经济实力日益增强,我国高等职业教育的国际影响力也在日益增强,在东南亚和非洲一些地区建立了一些类似于鲁班工坊的国际职业教育机构。但相比西方发达国家,我国高等职业教育的国际化服务水平与其还存在一定的差距。我国高等职业教育需要与国际高水平高职教育联合,在发达国家建立相应的高等职业教育服务机构,做好高等职业教育的国际化服务。国际化社会服务是高等职业教育国际化的重要路径。社会服务国际化的进程需要教学、科研、管理、技术等领域的国际化高水平支撑。高职院校需要将中国职教特色展现给世界,尤其是在专业建设、职业培训、技术研发与服务等领域,要充分利用我国高精尖技术,比如国际领先的5G技术和中国高铁技术等,做好相关领域的推广与服务,体现大国高等职业教育的民族担当,输出国际领先的技术与标准,发挥"一带一路"的引领作用,更好地服务于"一带一路"沿线及周边国家。高职院校要充分立足"一带一路"优势,输出

专业建设标准、课程及教学标准、高端技术标准等，带动当地经济社会发展，培育更多的国际职教人才。通过不断完善远程教学资源平台，开发特色教学资源库，采用多样的教学方式，让更多学生和企业职工受益。通过向境外教师、学生和相关管理人员等多个群体开展线上线下相结合的培训课程，不断扩大职业教育的国际受众面，扩展教育的广度，同时持续提升职业教育的深度，不断提升职业教育的国际化服务水平。高职院校自身应该积极谋划，尤其是"双高"建设院校，应在拓展国际服务领域与范围的同时，不断提升国际化办学成效，加强境外办学点建设，依托海外工厂及培训中心、鲁班工坊等实体机构做好海外企业的相关服务工作。积极推进中外合作办学项目，为国内职业教育学生跨国深造或就业提供支持，并为留学生提供优质的教育服务，不断提升国际人才培养的声誉。我国高等职业教育为了持续增加国际交流的深度与广度，应积极参与高等职业教育国际化发展论坛等国内外学术交流活动，与相关国家进行学术与技术的沟通交流，取长补短，相互借鉴，共同提升，为做好国际化服务协同共进。

2.加强利益相关方交流互动，促进彼此和谐共生

高职院校作为社会服务，尤其是企业服务的关键主体，需要与被服务对象通过持续的沟通交流建立稳定和谐的共生关系。尤其是通过持续深化校企合作、产教融合，促进彼此深度交融。高等职业教育生态体系包括高职院校政府部门、行业企业、研发机构等相关主体，经过一定的竞合过程彼此的关系由混沌向有序转变，由社会服务关系逐步走向和谐稳定的共生关系。这种和谐稳定的共生关系并非一蹴而就，需要在长期实践中不断摸索。首先，高职院校除了深入社区为广大民众提供终身职业教育所需的职业素养培训外，还应构建开放式的终身教育服务，通过共享平台建设，为广大民众提供便捷的技能知识资源和综合职业教育素养培训服务，促进广大民众职业素养持续提升。同时，可以通过加大校内图书馆、博物馆、体育场馆等公共设施、资源向社会开放的力度，让公共资源更多地惠及广大民众。充分发挥高职教育准公共产品的职能，让高职教育能够取之于民，用之于民，形成良好的社会循环体系。其次，加强高职院校产学研共同体建设，促进社会服务的一体化建设，不断提升服务体

系的整体水平,促进优质服务成果的不断涌现。通过与各利益相关方不断实现互利共赢,推动彼此共同体关系的稳步发展,并通过一定的制度规约,加强彼此协作的规范性,提升服务成果的质量和水平。最后,应积极引导高职院校教师队伍参与到产品研发、社会培训等多种形式的社会服务中来,不断创新服务模式,优化服务环境,促进各利益相关方的交流互动机制建立与完善,实现知识和技能资源的有效转化与产出。高职院校与各类组织或群体的生态体系和谐共生有助于促进多元主体的共同发展,破解高职院校社会服务过程中遇到的各种难点问题,为高职教育更好地服务社会奠定坚实的基础。

3.加强院校合作,打造区域社会服务合作联盟

高职院校社会服务能力的提升需要联合相关院校,建立相应的合作联盟,共同推动高职院校服务一体化建设。一条高职院校不断提升区域社会服务水平的可行路径就是建立校际社会服务联盟机制,维持区域社会服务稳定的联盟关系,以区域社会服务为纽带促进相同专业群和院校的联盟合作。[1]高职院校应以服务区域内产业发展为宗旨,通过学习借鉴高职院校联盟的典型案例获取运行模式的创新路径,增强整体意识、服务意识和创新意识,持续推动院校联盟社会服务工作的有序开展。

联盟组建应始终坚持以服务地方经济建设,推进校企共同发展,培养高素质应用技能型人才为目标,在提升学校办学水平、提高人才培养质量、增强社会服务能力、增强企业核心竞争力等方面力争取得显著成效。职教联盟力求充分发挥示范引领作用,全面提升新时代职业教育现代化水平和服务能力,为职业教育和产业发展提供更多科技和人才支撑。

十一、政策展望及发展趋势预测

(一)政策展望

相关政策文件的出台为高等职业院校高质量发展指明了方向,以职业教育改革为契机,实现高水平建设。相关法规制度文件描绘了高职院校发展的

---

[1] 赵国琴.湖北省"双高计划"高职院校社会服务水平提升策略研究[D].武汉:湖北大学,2023:49.

蓝图:大力发展职业教育,建设一批高水平职业院校,鼓励行业企业全面参与教育教学各个环节;推进建立和完善学历证书与职业资格证书"双证书"制度,实现双证对接;明确职业教育类型定位和转型路径,抓住新机遇,紧密对接产业链、创新人才培养模式,提升以应用为驱动的创新能力,促进各层次职业教育的有机衔接;加快实施"三通两平台"教育信息化建设工程,发展现代远程教育和在线教育。

(二)国家战略与应用技术型人才需求预测

伴随国家"一带一路"、大国工匠、"互联网+"等理念的提出,应用技能型人才的需求量、人才规格、质量标准均将大幅提升,技能人才的国际化问题备受关注。应用技能型人才将获得更加广阔的发展空间,但相关领域人才紧缺的问题日益突出,为我国高等职业教育院校快速高效发展带来了巨大挑战。未来一段时期,我国高水平应用技能型人才方面将呈现总量、结构性矛盾以及需求结构和形态特征不断变化的态势。我国应用技能型人才在数量和结构上的现实问题依然存在,甚至有继续扩大的趋势。伴随高职院校扩招,部分领域的人才需求问题会得到缓解,但要解决总体问题依然任重道远。

(三)高等职业教育院校未来转型特点

1.课程更新加速

国家"一带一路"、大国工匠、"互联网+"等理念以及《中国制造2025》的提出,都推动着传统产业转型升级,对高职院校课程设计与实施提出了全新挑战。这里不仅涉及专业技术课程内容的更新,也涉及课程国际化策略,以顺应我国"一带一路"发展需求。因此,我国应用技能型人才培养必须与国际接轨,培养具有国际视野,符合国际课程标准,敢于创新的应用技能型人才。同时,高职院校也将面临国际化的竞争,需要高职院校能走出去,在国际职业教育市场获得份额。

2.兼职教师比例将进一步提高

高职院校为了提高学生实践技能水平,就必须加强校企合作,让学生顶岗实习,灵活运用一对一师带徒实践教学模式。同时,从校外聘请专业人员进行校内教学,提升外聘人员比例。充分利用外聘教师资源,加强教学观摩,增加学生亲自实践的机会,避免学生培养偏离应用技能导向。此外,要不断加大校内教师培训力度,尤其是专业实践技能的训练,并保持常态化,不断提升教师综合素质。同时,充分利用高职院校高水平教师资源为相关企事业单位开展定期培训工作,真正实现校企合作与产学研结合的良性互动和互利共赢。

3.学生技能多样化发展趋势

当今社会,科技发展及职业变化日新月异,能适应高新产业发展的复合应用技能型人才是时代所需。为提高高等职业教育院校学生专业适应程度和就业竞争能力,顺应未来社会职业多样化的需求,培养学生"一专多能"的综合素质迫在眉睫。同时,目光不应仅仅放在国内产业领域,更应时刻关注世界高精尖技术发展趋势,紧跟时代步伐,培养具有创新能力的国际化高级复合型技能人才。未来培养理念应以专业为核心,拓展相关领域,培养相关职业技能。

4.应用技能型人才培养水平进一步提升

伴随"双高"建设的推进,相关的现实问题日益突出。为解决相关问题,以应用技能和技术研发为定位,构建完善的高职人才培养体系十分重要。推行专业学位制度建设,提高专业学位教育质量及其社会效益,改革完善人才培养模式,调整学位结构,指导职业本科学士学位教育实践,促进校企合作,推动执业资格认证制度等都具有重大现实意义。通过高端人才培养,不断增强职业教育社会认可度和影响力。继续坚定不移地走产学研结合的办学道路,根据产业需求及时调整专业,制定科学规划,完善实践教学的课程体系,满足高新技术需求,加强国际交流与合作,发挥"鲁班工坊"等国际职业教育品牌效应,激发高职院校高水平建设应有的活力。

结语

  从我国高职院校发展现状来看，本科层次职业学校正处于转型发展期，相关体制及配套措施亟待完善，尤其是在实践教学和校企合作等方面，改进空间依然很大。一些发展时间相对较长的高等职业院校，尤其是国家示范院校、"双高"建设院校，在发展过程中积累了一定经验，可以为其他高等职业院校提供一定的参考。如今，高等职业教育要强化终身职业教育理念，发挥高等职业院校高水平建设的辐射带动职能，促进职业教育的全面发展。终身职业教育拓宽了职业教育的纵向和横向空间，既体现在个体生命周期中坚持职业教育的理念和实践，也体现在职业教育辐射的领域。同时，通过法治化、制度化、常态化等方式让终身职业教育理念深入人心，有利于提升全民职业素养，满足大众职业继续教育需求，推动"大众创业、万众创新"的实施落地。高职院校作为终身职业教育的关键组织，具有传播职业知识、提供培训机会的重要职能，其职能的全面有效发挥为加快社会化进程，加强校企合作，促进协同共进提供了重要支撑，并为终身职业教育与培训的常态化提供了重要保障。终身职业教育不仅是高职院校的应有职能，同时也表现为对社会各种职业教育资源的重新整合，使更多的社会职业教育模式不断涌现，并通过资源共享实现协同发展。终身职业教育能够更好地促进职业教育机会的平等，是国家实现共同富裕的重要举措。通过网络、新媒体等手段，建立丰富的职业教育课程体系，能培养大众自主教育、自主学习和自主管理的能力。此外，通过先进理念的培养,转变学习者固有的落后意识形态,并让他们能够根据形势变化,及时做出调整适应,才能让学习者紧跟时代步伐,适应产业发展需求,适应职业岗位变迁和社会发展需要。

本书虽然探讨了一些高职院校高质量发展和高水平建设过程中的相关问题,但是,还有许多问题待发现和解决。一些微观层面的具体问题有待日后进一步探索、改进与解决,以便为我国高职院校健康可持续发展提供必要的理论与实践支撑。

主要参考文献

[1]曹大辉.比较视阈下高职教育产教融合保障体系研究[J].宁波大学学报(教育科学版),2016,38(1):82-86.

[2]陈本锋."双高计划"背景下的高职院校建设研究[J].职教通讯,2020(8):9-15.

[3]陈雯雯,朱永东,杜娟."双一流"背景下学科监测评估的实践与探索[J].黑龙江高教研究,2022(3):126-132.

[4]丁天明.产教融合集团(联盟):江苏高职教育发展新的突破口[J].教育与职业,2019(3):31-35.

[5]董彦宗,刘澍,潘新民.混合所有制视域下高职教育生态因子解析[J].教育与职业,2019(14):47-50.

[6]段春莉.高职院校项目管理专业设置与建设的实证研究[J].中国职业技术教育,2010(21):14-18.

[7]葛晓波."双高"院校建设绩效评价指标体系构建研究[J].教育与职业,2021(5):60-66.

[8]黄斌.三螺旋理论下创新创业教育研究[J].中国高校科技,2019(11):69-72.

[9]姜群英,雷世平.职业教育校企合作立法的具体问题探究[J].职教通讯,2011(5):5-9.

[10]姜洋.基于群决策层次分析和因子分析的CW-FCEM煤矿冲击地压评

价模型[J].煤矿安全,2019,50(9):187-191.

[11]李健生.构建高校所属企业的多维多主体监管体制研究[J].广西社会科学,2019(8):184-188.

[12]李鹏."双高计划"的治理逻辑、问题争论与行动路径[J].高等工程教育研究,2020(3):126-131.

[13]李玮炜,贺定修."双高计划"背景下高职深化产教融合建设研究[J].南方职业教育学刊,2019,9(5):1-6.

[14]林健.工程教育认证与工程教育改革和发展[J].高等工程教育研究,2015(2):10-19.

[15]刘斌,邹吉权."双高计划"绩效评价指标体系内涵分析与权重确定[J].中国高教研究,2021(4):96-102.

[16]卢晓中.基于系统思维的高质量教育体系构建与教育评价改革——兼论拔尖创新人才培养的系统思维[J].国家教育行政学院学报,2021(7):9-16.

[17]罗祚任.广西"双创"痛点难点问题及对策建议[J].企业科技与发展,2021(6):6-8.

[18]吕路平,童国通."双高计划"背景下高职院校产教融合质量评价体系研究[J].职业技术教育,2020,41(30):31-36.

[19]牛彦飞,吴洁,李洁."双高"院校建设质量评价的关键点、难点及着力点[J].石家庄职业技术学院学报,2021,33(3):10-13.

[20]宋亚峰.高职专业群协同发展的主要类型与互动机理——基于系统动力学的仿真分析[J].江苏高教,2022(6):28-36.

[21]孙冠男,太淑玲.高职院校"双师型"队伍建设探析[J].成人教育,2012(9):60-61.

[22]孙长坪.高职院校治理能力建设的运行机制建设路径[J].教育理论与实践,2019,39(15):24-26.

[23]王泳涛.高职院校深化产教融合的内涵认知与机制创新[J].职业技术教育,2019,40(28):30-34.

[24]吴惠萍,孙长坪."双高计划"背景下高职院校治理:挑战、困境和路径[J].教育科学论坛,2021(24):10-13.

[25]吴伟.中国特色高水平高职院校建设的若干思考[J].高等职业教育探索,2019,18(2):7-11.

[26]徐洁.对建构主义的重新审视[J].高教探索,2018(5):40-43.

[27]张凤彪,王家宏.基于结构方程模型的我国公共体育服务绩效评价实证研究[J].上海体育学院学报,2020,44(11):44-54.

[28]张新民,吴敏良.双高背景下高职高专教育专业评价指标研究[J].职教论坛,2018(9):22-27.

[29]周香,闫文平."双高计划"实施背景下高职专业群与产业群的协同机理、价值及路径分析[J].实验技术与管理,2022,39(2):216-221.

[30]朱爱青.高职院校人才培养体系构建与长效机制研究——基于产教融合视角[J].职教论坛,2019(3):151-157.

[31]朱镇生.基于协同论的高职学生就业工作机制研究[J].教育与职业,2022(21):55-59.

[32]广西壮族自治区行政事业单位国有资产管理办法[J].行政事业资产与财务,2011(21):24-27.

[33]范国睿.教育生态学[M].北京:人民教育出版社,2019.

[34]和震,李玉珠,魏明,等.职业教育产教融合制度创新[M].北京:科学出版社,2018.

[35]吴明隆.结构方程模型——AMOS的操作与应用[M].重庆:重庆大学出版社,2009.

[36]卢现祥.新制度经济学[M].2版.武汉:武汉大学出版社,2011.

[37]沈军.职业院校专业建设CIPP评价模式实践研究[D].重庆:西南大学,2016.

[38]姜晓雷."1+X证书"制度下高职院校人才培养质量评价研究[D].沈阳:沈阳师范大学,2021.

[39]刘虎.由遮蔽走向真实:职业教育学生学业评价的反思与超越[D].上

海:华东师范大学,2014.

[40]宋亚峰.高职专业群生态系统的协同进化研究[D].天津:天津大学,2021.

[41]赵国琴.湖北省"双高计划"高职院校社会服务水平提升策略研究[D].武汉:湖北大学,2023.

[42]教育部教师工作司.统筹资源配置破解职教师资难题[N].中国教育报,2016-11-16(3).

[43] Lee KJ. Development of boundary-spanning organizations in Japanese universities for different types of university – industry collaborations: a resource dependence perspective[J]. Asian Journal of Technology Innovation,2014,22(2):204-218.

[44]翟帆.人才共育、过程共管、成果共享、责任共担,江苏盐城——六大职教联盟支撑地方产业升级[EB/OL].(2016-06-10)[2023-12-29].https://www.yctei.cn/2016/0610/c1041a11886/page.htm.